대인관계와 의사소통

Interpersonal Relationship and Communication

오윤선 · 유양숙

창지사

머리말

사람은 요람에서 무덤까지 타인과의 지속적인 관계를 유지하고 상호 작용하면서 살아가는 존재이다. 출생과 동시에 가족의 일원이 되고, 사회의 구성원이 되며, 국가의 국민이 되고, 더 나아가서는 지구촌의 한 식구가 된다. 그리고 성장하는 과정 속에서 또래 집단의 구성원이 되며, 학교에 진학하면 학급이나 클럽의 일원이 되고, 학교를 마치고 취직을 하게 되면 직장의 한 구성원이 된다. 이렇게 집단의 구성원이 된다는 것은 구성원 하나하나가 집단이나 다른 구성원들로부터 완전히 독립될 수 없으며 필연적으로 서로 영향을 미친다는 것을 말한다.

그러므로 살아가면서 누구와 어떤 형태의 대인관계를 형성하느냐는 매우 중요하다. 왜냐하면, 누구를 만나고 어떻게 관계를 맺는지에 따라 자신은 물론이고 함께 한 구성원들의 삶의 질과 형태가 결정되기 때문이다.

저자는 지난 25년 동안 대학과 지역사회에서 대인관계 의사소통, 갈등 처리 기술 등과 관련된 주제로 강의를 하면서 지속적으로 강의안을 수정 보완해 왔다. 그리고 학교와 현장에서 좀 더 쉽게 이해하고 사용하되 결코 가볍지 않은 저서를 출판해서 많은 사람들과 함께 공유해야겠다는 생각을 꾸준히 해 왔다. 하지만 출판이 미루어지게 된 이유는 빠르게 변모하는 시대적 상황으로 인해 대인관계 갈등은 더 많아지고 있기에 의사소통을 위한 실질적이고 효율적인 대안이 제시되어야 하며, 무엇보다 저자가 솔선해서 성숙한 대상관계를 유지하는 삶을 살아야 한다는 부담이 있었기 때문이다. 이러한 부담을 탈피하고자 지난 30년 이상 공직 생활을 해 오며 대인관계와 의사소통에 대해 많은 관심을 가져 온 유양숙 박사와 함께 심도 있는 토론을 하게 되었고, 급기야 공동으로 작업을 하게 되었다. 두 사람이 공동 작업을 통해서 추구하는 궁극적인 목표는 바람직한 대인관계와 의사소통을 통해서 행복한 삶을 영위하는 데 있다. 그리고 이러한 목표를 실현하기 위해서 무엇을 어떻게 실천해야 하는가에 주안점을 두고 임상을 병행하면서 집필하게 되었다.

본 저서는 총 4부 14장으로 구성되어 있다. 먼저 1부는 대인관계의 이해로 1장 대인관계의 개념 이해에서는 대인관계의 의미와 특징 그리고 중요성 및 유형 등을 정리하였다. 2장은 대인관계와 자기이해로 자아개념의 의미와 특징 그리고 기능을 살펴보고 자아분석과 자아개방과 더불어 자아개념의 증진에 대해서 피력하였다. 3장 대인관계와 성격 및 정서에서는 대인관계와 성격 그리고 대인관계와 정서에 대해서 살펴보았다.

2부 의사소통의 이해에서는 4장 의사소통의 개념 이해를 통해서 의사소통의 전반적인 기초 이해를 위한 구성 요소들을 살펴보았고, 5장은 의사소통 이론으로 사티어(Satir)와 번(Berne) 그리고 하버마스(Habermas)의 이론을 정리하였다. 6장은 의사소통 기술 이해로 의사소통 태도를 비롯하여 경청 기술과 의사 표현 기술 등에 대해서 구체적으로 살펴보았다.

3부 다양한 대인관계와 의사소통은 대인관계 대상에 따른 특성들을 중심으로 구성하였는데, 7장 가족관계와 의사소통에서는 부부관계와 부모-자녀 관계 그리고 형제-자매 및 고부관계와 의사소통을 살펴보았고, 8장 친구 및 이성관계와 의사소통에서는 친구 및 이성관계와의 의사소통에 대해 피력하였다. 그리고 9장 직장 내 대인관계와 의사소통에서는 직업과 직장에서의 대인관계와 의사소통에 대해 정리하였고, 10장 다문화 사회의 대인관계와 의사소통에서는 다문화의 개념 이해와 다문화 사회의 대인관계와 의사소통을 살펴보았으며, 11장 사이버상의 대인관계와 의사소통에서는 사이버상의 대인관계와 의사소통에 대해 정리하였다.

4부 효과적인 대인관계와 의사소통은 현대인들이 직면하고 있는 문제를 중심으로, 12장에는 대인관계 스트레스 대처와 의사소통, 13장은 대인관계 갈등 처리와 의사소통 그리고 마지막 14장에서는 행복한 삶을 위한 대인관계와 의사소통을 정리하여 제안하였다.

바라기는 본 저서가 대인관계와 의사소통을 공부하는 학생과 교수, 대인관계 관련 현장에서 종사하는 전문가들 그리고 이 분야에 관심을 가지고 있는 독자들이 대인관계와 의사소통을 보다 쉽게 이해하고 공감하며, 그들이 직면한 문제들을 함께 풀어갈 수 있는 소통의 계기가 되기를 소망한다.

본 저서가 출간되기까지는 많은 분들의 도움이 있었다. 특히 출판업계의 어려운 여건에도 불구하고 기꺼이 출판을 맡아 주신 창지사 김기섭 사장님을 비롯한 직원 여러분에게 깊이 감사드린다. 그리고 바쁜 학기 중임에도 불구하고 기쁜 마음으로 원고 수정에 도움을 준 제자들에게 감사드린다.

무엇보다 바쁜 연구 활동 때문에 충분한 시간을 함께하지 못함에도 불구하고 아무 불평 없이 이해해 주고 응원해 준 가족들에게 미안함과 고마움을 전한다.

2019년 7월

오윤선·유양숙

차 례

2부 의사소통의 이해

3부 다양한 대인관계와 의사소통

4부 효과적인 대인관계와 의사소통

1부

대인관계의 이해

1장

대인관계의 개념 이해

1. 대인관계의 의미

대인관계(Interpersonal Relationship)는 타인과의 상호 작용 즉, 자신과 다른 사람과의 관계를 의미한다. 또한 사회적 상호 작용(social interaction)으로 한 사람이 다른 사람을 상대로 하는 의도적 행위와 이에 대한 다른 사람의 반응으로 이루어지는 사회화 과정이다. 이는 인간의 모든 사회적 행위와 사회생활의 핵심을 이루는 현상으로 흔히 인간관계라는 용어와 혼용되고 있다(전병재, 1997). 다시 말하면 사람의 심리적 관계, 인간관계, 대인관계, 인화 등의 뜻으로 사용되고 있고 사람과 사람의 심리적 관계에 의한 대인관계는 특정한 목표 의식 없이 상호 간에 형성되는 일정한 심리적 관계 그 자체만을 의미한다. 또한 개인의 언행과 태도에 관심을 갖고 형성되는 상호관계임과 동시에 개인과 개인의 개성 수준 정도 및 대인적 교섭과 수용 태도를 말한다. 이와는 다르게 인화라는 의미의 인간관계는 공동의 목표 의식이 있는 동일 집단에서 상호 간에 형성되는 바람직한 심리 상태라고 할 수 있다(조경덕, 장성화, 2015).

2. 대인관계의 특징

사람들은 서로 다른 독특성을 가지고 대인관계를 맺고 있다. 친구와의 관계라고 할지라도 이 친구와 다른 친구와의 관계가 다르듯 대인관계는 각각 그 독특성과 차이가 있다. 이렇게 다른 독특성으로 인해 어떤 사람과의 관계든지 다른 대인관계와 대체할 수 없고, 관계하는 당사자의 운명이 상호 연관되어 있다. 관계를 맺고 있는 상대방의 입장과 처지가 바뀜에 따라 나의 입장과 처지가 바뀌는 상호 의존성이 있는 것이다. 또한 관계의 종류와 깊이에 따라 자신의 생각, 감정, 경험 등 자기노출이 필연적이며 관계 자체로 경험되는 기쁨, 만족, 행복과 같은 내적 보상이 따른다(김종운, 2017; 조경덕, 정성화, 2015). 이러한 대인관계는 본질적으로 다음과 같은 특징을 가지고 있다.

첫째, 사람에 대한 관심이다. 대인관계는 사람의 사회성에 바탕을 두고 있다. 사람이 자기만을 생각하는 이기적인 삶을 산다면 동물의 본능적 삶과 차이가 없다. 다시 말해 사람이 살아 있다는 것을 느끼는 것은 타인과의 관계를 무시할 수 없는 것이다. 상대방에 대한 관심에 따라 그 관계가 사랑이나 우정으로, 그리고 신뢰를 바탕에 둔 사업관계와 건전한 사회 조직으로 발전할 수 있다. 그러므로 대인관계는 다른 사람에 대해 관심을 두는 것으로부터 시작된다.

둘째, 인격과 인격의 관계는 형식적 관계를 배제한다. 한 개인이 다른 개인과 관계를 맺는 것은 그 자체가 목적이 되어야 하며 다른 목적을 위한 과정으로서의 수단이나 형식적인 관계가 되어서는 안 된다. 사람에 대한 관심을 갖고 서로 간에 수평적인 관계를 유지하고 상호 존중하여야 한다.

셋째, 조직의 생산적인 관계를 지향한다. 대인관계가 좋은 조직이 그렇지 못한 조직보다 더 효율적이며 생산성이 높다. 따라서 경영자는 조직 내 구성원들의 작업 환경, 특히 긍정적인 대인관계 형성에 민감하게 반응할 필요가 있는 것이다. 그 조직의 목표와 목적을 달성하기 위해서는 일차적으로 대인관계를 통하여 조직의 목표와 개인의 목표를 조화롭게 통합하여야 한다(김혜숙 외, 2016).

3. 대인관계의 중요성

우리가 다른 사람과 맺는 대인관계는 삶에서 필수적이다. 따라서 대인관계를 어떻게 맺느냐에 따라 삶의 질이 달라지기도 한다. 다른 사람들과의 관계가 만족스럽고 효과적일 때, 그 관계의 경험을 통하여 바람직한 성장과 발달을 하게 되는 것이다(김종운, 2017). 우리가 경험하는 많은 문제들을 보면 그 원인은 바로 대인관계에 있는 경우가 많다. 이러한 대인관계의 중요성은 다음의 6가지로 정리해 볼 수 있다(이성태, 2006).

1) 사람다움 학습

우리를 보다 사람답게 하는 것은 바로 다른 사람과의 상호 작용을 바탕으로 한 대인관계이다. 사람과의 관계 속에서 우리는 서로를 대하고, 서로의 관심과 욕구에 반응하는 방법을 배우게 된다. 사람다움을 나타내는 특성들 가운데는 친절, 자비, 배려, 관심, 연민, 협동, 사랑, 돌봄, 공감, 동정 등이 포함된다. 이러한 사람다움의 특성은 대인관계 속에서 바람직한 상호 작용의 결과로 길러진다.

2) 가치 있는 존재로 성장

좋은 대인관계를 형성하고 유지하며 발전시키는 필요충분조건은 자기도 수용하고 타인도 수용하는 자세이다. 자신과 다른 사람을 중요하고 가치 있는 존재로 받아들인다는 것은 완전하고 흠이 없어서가 아니다. 사람마다 장점과 함께 단점도 있고 잘할 때도 있고 실패할 때도 있다. 또 마음에 드는 부분도 있고 들지 않은 부분도 있을 수 있지만, 그럼에도 불구하고 서로를 소중히 여기고 가치 있는 존재로 여길 때 서로를 수용할 수 있다. 서로를 수용할 수 있을 때 가치 있고 사람다운 존재가 될 수 있다.

3) 정체성 발달에 도움

자아정체감은 현재 자신의 위치, 능력, 역할 및 책임에 대한 분명한 인식으로서 자기정의(self definition)라고 할 수 있다. 자아정체감이 결정적으로 형성되는 것은 사춘기에서부터 청년기까지의 시기이지만 여기에는 인생 초기부터 수많은 관계의 경험을 통해 축적해 온 자신감이 포함되어 있다. 이렇게 발달한 청소년기의 건강한 정체성은 성인기의 성공적인 결혼 생활 및 직장 생활에 대한 적응뿐 아니라 노년기의 정신 건강과도 밀접하게 관련되어 있다.

4) 성공적 직장 생활의 중요 요인

직장 생활에서 탁월한 기술과 재능이 생산성을 높이는 중요한 요인이 되기도 한다. 그러나 다른 동료들과 함께 효과적으로 일할 수 없다면 직장 생활이 힘들어진다. 직장 생활 중 가장 힘든 부분이 대인관계라고 해도 과언이 아니다.

5) 신체 및 정신 건강에 영향

부모나 주위에서 돌보는 사람들의 안정되고 따뜻한 보살핌은 대뇌의 시상하부와 뇌하수체를 자극해 성장 호르몬의 분비를 왕성하게 함으로써 신체 발육을 촉진시킨다. 그리고 긍정적이고 효율적인 대인관계는 정신 건강과 적응에 밀접하게 관련되어 있다. 즉, 심리적 고민의 감소, 스트레스에 대한 효과적 대처와 회복, 자기신뢰와 자율성, 일관되고 균형 잡힌 자아정체감, 보다 큰 심리적 안정감, 보다 높은 자존감, 나아가서 일반적인 행복감의 증대 등과 밀접하게 관련되어 있다고 할 수 있다.

6) 자아실현과 삶의 질 향상

사람의 내면에는 잠재 능력과 그 잠재 능력을 실현하고자 하는 강한 욕구가 있다. 개인의 잠재적인 내적 자원들을 발굴하고 실현하며 그 성취감을 경험하게 되는 것은 직접적이든 간접적이든 간에 다른 사람들과의 관계 속에서 가능하다.

4. 대인관계의 유형

1) 일차적 대인관계와 이차적 대인관계

일차적 대인관계는 자신의 의지와 상관없이 운명적으로 형성되는 특징을 가지며 마음대로 탈퇴가 불가능한 집단적인 관계이다. 즉 일차적 대인관계는 혈연, 지연, 학연 등에 의해 형성되는 대인관계를 말한다. 다시 말해 부모, 형제자매, 친척 등의 혈연관계나 삶의 영역이 비슷한 지역을 통해 형성된 지연관계, 또 학문 공동체로 형성된 학연관계 등을 말한다. 대부분의 사람들은 한 번 일차적 대인관계 속에 들어가게 되면 평생 그 관계 속에서 지내게 된다. 이에 반해 이차적 대인관계는 자신의 가치관이나 신념, 취미 생활, 이해관계 등을 통해 맺어지는 관계이다. 즉 자신의 선택적인 의사에 따라 형성되기도 하고 해체되기도 하는 관계이다. 이는 친목 단체나 직장 동료, 애인, 친구와의 관계 등을 말한다(김혜숙 외, 2016).

2) 수직적 대인관계와 수평적 대인관계

수직적 대인관계는 서로의 권한이나 지위, 나이 등에서 위와 아래 힘의 구분을 가진 관계이다. 가정에서의 부모와 자녀, 학교에서 스승과 제자, 군대나 직장에서 상사와 부하의 관계에서 찾아볼 수 있다.

그리고 수평적 대인관계는 상호 간에 동등하고 평등성이 보장되는 관계이다. 이는 친구관계, 부부관계, 연인관계, 직장 동료와의 관계 등에서 찾아볼 수 있다.

유교의 영향을 받은 동양권은 수직적 대인관계가 발달되어 있는 반면, 개인주의 영향을 받은 서양의 문화에서는 수평적 대인관계가 잘 발달되어 있다고 할 수 있다. 하지만 어느 문화든지 수직적 관계와 수평적 관계가 공존할 수밖에 없다.

한편 한국 사회의 대인관계는 수직적 대인관계와 수평적 대인관계가 복합적으로 얽혀 있다. 유교적 전통의 영향을 받아 사회적 상하관계가 비교적 명백한 수직적인 위계질서가 있고, 그 안에서 위치와 신분에 따라 행동 규범이 결정된다.

그러나 현대에 와서는 서구의 개인주의적 가치관의 확산으로 젊은 세대는 권위적 태도와 사고방식에 대해 저항적이고 도전적인 태도를 보이게 된다. 이처럼 전통적 대인관계와 서구의 대인관계가 혼재하는 현재의 한국 사회에서는 대상과 상황에 따라 지혜로운 대인관계를 형성하는 것이 중요하다(권석만, 2004).

3) '나와 너', '나와 그것'

'나와 너(Ich und Du, I and Thou)'의 관계와 '나와 그것(Ich und Es, I and It)'이라는 관계는 부버(Buber, 1878~1965)가 구분한 대인관계이다.

'나와 너(Ich und Du, I and Thou)'의 관계는 인간 대 인간의 솔직하고 진실한 대화(dialogue)의 관계로, 다른 사람에 대해 가면이나 체면치레 혹은 가식 없이 진정으로 이해하고 서로 통하는 관계를 말한다. 다시 말해 아무런 전제 조건이나 이해관계를 고려하지 않고, 순수한 두 존재가 그대로 만나는 서로 간의 실존적인 만남인 것이다. 이를 통해 사랑하게 되고, 성장하게 해 주며 서로에게 유익을 주는 만남이 된다. 이는 연인, 반려동물과 주인, 신과의 인격적인 관계 등이다.

반면에 '나와 그것(Ich und Es, I and It)'의 관계는 내가 주체가 되지만, 사람들이나 사물들을 그 이용 가치로 따져 보는 독백(monologue)의 관계이다. 상대방은 나의 목적 달성을 위한 수단으로 생각되기 때문에 진실성이 결핍되고 목적 달성을 위해 주어진 역할만 수행하는 게임과 같은 대인관계를 말한다(김종운, 2017).

4) 공유적 대인관계와 교환적 대인관계

클락(Clark, 1989)은 대인관계를 애정 중심과 업무 중심으로 나누었다. 그가 말한 공유적 대인관계는 사랑이 내재되어 있어서 '우리는 하나'라는 일체감과 함께 상호 의존적이며 친밀하다. 그리고 행복과 불행을 공유하는 책임감 있는 관계이다. 그러므로 공유적 대인관계에서는 타인의 행복이 자신의 행복이며 타인의 고통이 자신의 고통으로 경험된다. 일반적으로 공유적 관계는 가족과 연인 또는 매우 친밀한 친구들 사이에서 나타나는 대인관계 유형이다(함승애, 2017).

반면에 교환적 대인관계는 공정성이 내재되어 있어 거래와 교환, 이득과 손실의 균형이 중요한 관계이다. 투자한 만큼 얻는 것이 있어야 되는 형평성의 원칙과 받은 만큼 상대방에게 주어야 하는 호혜성의 원칙이 성립된다. 이 관계에서는 상대방으로부터 무언가를 받았을 때 그에 상응하는 것을 주어야 한다는 부담을 느끼게 된다. 마찬가지로 상대방에게 무언가를 주었을 때도 그 대가가 자신에게 돌아오기를 기대한다.

5. 대인관계의 발달

1) 생애 발달과 대인관계

대인관계는 인생의 발달 단계에 따라 변화한다. 발달 단계에 따라 만나는 사람들이 달라지고 경험하게 되는 대인관계의 양상도 달라진다. 이렇게 시간이 흐름에 따라 다양한 사람들과 관계를 맺으며 살아가는데, 이때 각 단계마다 형성하게 되는 대인관계의 내용과 질이 개인의 행복과 불행을 결정하게 된다.

(1) 유아기

우리는 출생과 더불어 가족의 한 구성원이 되어 그 관계 속으로 들어가게 된다. 스스로는 아무것도 할 수 없는 무력한 존재로 태어나 부모의 보호와 양육을 받게 되는 것이다. 이 과정에서 부모와 자녀 관계가 발전하는데, 이는 한 사람의 성격 형성에 중요한 바탕이 된다. 가족적 상황이나 부모(양육자)의 성격적 특성과 양육 방식이 자녀의 성격과 대인관계 발달에 중요한 영향을 미치는 것이다. 사람은 누구나 타고난 기질이 있다. 이 기질적 특성과 부모 또는 주 양육자의 성격적 특성이 상호작용하는 가운데 부모(양육자)가 자녀에게 나타내는 반응 양식이 유아의 성격과 대인관계 형성에 중요한 영향을 미치게 된다.

또한 유아는 출생과 함께 형제자매와의 관계에서 부모의 관심과 애정을 나누어 가져야 하는 복잡한 역동적 관계 속에서 성장하게 된다. 형제자매 간의 관계는 강한 정서적 유대를 가진 친밀한 관계이며 동시에 부모의 애정과 관심을 나눠 가져야 하는 경쟁적 관계이다. 형제자매의 수나 서열, 부모의 태도에 따라 복잡한 양상을 나타낼 수 있으며, 어린이집 환경과 양육 방식도 대인관계에 영향을 미친다고 할 수 있다.

(2) 학령전 아동기

신생아가 3~4세의 아동으로 성장하면 신체적인 운동 기능과 함께 언어 능력이 급격하게 발달함에 따라 또래 아동들과의 초보적인 교우관계를 맺게 된다. 요즘에는 대부분의 아동들이 유아기 때부터 어린이집이나 유치원에서 성장하면서 일찍부터 선생님이나 또래와의 교류가 늘어나고 있다. 이로 인해 교우관계의 폭과 깊이가 증대되고 사회성 발달이 빨라지고 있다.

(3) 아동기

우리나라에서는 일반적으로 만 7세가 되면 초등학교에 입학하게 된다. 이 시기에는 같은 학교와 같은 학급에 소속된 많은 또래들과 어울리게 된다. 또한 인지적 능력이 발달하며 감정의 세분화가 일어나 이전 단계에 비해 한층 복잡한 교우관계 양상을 띠게 된다. 친구들의 외모, 운동 능력, 학업 성적, 사회경제적 지위 등에 따라 선별하여 사귀기도 하며 또래 집단을 형성한다. 동성 간의 교우관계가 대부분이지만 요즘 들어서는 일찍부터 이성 친구에 대한 관심을 보이는 경향이 있다. 또한 학업 능력에 따라 우월감과 열등감을 경험하게 되며 자의식이 생겨나 부끄러움과 수치심을 느끼게 된다.

그리고 이 시기에는 교사와의 새로운 양육자 관계 속에서 배우고 따르며 의지할 수 있는 교류를 통해 사제관계를 경험하게 된다.

(4) 청소년기

중·고등학교에 진학하면서 교우관계는 한층 성숙해지고 활발해진다. 이 시기는 부모로부터 심리적 독립이 일어나는 시기로 가족관계보다 친구관계가 중요한 대인관계로 자리 잡게 된다. 친구를 선택하는 기준이 외모, 운동 능력, 학업 성적, 사회경제적 지위 등의 외적 기준으로부터 성격, 인간성, 가치관, 종교, 취미, 관심사 등의 심리적 특성으로 옮겨 가는 경향이 있다. 취미, 종교, 관심사에 따른 서클 활동으로 학교 외의 다양한 친구관계가 형성되고 선후배 간의 위계적 교우관계가 생겨나며 선생님과도 좀 더 깊이 있는 관계로 발전하게 된다. 한편으로는 대학 입시 준비로 인한 압박감이 교우관계에 영향을 미치고 갈등을 초래하기도 한다. 지나치게 공부에 매달려 교우관계가 협소해지고 대인관계 기술을 습득하는 기회를 놓치는 경향이 있다.

(5) 청년기 전기

고등학교를 졸업하고 직장 또는 대학에 들어가게 되면 대인관계의 양상이 현저하게 변화하게 된다. 이를 정리해 보면 다음과 같다.

첫째, 대인관계의 폭이 넓어진다. 중·고등학교 때는 시간과 노력이 대학 입시에 집중돼 있다 보니 대학에 진학하고 나서야 억눌려 있던 대인관계 욕구가 활발하게 나타난다. 학과, 동아리, 동문회, 동향회 등 다양한 사람들과의 활발한 교우관계가 이루어진다.

둘째, 대인관계 형성에 현저한 변화가 일어난다. 부모나 교사의 제약과 규제가 사라지고 스스로에게 자유와 자율이 주어지므로 자신이 노력하지 않으면 대인관계 형성이 어렵다. 이러한 상황의 급격한 변화 때문에 대학 입학 초기에는 대인관계 형성에 곤란을 겪는 경우도 많다.

셋째, 대인관계의 질도 변화한다. 친밀한 대인관계의 대상을 선택할 수 있는 폭이 넓어질 뿐만 아니라 선택의 기준도 변화한다. 성격, 가치관, 이념, 취미, 관심사,

졸업 후 진로 등 다양한 기준에 근거한 교우관계로 변화한다. 또한 많은 선택 대상이 있어 대인관계 형성과 와해도 빈번하게 나타날 수 있다.

넷째, 이성 교제가 활발해진다. 성인으로서 진지하고 깊이 있는 이성관계를 형성하고 낭만적 사랑을 경험하게 된다. 만남과 이별을 통해 여러 이성을 탐색하기도 하고 때로는 결혼에까지 이르기도 한다.

다섯째, 이 시기 남자들은 군 복무의 경험을 하게 되고 군대라는 특수한 조직사회에서 새로운 대인관계를 경험하게 된다.

(6) 청년기 후기

20대 중후반이 되는 청년기 후기에는 사회에서 새로운 대인관계를 경험하게 된다. 최근의 시대적 상황은 완전한 사회생활로 접어드는 시기가 갈수록 늦어지는 경향을 보이고 있다. 그리고 취업을 하면 대부분의 시간을 직장에서 지내야 하고 각자 진로가 달라 친구관계는 상대적으로 위축되는 경향이 있다. 또 직장의 위계적 구조와 직업적 업무 수행 과정에서 직장 동료들과 긴밀한 관계를 맺게 된다. 이러한 업무 수행 과정에서는 직장 동료나 상사와 협동적이고 효율적인 대인관계를 맺는 것이 중요하다.

한편 이 시기에는 평생을 같이 살아갈 배우자를 적극적으로 탐색하고 선택하여 독립된 가정을 이루어야 하는 시기이다. 결혼을 하면 남편-아내의 부부관계를 형성하고 자녀가 출생하면 부모-자녀의 관계를 형성하게 된다. 그러므로 청년기 후기는 사회에 진출하여 유능한 직장인으로서 활발한 직업 활동을 하면서, 아울러 배우자를 선택하고 결혼해 부부관계를 형성하고 함께 어린 자녀를 양육하는 일이 중요한 과업이 된다(오윤선, 2014).

(7) 장년기

40~50대는 개인의 인생에서 사회경제적 능력이 최고 수준에 오르는 절정기이다. 직장 내에서 직위가 높아짐에 따라 부하 직원을 지휘하고 통솔하는 상급자로서 리더십을 발휘해야 하는 새로운 대인관계를 경험하게 된다. 이 시기에 자녀들은 청소년기에 접어들어 부모로부터 심리적으로 독립하게 된다. 또 자녀들이 결혼 적령기에 접어들고 혼인을 하게 되면 부모 또는 장인, 장모 등의 위치에 서게 된다. 자녀가 떠나가면 심리적 상실감을 겪게 되지만, 다시 손자녀가 출생하면 할아버지, 할머니의 위치를 가지게 된다.

그리고 직장에서는 지도자의 역할과 함께 서서히 퇴직을 준비하여야 한다. 따라서 지도자의 역할과 자녀를 독립시키는 일이 장년기의 과업이 된다.

(8) 노년기

노년기는 직장을 은퇴하고 인생을 마무리하는 시기이다. 그러나 최근에는 갈수록 자녀의 독립이 늦어지고 평균 수명이 늘어나면서 직장 생활을 유지할 수 있는 시기가 길어지고 있다.

일반적으로 노년기는 사회적 대인관계가 감소하는 대신 가족관계에 대한 의존도가 증가하는 시기이다. 부부가 함께 지낼 시간이 많아지면서 서로에 대한 의존도가 높아지고 자녀에 대한 경제적, 심리적 의존성도 증가된다. 따라서 이 시기에는 사회경제적 능력이 약화된 상태에서 자녀에 대한 의존성을 잘 해결하는 것이 중요한 과업이다.

한편 노년기는 대인관계의 해체기라고 할 수 있다. 여러 대인관계와 직장 생활을 통해 긴밀한 관계를 유지했던 사람들과의 만남이 점점 줄어들면서 그들과의 관계도 서서히 소원해지게 된다. 그뿐만 아니라 절친했던 친구나 동료의 부음을 들으면서 서서히 자신의 죽음도 준비하게 되며, 배우자와의 영원한 이별을 경험하기도 한다. 평균 수명이 점점 길어지고 있지만 질병과 함께 자기 관리를 하지 못하고 의료기관이나 타인에게 더 의존하는 경우 새로운 대인관계를 경험하게 된다.

2) 대인관계 형성 과정

우리는 살면서 수시로 다양한 사람들과 만난다. 그중에서 어떤 사람과는 친밀하고 지속적인 관계를 형성하고 어떤 사람과는 일회성으로 끝난다. 사람들 간의 관계 형성과 발달 과정을 살펴보면 다음과 같다.

(1) 사람 대 사람

사람과의 만남은 사람 대 사람으로서 순수해야 하며 무조건적이고 진실하여야 한다. 무언가 달성하려는 목적의 수단으로써 다른 사람을 만난다면 좋은 대인관계를 맺기는 어렵다. 따라서 좋은 관계를 맺고 싶다면 순수성과 진실성을 잃지 않아야 한다. 사람을 만난 시작 단계에서는 자신의 모습 그대로를 드러내는 것이 쉽지 않다. 그래서 이상적인 자신의 모습을 표현하여 다른 사람이 알아주길 원하기도 한다. 그러나 다른 사람들은 거짓과 위선을 쉽게 알아차리게 되는데, 이러한 느낌은 다른 사람들과 나 사이의 거리를 멀게 느껴지게 한다.

(2) 정보 교환

사람 대 사람으로서 순수하고 진실한 만남이 이루어졌다면 서로에 대한 정확한 정보 교환이 이루어져야 한다. 이때의 정보 교환은 주로 객관적인 정보가 주류를 이루게 되고, 그 가운데서 서로 간의 공통점이 있는지 모색하게 된다. 서로의 공통점으로 인하여 관계가 지속되는 것이다.

(3) 개성 표출과 갈등 처리

정보 교환이 이루어진 다음 서로의 관계가 유지될 때 개인의 주관적인 정보가 교환되면서 개성이 표출되고 갈등이 생기게 된다. 그다음으로는 갈등을 처리하는 단계로 들어가게 되는데, 갈등을 처리하는 데는 다음과 같은 8가지 방법이 있다.

① 회피 : 갈등이 생기면 그 문제를 무시하고 회피하는 사람이 있다. 그러나 이 방법으로는 갈등이 해결되지 않고 그대로 남아 있으므로 결국 관계가 단절되거나 갈등이 더 커질 수 있다.

② 제압 : 상대방의 의견을 존중하지 않고 강압적으로 자신의 의견을 따르게 하는 것을 의미한다. 이 경우에도 처음에는 갈등이 표면적으로 드러나지 않으나 제압이 독재적 양상으로 심해질수록 갈등은 더욱 심화된다.

③ 타협 : 자신의 의견과 욕구를 서로 상대방에게 양보함으로써 외관상 갈등이 어느 정도 해결되도록 하는 것이다. 그러나 자신이 너무 많이 양보했다고 생각하면 불평과 새로운 갈등이 생길 수 있다.

④ 다수의 원칙 : 두 사람 사이에 생긴 갈등을 보편적이고 일반적인 규칙, 다수의 원칙에 따라 처리하는 방법이다. 적절한 대처라고 생각할 수도 있으나 때로 갈등 당사자에게 적합하지 않을 수 있다. 그러므로 항상 옳은 방법은 아니며 여전히 갈등이 해소되지 않은 채 남아 있을 수 있다.

⑤ 통합 : 두 사람이 모두 최대한 만족할 수 있는 해결책을 찾아내는 방법을 말한다. 서로 마음을 열고 서로의 주장에 대한 타당성을 토의하는 것이다. 상대방의 의견을 존중하면서 시간을 가지고 갈등을 극복해 가는 바람직한 방법이다.

⑥ 신뢰감 형성 : 서로의 관계 속에서 갈등을 통합의 방법으로 처리한 다음에는 신뢰감 형성으로 들어갈 수 있게 된다. 그러면 서로를 긍정적으로 대하게 되어 자신의 의견을 인정하듯 상대방의 의견도 일단 받아들이는 자세를 갖게 된다.

⑦ 자유로운 표현 : 서로 간에 신뢰감이 형성되면 서로 '자유로운 표현'이 가능해진다. 행동과 표현에 있어 자유롭고, 기쁨과 슬픔의 감정 또한 자유롭게 공유하게 된다. 그러므로 진정한 비판이 가능해지며 진정한 비판은 상대방의 칭찬과 함께 균형 있게 나타난다.

⑧ 일치감 형성 : 서로 간 자유로운 표현이 가능해지면 대인관계의 최고 목표 단계인 '일치감 형성'이 나타난다. 일치감 형성은 상대방과 하나라는 '우리 의식'이 생긴다는 의미이다. 이 단계에 이르면 자아실현이 가능하게 되고 한 단계 더 높은 수준에서 대인관계가 형성되어 바람직한 관계를 맺게 된다.

3) 대인관계 발전 요인

(1) 호감, 존경, 신뢰

호감은 다른 사람에 대한 긍정적 태도로 그 사람을 존경하고 신뢰할 만한 가치가 있다고 믿는 것이다(Rubin, 1973). 사람들은 자신이 일단 누군가를 좋아하기로 결정하면 그 사람과 관계 형성의 띠를 만들기 시작한다. 그 사람이 가지고 있는 자질을 존경하고 성숙한 사람이라고 생각하게 되며 자신도 그러한 자질을 가지고 싶어 한다. 대개 이런 생각은 좋아하는 사람이 실제 가지고 있는 자질보다 자신의 희망적인 사고에 기초한다. 그러므로 사람들과 관계를 형성하고 그들을 좋아하기 전에 개방된 마음으로 상대방의 행동에 대한 초기 인상을 형성할 때까지 객관성을 유지해야 한다(이위환, 박용주, 2015).

(2) 유사성

사람들은 서로 강하게 끌리는 사람들끼리는 자신들의 태도가 서로 유사하다고 과대평가하는 경향이 있다(Berscheid, 1985; Berscheid et al., 1989). 유사성이 대인관계에서 중요한 이유는 상대방이 자신의 의견에 동의해 주기 더 쉽고, 그런 동의는 자신의 생각에 보상을 해 주기 때문이다. 그리고 자신과 유사한 견해를 가지고 있는 그 사람에 대해 호의를 갖게 되고, 미래에 그와 좋은 관계를 가질 수 있다고 기대할 수 있다(이위환, 박용주, 2015).

(3) 친밀감

사람들이 함께 있게 되면 서로를 좋아할 수 있는 기회가 많아지고 그로 인해 친구가 될 수 있는 기회도 많아진다. 또 서로 접촉이 많으면 많을수록 친밀감이 증가하고 호감을 갖게 되는 경우가 많다. 친밀감은 대인관계를 시작하는 초기에 더 중요한 영향을 미친다(Rubin, 1970).

(4) 신체적 근접성

대부분의 사람들은 자신이 속해 있는 환경 내에서 가까이 있는 사람들과 친분관계를 맺는다. 서로 가깝게 살고 일하며 상호 작용하는 사람들과 친구가 되기 쉽다. 직장에서도 같은 방에 있지만 몇 미터 떨어져 일하는 사람보다 바로 옆자리에서 일하는 사람들과 가까운 친구가 되기 쉽다(Berscheid, 1985).

(5) 신체적 매력

파인골드(Feingold, 1992)의 연구에 의하면 사람들은 매력적인 사람들을 더 사교적이고 지도력 있고 성격이 따뜻하며 정신적으로 건강하고 지적일 것이라고 여긴다고 한다. 그래서 신체적으로 매력적인 사람을 더 좋아하는 경향이 있으며 이것은 여자보다 남자에게서 더 두드러지게 나타난다. 남녀가 교제할 때 중요하다고 생각하는 여러 요인 중 남자들은 신체적인 매력을 세 번째로 중요하다고 생각하는 데에 비해 여자들은 여섯 번째로 중요하다고 생각한다는 연구 결과가 있다(Buss, 1985).

(6) 보상 획득

사람들은 자신에게 보상을 주는 사람들을 친구로 여기고 그렇지 못한 사람을 좋아하지 않는 경향이 있다(Brehm, 1992). 정보나 애정, 지위, 돈, 기술, 친절 등의 보상을 서로 주고받는 가운데 관계는 지속되며 촉진된다고 볼 수 있다. 행복한 부부들은 불행한 부부들에 비해서 서로 긍정적이고 보상을 주는 행동 양식을 보인다. 또 친구와의 교류나 친밀한 연인 사이는 주고받는 보상 수준에 따라 관계가 지속될 수도 있고 깨질 수도 있다(이위환, 박용주, 2015).

사람들과의 상호 작용에는 시간, 에너지, 돈 등을 투여하고 때로는 좋지 못한 결과나 감정을 얻기도 한다. 어떤 사람과의 관계를 계속할 것인가의 여부는 그 대인관계로부터 얻는 만족의 양과 관련이 있다. 만족은 보상이 내가 사용한 비용보다 클 때 얻어진다. 보상이 비용보다 얼마만큼 초과해야 하는지에 대한 기준은 없지만, 사람들은 과거의 경험에 비추어 관계 유지를 위한 최소한의 비용 지출을 설정하게 된다. 서로와의 관계에서 설정된 최소치보다 낮은 보상으로는 친구관계나 친분관계가 지속되기 어렵다.

4) 성숙한 대인관계

사람들과의 만남은 서로의 성장과 발전에 도움이 되는 건설적인 것이어야 한다. 어떤 사람들의 경우는 부적응적인 대인관계로 인하여 주변 사람들에게 상처를 주고 자신도 괴로움을 경험하기도 한다.

심리학적인 관점에서 성숙한 대인관계는 건강한 성격이 바탕이 되지 않고서는 허울과 같다(조선화 외, 2007). 즉 성숙한 대인관계는 결국 성숙한 성격을 가진 사람에게 가능한 것으로 그들의 대인관계는 다음과 같다.

첫째, 성숙한 사람은 대인관계에 대한 현실적인 욕구와 동기를 지닌다. 현실적인 동기란 현실 상황에 맞추어 조절된 동기를 의미하며 이를 위해서는 동기에 대한 조절 능력이 필요하다. 다시 말해 동기는 환경에 대한 고려 없이 충족되고자 하는 내면적인 힘인데, 성숙한 사람은 대인동기와 현실의 환경을 잘 조화시키는 사람이다. 즉 자신의 대인동기를 과도하게 억압하거나 충동적으로 발산하는 것이 아니라 적절하게 조절할 수 있는 능력을 지닌 사람이다.

둘째, 성숙한 사람은 대인관계에 대해 현실적이고 유연한 신념을 지닌다. 성숙한 사람은 사람과 사람관계에 대한 깊은 관심을 지닌 동시에 사람의 본성에 대한 깊은 이해를 가지고 있다. 사람은 무한히 착하고 헌신적인 측면을 지니는 동시에 무한히 사악하고 이기적인 측면을 지닌 존재라는 사실을 깊이 인식하는 것이다. 또한 대인관계의 다양성과 가변성에 대한 현실적인 이해를 지니고 있다. 그러므로 사람에 대한 비현실적이고 경직된 기대를 갖지 않으며 수용적이고 개방적인 태도를 갖는다.

셋째, 성숙한 사람은 효과적이고 원활한 대인기술을 가지고 있다. 성숙한 사람은 다른 사람의 마음을 잘 이해하고 자신의 마음을 잘 전할 수 있는 사람이다. 다시 말해 상대방의 말을 진지하게 경청할 줄 알고 자신의 감정과 의사를 적절히 표현할 수 있는 효과적인 대인기술을 가진다. 또한 상대방의 입장을 충분히 존중하며 자신의 목적과 소망도 실현하는 효율적인 타협과 절충의 기술을 가지고 있다.

넷째, 성숙한 사람은 대인관계에서 객관적이고 정확한 지각 능력과 판단 능력을 지닌다. 즉, 대인지각과 대인사고의 과정에서 왜곡이나 편견을 개입시키지 않는다. 성숙한 사람은 타인을 신중하게 관찰하고 타인의 감정을 정확하고 객관적으로 파악하는 능력을 지닌다. 경직된 신념과 욕구를 가진 사람은 그것을 타인에게 투사하기 때문에 현실을 객관적으로 볼 수 없게 되는 것이다.

다섯째, 성숙한 사람은 대인관계 속에서 안정된 감정 상태를 유지한다. 성숙한 사람은 타인과의 관계를 조화롭게 유지하기 때문에 불필요한 부정적 대인감정을 그다지 경험하지 않는다. 누구나 대인관계에서 불필요한 부정적 감정을 전혀 갖지 않을 수는 없지만, 그 강도가 강하지 않아 큰 감정의 동요를 나타내지 않는다. 그러므로 타인과 불필요한 갈등을 만들지 않으며 갈등이 생기더라도 빠른 시일 내에 지혜롭게 해결한다. 이러한 대인행동은 상대방의 긍정적인 대인행동을 유도함으로써 서로 조화롭고 긍정적인 관계로 발전하게 된다(원호택, 박현순, 1999).

2장

대인관계와 자기이해

1. 자아개념의 의미

자아개념(self-concept)이란 한 사람이 갖고 있는 자기 자신에 대한 신념 체계이며 자아(ego), 자기(self), 자기정체감(self-identity), 자존감(self-esteem), 자기이해(self-understanding), 자아상(self-image) 등의 동의어가 함께 사용되고 있다. 먼저 자존감과 자아정체감에 대해 살펴보면 다음과 같다.

자존감(self-esteem)은 자아개념의 기초가 되는 자신에 대한 자기 평가적 가치감을 말한다. 이것은 자아에 일치되게 생각하고 느끼고 행동하도록 작용한다. 따라서 자존감이 높은 사람은 누구나 장단점을 함께 가지고 있음을 인정하며, 자신을 타인과 비교하지 않고 존재 자체로 소중하게 받아들인다. 타당하고 객관적으로 자신을 평가하므로 대인관계도 원만하다. 그러나 자존감이 낮으면 자신의 소중함을 제대로 보지 못한다. 마치 일그러진 거울로 자신을 보듯 단점을 극대화하고 장점은 극소화하게 되는 것이다. 그러다 보니 자신의 성공조차도 인정하지 못하고 스스로 평가 절하하여 비난하는 경향이 있다(임혜경 외, 2016). 한편 부모의 자존감과 양육 태도는 자녀의 자존감에 영향을 미친다(Coopersmith, 1967; 손화희, 윤종희,

1990; 정미선, 2010; 김세루, 홍지명, 홍혜경, 2010; 윤선영, 정혜숙, 2010).

자아정체감(self 또는 ego-identity)은 현재의 삶 속에 자신의 위치, 능력, 역할, 책임 그리고 삶의 중심이 되는 가치와 목표에 대한 분명한 자기인식을 말할 때 사용된다. 영유아기부터 시작하여 여러 발달 단계를 거치면서 자신의 기본 욕구, 타고난 재능, 환경과 기회 간의 성공적인 상호 작용으로 이루어진 수많은 경험들의 결과를 자아정체감이라고 말할 수 있다(Erikson, 1963). 또한 자아정체감을 확립한 사람은 친밀한 대인관계를 발달시킬 수 있고, 다른 사람으로부터 부정적인 평가를 받아도 쉽게 상처를 받지 않는 자존감을 보인다. 그러나 자아정체감이 고착 상태에 있는 사람은 매우 의존적이고 다른 사람으로부터 부정적인 평가를 받게 되면 상처를 잘 받는다. 그리고 자아정체감 혼미 상태에 있는 사람은 정서적인 방황을 하는 경우가 많다(Marcia, 1975).

한편 자아개념은 한 개인이 자기 것이라고 말할 수 있는 자신에 대한 생각, 감정, 태도 등을 의미한다(함승애, 2017).

자아개념을 처음 규정하고 이론화한 사람은 미국의 심리학자 제임스(James, 1842~1910)이다. 그는 자아개념을 "한 개인이 자기 것이라고 말할 수 있는 모든 것"이라고 말하고, 자아를 물질적 자아(material self), 심리적 자아(psychic self), 사회적 자아(social self)의 3가지 요소로 나누었다. 먼저 물질적 자아는 신체적 특성과 소유물에 대한 인식으로 외모나 체격 및 재산 등이 영향을 미친다. 그래서 그 시대에 선호하는 외적인 가치 부여의 특성들에 따라 물질적 자기를 매우 중시하는 경향이 나타나기도 한다. 심리적 자아는 성격, 능력, 적성, 인간관, 세계관, 영성과 같은 심리적 특성에 대한 인식으로 물질적 자기에서 나타나는 외적인 평가와는 무관하다. 그리고 사회적 자아는 대인관계 속에서 나타나는 나 자신의 신분이나 위치로 평가되는 측면이다. 가족관계, 친구관계, 이성관계, 동료관계와 같은 대인관계 속에서 이루어지며 사회적 지위나 신분 등을 통해서도 형성되고 그를 알아보고 기억하는 사람의 수만큼 사회적 자기는 생길 수 있다(조남두, 윤경원, 2010).

2. 자아개념의 특성

자아개념은 사람이 태어나 성장·발달함에 따라 점점 분화되고 발달해 가는 특징이 있다. 이에 대해 구체적으로 살펴보면 다음과 같다.

첫째, 유아기에는 자신과 환경을 분리하지 못하다가 성장함에 따라 경험이 누적되면서 자아를 환경에서 분화한다. 어린 아동의 자아개념은 총체적이고 미분화적이나 점차 성장함에 따라 자아개념이 분화된다. 특히 사춘기에는 내가 바라는 '이상적인 나'와 '현실적인 나' 사이에 많은 차이가 있음을 인식하게 되고 '진정한 나는 누구인가?'라는 정체성 확립을 위한 갈등과 방황이 일어난다.

둘째, 자아개념은 중요한 타인에 의해 형성된다. 사람은 주어진 상황에서 어떠한 기대나 중요한 타인의 기대에 따라 자신의 행동과 신체적 특성을 평가하게 된다. 만약 주위 사람들이 자신을 소중히 여기고 있다고 느끼면 스스로도 자신을 중요한 사람이라고 평가할 것이고, 그렇지 않다고 생각되면 스스로 열등감에 빠지게 된다. 따라서 자신을 둘러싼 모든 사람들은 내가 나에 대한 이미지를 형성해 가는 데 매우 의미 있는 작용을 한다.

셋째, 자아개념은 자체가 강화되는 경향이 있다. 사람은 자기가 행한 특정 행동의 결과로 원하는 어떤 것을 얻게 되면 그 행동의 결과로 그 행동을 강화한다. 그러므로 그 행동을 다시 할 확률이 높아지는데, 원하는 반응을 지속하고 습관화시킬 가능성이 높은 강화는 부모, 교사, 친구 등과 같은 중요한 타인에 의해서 이루어진다. 강화물은 물질적이거나 칭찬, 미소, 인정 등과 같은 긍정적인 사회적 반응들이다. 사회적으로 기대되는 방식으로 행동해서 긍정적인 강화를 받으면 자아개념은 긍정적으로 강화되지만 그렇지 않다면 부정적으로 강화된다(김혜숙 외, 2016).

넷째, 자아개념은 종종 자신의 외부까지 확대된다. 사람들은 자신이 소중히 여기는 소유물이나 자기가 소속되어 있는 집단 또는 자기 가족을 자기 자신이라고 생각함으로써 자아를 확대한다. 가족이나 자신이 소속된 구성원이 억울한 일을 당하거나 다쳤을 때 마치 자기가 당하거나 다친 것처럼 느끼는 것은 그 이유이다. 집단에 자기를 소속시키는 소속감이 대인관계의 상호 작용에 필수적이긴 하지만 주체적 자아개념을 확고히 함으로써 이러한 동일시에 초연해지고 독립적이 될 수 있다(이재창, 임용자, 1998).

3. 자아개념의 기능

1) 경험과 여과

자아개념은 신체적, 정신적, 사회적 요소로 구성된 통합적 구조로 신체적 용모, 성격 특성, 가치관, 태도, 흥미, 능력, 직업 등 이 모든 것을 보는 색안경이라고 할 수 있다. 세상을 제대로 보려면 자신의 색깔이 안정되어야 하는 것처럼 대인관계의 질을 높이기 위해서도 먼저 자신을 제대로 볼 줄 알아야 한다. 자아개념은 지각적 여과 장치로서 개인의 모든 경험과 타인과의 상호 작용을 일차적으로 걸러 내는 기능을 한다.

2) 자성 예언

사람이 어떤 행위를 해석할 때 자신이 예견했던 것처럼 자기 생각을 입증하는 방향으로 해석하는 경향이 있다. 이 말은 긍정적으로 혹은 부정적으로 해석하느냐에 따라 결과가 다르게 나온다는 것이다. '말이 씨가 된다.'라는 옛말은 부정적 의미로 함부로 말하지 말라는 의미로 쓰였지만, 반대로 어린 시절부터 긍정적인 언어를 들었던 사람은 성장하였을 때 그 말대로 될 수 있다. 즉 '나쁜 일이 벌어질 것이다.'라고 예상하면 그대로 나쁜 일이 벌어지고, '좋은 일이 생길 거야.'라고 믿으면 실제로 좋은 일이 생긴다는 것이다. 심리학에서는 잘 풀릴 것이라고 기대하면 잘 풀리고 안 풀릴 것으로 기대하면 안 풀린다는 이 모든 경우를 포괄하여 자기충족적 예언, 혹은 자성 예언, 피그말리온 효과(Pygmalion effect)라고 한다.

대인관계에서 자아개념은 기대 효과를 발휘하기 때문에 긍정적인 자아개념을 가진 사람이 원만한 대인관계를 맺을 수 있다. 따라서 자신에 대해 긍정적인 평가를 하는 것이 중요하다.

3) 주변 정보의 해석

긍정적인 자아개념을 가진 사람은 타인에 대해 호의적이며, 타인의 칭찬에 대해 지나치게 우쭐하거나 당황하지 않는다. 주변에서 일어나는 사건을 있는 그대로 받아들일 수 있기 때문에 긴장하지 않고 다른 사람들과 관계를 맺을 수 있다. 반면에 부정적인 자아개념을 가진 사람은 대인관계나 주변 정보를 받아들이는 데 있어서 몇 가지 특징을 보인다. 즉, 비난이나 부정적인 피드백에 보다 더 민감하고 다른 사람에 대해 비판적이다. 그리고 자기 행동이 타인에 비해 열등하다고 평가함으로써 전반적인 대인관계에 두려움이 많으며, 다른 사람의 작은 칭찬이나 비난에 지나치게 우쭐해 하거나 당황하는 경향이 있다.

4. 자아분석

대인관계는 자신을 다른 사람에게 표현하는 것이다. 따라서 다른 사람에 대한 자신의 행동이나 말, 생각 등이 왜 그러한지 분석해 보아야 한다. 자신에 대해 다각적인 방향에서 객관적으로 분석해 본다면 자신을 더 잘 이해하게 되고, 타인의 말과 행동에 대한 이해도 깊어질 수 있을 것이다.

자아를 분석하는 데는 성격 검사를 통한 방법, 개인 분석이나 상담을 통한 방법, 여러 도구를 통한 자기탐색 등 다양한 방법들이 있다. 여기서는 번(Berne, 1910~1970)에 의해 창안된 교류분석을 통한 방법과 권석만(2004)이 제시한 3가지 측면의 자아분석 즉 횡단적 자아분석, 종단적 자아분석, 심층적 자아분석 그리고 대인관계 양식을 통한 자아분석을 살펴보고자 한다.

1) 교류분석(TA)의 자아분석

교류분석(Transactional Analysis: TA)은 개인의 성장과 변화를 설명하는 이론이다. 교류분석 이론은 5장의 의사소통 이론에서 좀 더 구체적으로 살펴볼 것이므로 구조분석 즉 부모자아(P), 어른자아(A), 아동자아(C)와 대인관계를 맺는 기본적인 태도인 자아 상태(Ego-state) 해석을 살펴보겠다.

(1) 부모자아(P)

부모자아(P)는 부모처럼 말하고 행동하며 부모가 자녀를 보듯 다른 사람을 밑으로 내려다보는 자아를 말한다. 이는 출생 후 5년간 외부의 경험들, 주로 부모의 모습을 모방 학습(modeling)하여 내면화된 태도, 습관, 감정 등 지각된 내용과 그 행동들의 가르침을 받아 형성된다(Berne, 1964). 다시 말해서 정서적으로 중요한 인물 곧 부모, 형제 및 이와 비슷한 사람들의 행동이나 말, 태도에 영향을 받아 형성된다는 것이다. 자신의 생활 가운데 부모와 같은 중요한 인물이 말하고 행동하는 것을 보고, 듣고 관찰한 내용들이 저장되어 내면화되는 것이다. 부모자아 상태에서 예의범절이나 사회 규범과 같은 규칙을 따르는 것은 사회 적응에 유용하다.

(2) 어른자아(A)

어른자아(A)는 중립적이고 이성적인 상태이다. 이는 생후 10개월경부터 자기 자신에 대한 자각(自覺)과 독자적 사고가 가능해지면서 형성된다. 자신이 부모의 도움 없이 스스로 어떤 일을 해낼 수 있다는 자신감을 갖게 되면서 형성되기 시작하는 것이다(Harris, 1969). 그러므로 부모자아(P) 상태나 아동자아(C) 상태와는 다르게 어떤 것을 혼자서 해낼 수 있다는 것이 특징이다.

어른자아 상태는 사람의 연령과는 관계없이 현실이나 정보의 객관적인 수집을 지향하며, 자료와 정보의 처리자로 기능한다. 그리고 객관적이고 합리적인 특성을 나타내는 자아 기능을 갖고 있다. 어른자아는 부모자아와 아동자아 사이에서 작동한다.

(3) 아동자아(C)

아동자아(C)는 어린이 같고 감정적으로 대할 때의 자아 상태이다. 사람은 누구나 자신의 마음속에 아동자아 상태를 지니고 있으며, 어렸을 때와 같은 행동을 하거나 느낄 때에 아동자아 상태에 있다고 한다.

아동자아는 주로 5세 이전에 형성되며, 그 기능에 따라 자유 아동자아(Free Child: FC)와 순응적 아동자아(Adapt Child: AC)로 구분된다. 자유 아동자아는 주변의 눈치를 보지 않고 본능적, 즉흥적, 감정적으로 행동하고 즐거움도 추구하고 힘든 것은 피하는 응석받이 아이 같은 특성을 보인다. 그러나 순응적 아동자아는 착한 아이 이미지로 부모의 훈련에 의해 순종적으로 반응하는 것이 내면화되는 자아 모습이다. 아동자아 상태는 인생 초기의 경험(early experience)이나 주 양육자와의 관계에서 경험한 정서의 감정적 반응 체계가 내면화되면서 형성된다.

(4) 자아 상태의 양면성

자아 상태는 긍정적인 면과 부정적인 면을 나타내는 양면성을 가지고 있다. 어떤 자아는 좋고, 어떤 자아는 나쁜 절대성은 가지고 있지 않으나 3가지 자아 구조가 서로 균형을 갖고 작용할 때 건강한 대인관계를 형성할 수 있다. 이는 부모, 어른, 아동을 더욱 기능적으로 세분화하여 부모자아 상태를 비판적 부모자아(Critical Parent : CP)와 양육적 부모자아(Nurturing Parent: NP)로, 아동자아 상태를 자유 아동자아(FC)와 순응적 아동자아(AC)로 분류한다. 그 특징은 〈표 2-1〉과 같다.

〈표 2-1〉 자아 상태의 특징

자아 상태	특징
비판적, 통제적 부모자아 (Critical, Controlled Parent : CP)	편견적, 독선적, 설교적, 처벌적, 비판적, 규범적, 도덕적
양육적 부모자아 (Nurturing Parent : NP)	동정적, 보호적·과보호적, 양육적, 관용적
어른자아(Adult : A)	사실적, 체계적, 이성적, 논리적, 객관적, 타산적, 생산적
자유 아동자아 (Free Child : FC)	호기심과 장난기 많음, 창조적, 충동적, 직관적, 감정적, 반항적
순응적 아동자아 (Adapted Child : AC)	순응적, 억제됨, 내성적, 위축됨, 의존적, 타협적, 협조적, 인내력

(5) 에고그램(Egogram)으로 본 삶의 태도

번(Berne)에 의하면 어린아이들은 자신과 주변 사람들에 대한 확신이 일찍 형성되며, 어린 시절에 형성된 확고한 신념은 일생 동안 따라다니며 영향을 미친다고 하였다. 번의 동료인 듀세이(Dusay, 1972)는 한 개인의 관찰 가능한 언어와 행동 등은 자아 기능에 따라 달리 나타난다고 보고 각 자아 상태에 따른 에너지 표출을 그래프로 표시하여 개인의 성격을 나타냈다. 이를 에고그램(Egogram)이라고 하며 이 신념들은 You are not OK(U−), You are OK(U+), I am OK(I+), I am not OK(I−) 등이며 다음의 4가지 유형으로 분류된다.

① 자기 긍정−타인 긍정(I am OK−You are OK) : 자기 긍정−타인 긍정의 삶의 태도는 상호 존중을 나타내는 것으로 아이가 세상에 어떻게 왔는가를 반영하는 입장이다. 아이의 정서적 및 생리적 욕구가 사랑과 수용하는 방식으로 충족되는 한 아이는 이러한 입장을 유지하고 승리자 각본을 유지한다.

② 자기 긍정–타인 부정(I am OK–You are not OK) : 자기 긍정–타인 부정의 삶의 태도는 투사적 입장이다. 어린아이가 심하게 무시당하거나 비난이나 억압을 당할 때, 또는 부모의 매질 등으로 상해를 받게 되면 나쁜 사람은 내가 아닌 다른 사람이라고 단정할 수 있다.

③ 자기 부정–타인 긍정(I am not OK–You are OK) : 다른 사람과 비교해서 무력감을 느끼는 사람들이 공통적으로 취하는 입장이다. 이런 삶의 태도를 가진 사람은 열등감, 무가치감, 우울감, 무력감과 같은 정서적 태도를 갖게 되며, 대부분 희생자 역할과 함께 자학적 행동을 하고 간접적으로 공격성을 표출하는 경향이 높다.

④ 자기 부정–타인 부정(I am not OK–You are not OK) : 나도 별 볼일 없고 너도 별 볼일 없다는 입장으로 어떤 노력도 기울이지 않으며 만사를 부정적으로 본다. 부모에 의한 비판적이고 부정적인 반응을 강하게 경험하면서 부모의 어떤 반응들도 부정적으로 보게 되며 부모의 반응을 거부하게 된다.

2) 자아분석의 3가지 측면

(1) 횡단적 자아분석

사람은 '나'라는 육체를 중심으로 다양한 심리적 속성을 지니며 사회적 관계 속에서 육체적, 심리적, 사회적으로 얽혀 있는 존재이다. 횡단적 자아분석이란 이러한 자신에 대한 생각을 체계적으로 분석하는 것으로 물질적 자아, 심리적 자아, 사회적 자아의 구성 요소를 다음과 같이 다양한 차원으로 평가해 보는 것을 말한다.

첫째, 현재 자신에 대한 정보를 포함하는 현실적 자아(real self), 자신이 되기를 바라는 이상적인 모습인 이상적 자아(ideal self), 부모와 같은 의미 있는 타인들(significant others)에 의해 기대되는 의무적 자아(ought self), 노력하면 가능하다고 보는 가능한 자아(possible self) 등 4가지 차원으로 각각 분석해 볼 수 있다(권석만, 1996).

평가하는 방법은 다음의 〈표 2-2〉에서 자신이 생각하는 숫자의 위치에 ∨ 표시를 하고 표시된 숫자의 선 그래프를 그려 보는 것이다. 4가지 차원 즉, 현실적 자아, 이상적 자아, 의무적 자아, 가능한 자아를 각각 표시하고 그려 봄으로써 자신의 자아 상황을 평가해 볼 수 있다.

당신이 생각하는 숫자의 위치에 ∨ 표시를 하고 표시된 숫자의 선 그래프를 그려 보시오.

〈표 2-2〉 자아분석

	매우 부족		상당히 부족		보통			상당히 우수		매우 우수	
외모 및 신체적 매력	0	1	2	3	4	5	6	7	8	9	10
신체적 건강 및 체력											
경제적 능력											
성격 및 성격적 매력											
자기조절 능력											
지적 능력											
대인관계 능력											
학력과 지식 수준											
긍정적 사고											
친구관계											
가족관계											

- 자아분석에 대한 해석 : 일반적으로 현실적 자아에 대한 평가가 낮을수록 자존감이 낮고 우울감을 느낄 가능성이 높다. 현실적 자아는 자존감과 비례하고 우울감과는 반비례하는 경향이 있다. 그리고 이상적 자아는 높은 반면 현실적 자아의 평가는 낮아서 이 두 차원 간의 괴리가 크면 자신의 불만족도가 커지게 된다. 의무적 자아는 높으나 현실적 자아 평가가 낮으면 자신에 대한 불안감이 높을 수 있다. 부모나 주변 사람들의 기대에 비해 자신의 현재 모습이 그에 미치지 못하면 많은 심리적 부담을 느끼기 때문이다. 현실적 자아의 평가가 낮더라도 앞으로 노력하면 개선이 가능하다고 느낀다면 우울감이 덜할 것이다. 가능한 자아는 자아개념의 중요한 차원으로서 자존감, 우울감, 불안감 등에 영향을 미치게 된다(권석만, 2004).

둘째, 자신의 장단점 및 성격 특성에 대한 평가를 해 볼 수 있다. 누구나 장단점을 가지고 있으며, 선천적으로 물려받은 것일 수도 있고, 부모의 성격, 가치관, 양육 방식 등에 의해 후천적으로 습득된 것일 수도 있다. 어떤 특성들이 부모의 영향을 받았는지 살펴보면서 부모와의 관계에 대해 깊이 생각해 볼 필요가 있다.

셋째, 부정적 감정과 관련된 구체적 사건을 적어 본다. 부정적 감정 즉 열등감, 수치감, 절망, 우울, 외로움, 죄책감, 두려움, 불안, 자학, 비교 의식, 질투심 같은 것이 어린 시절 어떤 사건과 관련되어 있는가를 적어 봄으로써 자신을 좀 더 깊이 이해하게 된다(오제은, 2009).

(2) 종단적 자아분석

종단적 자아분석은 현재의 자신이 형성되기까지의 성장 과정을 살펴보는 것이다. 과거는 이미 지나간 것이지만 현재와 미래에 영향을 미치기 때문에 중요하다. 과거의 경험이 현재의 자신에게 어떤 영향을 미쳤는지를 살펴보는 일은 자기이해의 핵심적인 부분이다.

사람은 누구나 뿌리를 가지고 있으며 뿌리에 대한 이해는 자신을 이해하는데 기본이 된다. 즉 자신의 형성 과정에 부모의 영향력은 절대적인 것이기 때문에 부모에 대한 이해가 필수적이고 부모를 이해하기 위해서는 조부모 또는 가문에 대한 이해가 필요하다.

① 가문과 조부모 : 친가와 외가의 할아버지, 할머니에 대한 집안의 정서적 분위기나 사회경제적 지위, 부모를 가르친 양육 태도, 집안에서 중시하는 가치, 조부모의 부부관계 친밀도 등

② 부모 : 아버지와 어머니의 성격, 학력, 직업, 대인관계 모습과 아버지와 어머니의 부부관계 친밀도, 인생관과 가치관, 장단점, 형제자매와의 관계, 열등감(또는 콤플렉스) 유무와 그것이 생긴 원인 등

③ 자신의 성장 과정

- 출생 과정과 상황 : 출생 시 부모님 나이, 출생에 대한 부모님의 환영 유무, 출생 시 형제자매 유무 등
- 유년기(0~5세 전후) 정보 : 출생 시 특이한 점, 유년기 때 기질이나 성격, 건강상태, 버릇이나 특성 유무, 기억나는 일과 전반적인 정서 상태 등
- 아동기(6~12세)와 청소년기(13~18세) 정보 : 아동기와 청소년기에 대한 사건, 친구 간에 심각한 갈등이나 싸움이 있었다면 시기와 원인은 무엇이며 선생님과의 관계, 부모님과의 관계는 어떠했는지, 가족 상황에 갑작스런 변화는 없었는지 그리고 전반적인 생각과 정서 상태 등
- 대학생 시기(19세~현재) 정보 : 원하는 대학과 원하는 학과에 입학하였는지, 대학에 와서 친구 및 교수와의 관계는 어떠했는지, 성에 대한 관심과 욕구는 어떻게 해소하는지, 부모와의 관세는 어떠하며 갑작스런 가족 상황에 변화는 없었는지 그리고 주거 환경(집, 기숙사, 자취 등)과 전반적인 생각과 정서 상태 등

④ 기타 : 현재 기억나는 가장 어린 시절의 기억, 가장 기뻤던 일과 괴롭고 슬펐던 일 그리고 그 일의 극복 방법, 자랑하고 싶은 일과 절대로 알리고 싶지 않은 가장 수치스러웠던 일, 인생에 가장 큰 영향을 미친 사람, 성장 과정에서 가장

부담이 되었던 말이나 가장 듣기 싫었던 말, 현재 자신의 삶에 영향을 미치고 있는 주요한 과거의 사건은 무엇이며 현재 어떤 영향을 미치고 있는지 등

(3) 심층적 자아분석

우리가 스스로 자각할 수 있는 자신의 심리적 영역은 매우 제한적이다. 그러나 과거에 경험한 수많은 사건들에 대한 기억은 마음속에 저장되어 대인관계에도 깊은 영향을 미친다. 이러한 무의식적인 요인을 탐색하는 심층적 자아분석은 크게 정신역동적 방법과 인지치료적 방법이 있다. 어떠한 방법이든 무의식적 세계를 살펴보는 일은 매우 전문적인 지식과 경험을 필요로 하는 작업이지만 효과적인 방법이다. 자아분석의 3가지 측면은 [그림 2-1]과 같다.

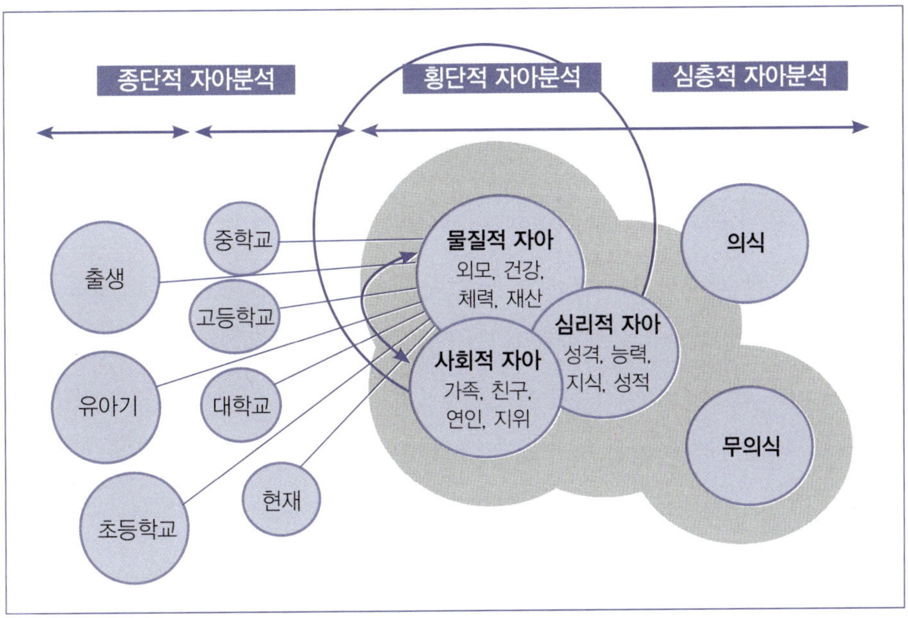

[그림 2-1] 자아분석의 3가지 측면

출처: 김항중, 김윤희, 권정임(2015).

심층적 자아분석 방법은 다음과 같다.

첫째, 자신의 꿈 내용에 지속적인 관심을 갖는 방법이 있다. 강한 정서적 경험을 수반하는 꿈 내용은 오래 기억되는 경우가 있다. 이러한 꿈의 내용을 기록해 가며 지속적으로 관찰하는 것이다.

둘째, 종단적 자아분석과 횡단적 자아분석의 내용을 서로 연결시켜 보는 방법이다. 이를 통해 과거에 충격적이었거나 반복해서 겪었던 경험에 대해 구체적으로 분석하며 무의식적인 역동을 표면화해 보는 것이다. 그리고 이러한 과거의 경험들이 현재의 나 자신의 삶에 어떠한 영향을 끼치고 있는지 깊이 통찰해 본다.

셋째, 심층적 자아분석을 위해서 인지치료적 방법을 적용하는 것으로 어떠한 대인신념과 사고를 가지고 있는지, 대인관계의 갈등이나 문제 발생 시 영향을 미치는 대인신념과 사고는 어떤 것인지 탐색하는 것이다. 대인신념은 우리가 결코 양보할 수 없는 대인관계의 원칙이나 기준과 관련되어 있으며 이러한 원칙과 기준이 대인관계 상황에서 부합되지 않으면 분노, 불안, 우울과 같은 부정적 감정을 경험하게 된다(권석만, 2004).

3) 대인관계 양식 분석

사람마다 다른 사람과 관계를 맺는 양식은 각기 다르다. 그러나 대부분의 사람은 일관성 있는 독특한 대인관계 양식을 성격적 요소로 지니고 있다. 키슬러(Kiesler, 1996)는 이렇게 독특한 대인관계 양식을 지배-복종형과 친화-냉담형을 비롯하여 8가지 유형으로 구분하였다(〈표 2-3〉 참고). 그리고 이 양축의 교차점을 중심으로 하는 원을 그려서 원상에 8가지 대인관계 유형을 표시하였다(원호택 외, 1999; 장성화, 2009; 장성화, 조경덕, 2015)([그림 2-2] 참고).

(1) 지배형

대인관계에서 자신감이 있으며 자기주장이 강하고 타인에 대해서 주도권을 행사하는 경향이 있다. 지도력과 추진력이 있어 집단적인 일을 잘 지휘할 수 있으나 이러한 경향이 과도하게 강한 사람은 강압적이고 독단적인 행동과 논쟁으로 타인과 잦은 마찰을 겪을 수 있다. 또 윗사람의 지시에 순종하지 못하고 거만한 모습으로 보일 수 있다.

(2) 실리형

대인관계에서 이해관계에 예민하고 치밀하며 성취 지향적이다. 또 자기중심적이고 경쟁적이며 자신의 이익을 우선적으로 생각하기 때문에 타인에 대한 관심과 배려가 부족할 수 있다. 이뿐만 아니라 타인을 신뢰하지 못하고 불공평한 대우에 예민하며 자신에게 피해를 입힌 사람에게는 보복하는 경향이 있다.

(3) 냉담형

이성적이고 냉철하며 의지력이 강하고 타인과 거리를 두고 관계를 맺는 경향이 있다. 이런 경향이 강한 사람은 타인의 감정에 무관심할 뿐 아니라 타인에게 상처를 줄 수 있다. 타인에게 따뜻하고 긍정적인 감정을 표현하기 어렵고 대인관계가 피상적이며 또 타인과 오래 사귀지 못하는 경향이 있다.

(4) 고립형

혼자 있거나 혼자 일하는 것을 좋아하며 감정을 잘 드러내지 않는다. 이런 경향이 강한 사람은 타인을 두려워하고 사회적 상황을 회피하며 자신의 감정을 지나치게 억제한다. 또한 침울한 기분이 지속되고 우유부단하며 사회적으로 고립될 수 있다.

(5) 복종형

대인관계에서 수동적이고 의존적이며 타인의 의견에 잘 따르고 주어진 일을 순종적으로 잘한다. 그러나 자신감이 없고 타인으로부터 주목받는 일을 피하며 자신이 원하는 것을 타인에게 잘 전달하지 못한다. 이런 사람은 어떤 일에 대한 자신의 의견과 태도를 확고하게 지니지 못하며 상급자의 위치에서 일하는 것을 부담스러워한다.

(6) 순박형

단순하고 솔직하며 대인관계에서 너그럽고 겸손한 경향이 있으나 타인에게 잘 설득당할 수 있어 주관 없이 타인에게 너무 끌려다닐 수 있고 잘 속거나 이용당할 수 있다. 그리고 원치 않는 타인의 의견에 반대하지 못하고 화가 나도 타인에게 알리기가 어렵다.

(7) 친화형

따뜻하고 인정이 많으며 타인을 잘 배려하고 도와주며 자기희생적인 태도를 보인다. 타인을 즐겁게 해 주려고 지나치게 노력하며 타인의 고통과 불행을 보면 도와주려고 과도하게 나서는 경향이 있다. 타인의 요구를 잘 거절하지 못하고 타인의 필요를 자신의 것보다 앞세우는 경향이 있어 자신의 이익을 잘 지키지 못한다.

(8) 사교형

외향적이고 쾌활하며 타인과 대화하기를 좋아하고 타인으로부터 인정받고자 하는 욕구가 강하다. 혼자서 보내는 것을 어려워하고 타인의 활동에 관심이 많아 간섭하며 나서는 경향이 있다. 흥분을 잘하고 충동적인 성향이 있으며 타인의 시선을 끄는 행동을 많이 한다.

다음의 제시된 문항에서 자신의 성격이나 대인관계를 잘 기술하는 정도에 따라 적절한 숫자에 ∨ 표시를 하시오.

〈표 2-3〉 대인관계 양식 평가(Interpersonal Adjective Scales)

1. 전혀 아니다	2. 약간 그렇다				3. 상당히 그렇다	4. 매우 그렇다			
1. 자신감이 있다.	1	2	3	4	2. 꾀가 많다.	1	2	3	4
3. 강인하다.	1	2	3	4	4. 쾌활하지 않다.	1	2	3	4
5. 마음이 약하다.	1	2	3	4	6. 다툼을 피한다.	1	2	3	4
7. 인정이 많다	1	2	3	4	8. 명랑하다.	1	2	3	4
9. 추진력이 있다.	1	2	3	4	10. 자기 자랑을 잘한다.	1	2	3	4
11. 냉철하다.	1	2	3	4	12. 붙임성이 없다.	1	2	3	4
13. 수줍음이 있다.	1	2	3	4	14. 고분고분하다.	1	2	3	4
15. 다정다감하다.	1	2	3	4	16. 붙임성이 있다.	1	2	3	4
17. 고집이 세다.	1	2	3	4	18. 자존심이 강하다.	1	2	3	4
19. 독하다.	1	2	3	4	20. 비사교적이다.	1	2	3	4
21. 온순하다.	1	2	3	4	22. 단순하다.	1	2	3	4
23. 관대하다.	1	2	3	4	24. 열성적이다.	1	2	3	4
25. 지배적이다.	1	2	3	4	26. 치밀하다.	1	2	3	4
27. 무뚝뚝하다.	1	2	3	4	28. 고립되어 있다.	1	2	3	4
29. 조심성이 많다.	1	2	3	4	30. 겸손하다.	1	2	3	4
31. 부드럽다.	1	2	3	4	32. 사교적이다.	1	2	3	4
33. 자기주장이 강하다.	1	2	3	4	34. 계산적이다.	1	2	3	4
35. 따뜻함이 부족하다.	1	2	3	4	36. 재치가 부족하다.	1	2	3	4
37. 추진력이 부족하다.	1	2	3	4	38. 솔직하다.	1	2	3	4
39. 친절하다.	1	2	3	4	40. 활달하다.	1	2	3	4

유형	문항 번호	유형	문항 번호
지배형	1, 9, 17, 25, 33	실리형	2, 10, 18, 26, 34
냉담형	3, 11, 19, 27, 35	고립형	4, 12, 20, 28, 36
복종형	5, 13, 21, 29, 37	순박형	6, 14, 22, 30, 38
친화형	7, 15, 23, 31, 39	사교형	8, 16, 24, 32, 40

출처: Wiggins(1995).

• 채점 및 해석 : 각 유형의 점수 범위는 5~20점이며, 점수가 높을수록 해당하는 유형의 특성이 강하다고 할 수 있다. 한 가지 유형의 점수만 높게 나오는 경우는 드물며, 원형 구조상에서 인접한 몇 가지 유형들의 점수가 높게 나오는 경향이 있다. 각 유형의 점수를 그림의 원형 구조상에 표시하면 독특한 모양의 팔각형이 도출된다. 팔각형의 모양이 중심점으로부터 특정한 방향으로 기울어진 형태를 지닐수록 그러한 방향의 대인관계 양식이 강하다고 할 수 있다. 일반적으로는 모든 방향으로 균형을 이룬 중간 정도 크기의 정팔각형이 이상적이지만 그러한 모양을 나타내는 경우는 드물다. 그러므로 자신의 대인관계 양식을 나타내는 팔각형 모양이 좀 더 균형을 갖춘 정팔각형에 가까워지도록 노력하는 것이 바람직하다([그림 2-2] 참고).

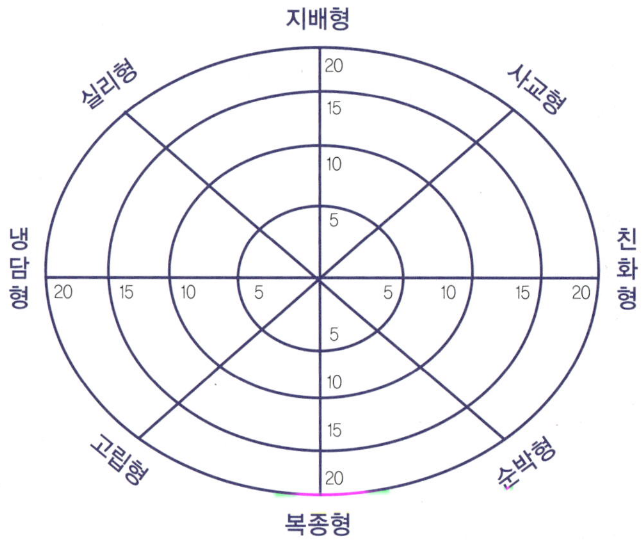

[그림 2-2] 키슬러의 대인관계 양식

출처: 김종운(2017).

5. 자아개방

자아개방은 있는 그대로의 자기 자신을 다른 사람에게 보이는 것으로 자신의 생각, 느낌, 취미, 사상 등 사적인 부분에 대해서 솔직하게 내보인다는 말이다. 내적 감정과 의견을 표현한 결과 서로 간에 엉킨 것을 명료하게 정리해 주며, 자신의 의견에 대한 평가 및 조정을 하게 한다. 또 스스로가 노출의 정도를 조절함으로써 상대방과의 관계 수위를 통제하는 장점들을 가지고 있다.

1) 자아개방의 조건

자아를 개방하기 위해서는 먼저 자기 자신에 대한 정확한 이해가 필요하다. 자기 자신을 정확하게 이해하게 되면 다른 사람에 대한 이해는 저절로 이루어지는 것이다. 자신을 이해하는 첫 단계는 자기의 경험과 현실에 대해 거짓과 왜곡 없이 있는 그대로를 받아들이는 것이다. 이렇게 할 때 아직 깨닫거나 발견하지 못했던 부분을 인식하는 계기가 되고 결국은 다른 사람의 행동까지도 이해하게 되는 결과를 가져온다.

다음으로는 새롭게 발견한 자신을 있는 그대로 받아들이고 인정하는 자아수용 단계이다. 자아수용은 아무 조건 없이 자신을 인정하는 것이다. 이는 자신을 하나의 독립된 개체로 인정하는 것임과 동시에 존재 가치를 인정하는 것이다. 이것은 대인관계에서 뿐 아니라 건전한 성장·발달을 위해서도 필수적인 요건이 된다.

2) 자아개방 모형

'조하리의 창(Johari Window)'은 러프트(Luft)와 잉햄(Ingham)이 개발한 자아개방 모형이다. 이 모형은 대인관계에서 자아개방의 중요성과 의의를 잘 이해할 수 있게 해 준다. 즉, 자신과 타인에게 알려진 부분과 알려지지 않은 부분의 조합으로 구성되어 있는데, 조합에 따라 개방된 영역(open area), 지각하지 못하는 영역

(blind area), 숨겨진 영역(hidden area), 알려지지 않는 영역(unknown area)으로 나누어진다(Luft, 1970).

첫째, 개방된 영역은 나 자신에 대해서 나도 알고 타인도 아는 부분을 말한다. 대인관계의 향상을 위해서는 이 개방된 영역을 넓혀야 한다. 이 개방된 창문이 클수록 서로 공감대 형성과 상호 작용이 활발히 이루어짐으로써 관계와 소통이 증진된다.

둘째, 지각하지 못하는 영역은 남들은 잘 알지만 자기 자신은 모르고 있는 부분이다. 내가 가진 이상한 버릇이나 특이한 성격, 비언어적이고 상투적인 행동 특성 등은 나보다 타인이 더 잘 알고 있는 경우가 많다. 다른 사람이 알려 주지 않는 한 알 수 없으므로 이 부분에 대해 타인이 피드백을 해 줄 때 수용할 수 있어야 한다. 이 영역이 클 경우 다른 사람들과 갈등이 일어나기 쉽다.

셋째, 숨겨진 영역은 나는 알지만 남들은 모르는 부분이다. 겉으로 표현하지 않은 나의 생각, 느낌, 나만이 지니고 있는 나 자신에 대한 약점, 비밀, 콤플렉스 등이 있는데, 이 영역은 조금씩 개방하는 것이 좋다. 이 영역이 넓을 경우 타인과의 관계에 있어 불안해 하고 긴장하며 생산적인 관계를 맺기가 어렵다.

넷째, 알려지지 않은 영역은 나도 모르고 타인들도 모르는 미지의 부분으로 심리치료, 충격적인 경험, 어떤 우발적인 사건 등에 의해 표면화되기도 하는 무의식 부분이다. 이 영역의 창이 넓을수록 타인과의 공감과 소통에 어려움을 겪어 대인관계에 소극적인 고립형이 된다([그림 2-3] 참고).

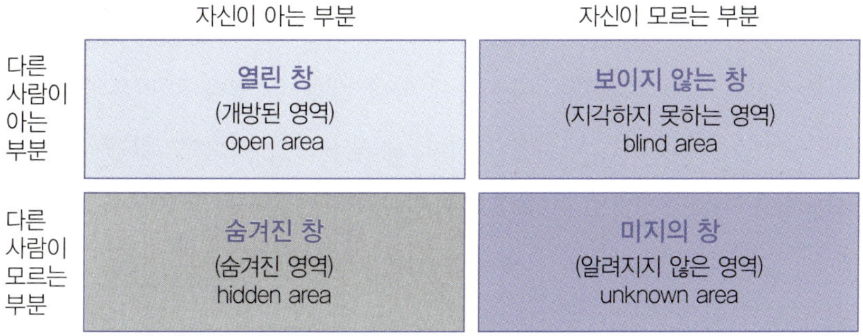

[그림 2-3] 조하리의 창

출처: Luft(1961).

6. 자아개념의 증진

자아개념의 핵심은 바로 자신을 만들고 잃어버린 나를 찾는 과정이다. 자신에 대한 인식을 전환시킴으로써 자신을 객관화하고, 외적인 경험에 대해 자신을 개방시킴으로써 환경과의 상호 작용을 극대화한다. 그리고 '나는 누구인가?'와 같은 자신에 대한 실체와 '나는 어디 있는가?'와 같은 자신의 위치성, 자신의 문제를 정확히 인식하는 객관적이고 다양한 과정을 통하여 자신을 찾는 과정이다. 이때 자신의 문제가 어디에 있는지 알고 그 문제를 정확히 찾아 외부의 탓보다 자신의 문제로 파악하는 과정이 요구된다. 과거에 대한 집착을 버려야 하며, 있는 그대로 자신을 찾아 결국 자신을 용서하고 받아들이는 노력을 통해 잃어버린 자신을 찾게 되는 것이다(송인섭, 2013). 자아상이 긍정적인 사람은 대인관계에서 쉽게 상처를 받지 않는다. 상대방의 부정적인 이야기를 예민하게 받아들이고 불안해 하지도 않는다. 따라서 건강한 삶, 건강한 대인관계 형성을 위해서는 자아개념을 증진시켜야 하고, 이는 다음과 같은 방법들을 통해 가능해진다.

1) 긍정적인 자기대화하기

자기 자신과의 내면적 대화는 자존감에 따라 다를 수 있다. 어려운 일을 앞두고 '난 해낼 수 있어.'라고 거듭 다짐을 하거나 '내 힘으로는 어쩔 수 없는 일이야.'라고 되뇌이는 일들이 있다. 이 같은 형태의 긍정적인 자기대화는 자기가치감을 높여 대인관계 및 행동 전반에 긍정적인 영향을 주게 된다. 환경이 행복감에 영향을 미치는 것은 분명하나 외부적인 환경을 어떻게 통제하느냐가 더 중요하다. 환경을 변화시킨다는 것은 쉽지 않지만 불가능한 것도 아니다. 따라서 긍정적인 자기대화는 무엇보다 현실감이 있어야 하고 여기에 맞는 노력이 반드시 뒷받침되어야 한다.

2) 시각화하기

원하는 것을 이뤄 낸 순간이나 바람직한 행동을 했을 때 어떠할지 그 상황을 미리 영상으로 그려 보는 것이 시각화이다. 이것도 현실성이 있어야 하고 구체적인 노력이 뒷받침되어야 한다.

3) 비교하지 않기

사람이 살면서 수없이 많이 비교를 당하기도 하고 비교하기도 한다. 다른 사람이 나보다 나은 것이 무엇인지 찾아보는 비교보다 다른 사람과 나만의 독특한 점을 찾기 위한 비교가 바람직하다. 건강한 자아개념은 타인의 평가나 판단에 달려 있는 것이 아니라 스스로를 인정하는 것에서부터 출발하는 것이다.

4) 새로운 시각 갖기

사람은 살면서 누구나 실패를 경험하게 된다. 그런데 사소한 일까지도 유별나게 '나는 운이 없다. 일이 꼬이기만 한다.'라고 불평하는 사람들이 있는가 하면, '하는 일이 잘 풀린다.'라고 생각하고 실패에 대해서도 '성공을 위한 좋은 경험이다.'라고 여기는 사람들도 있다. 이처럼 문제 상황을 어떻게 보느냐가 중요하다. 결핍과 한계에 자기 자신을 제한하지 말고, 가지고 있는 것들에 감사하며 새로운 것들이 일어날 수 있는 공간을 만들어야 한다.

5) 감정을 중요시하고 받아들이기

세상은 수용할 수 있는 감정과 그렇지 않은 감정에 대한 규칙이 있다. 예를 들어 '울면 약한 것이다.'라며 울어야 할 때에도 눈물을 참는 경우가 있다. 하지만 눈물은 긴장, 스트레스, 불안, 공포, 슬픔 등을 경감시켜 준다. 그러므로 감정은 자신의 일부이며 정체성임을 알고 받아들이는 것이 중요하다. 그러나 자신의 감정을 받아들이려면 자신의 감정이 무엇인지 알아야 하며 그 감정을 알아내려는 노력이 필요하다.

한 가지 방법으로는 자신을 완전히 이완시킨 상태에서 20분 정도 충분한 시간을 갖고 자신의 내부 감정과 접촉하는 것이다. 그 감정들을 자신에게 나누며 만약 받아들이기 고통스런 감정을 해소하고 싶다면 이해해 줄 수 있는 사람에게 이야기하고 해소할 수도 있다(송인섭, 2013). 감정을 받아들이는 것은 자신을 받아들이는 방법이 된다. 자신의 감정을 알아차리지 못한다면 다른 사람들과도 친밀해지기 어렵다.

6) 솔직하고 친밀한 대인관계 갖기

신뢰하는 상대의 솔직한 말 한마디나 긍정적인 지지는 우리 인생에 용기를 북돋아 주고 힘을 얻게 한다. 옳고 그름에 따른 가치 판단이나 비판적인 평가 없이 이야기를 들어주고, 내가 한 말에 대해 솔직한 생각이나 감정을 말해 주는 친구나 동료들과 함께 친밀한 관계를 갖는 것은 자아개념을 증진시켜 준다.

3장

대인관계와 성격 및 정서

1. 대인관계와 성격

1) 성격의 의미

성격(personality)이라는 용어는 심리학 용어임과 동시에 일상적으로 사용하는 용어가 되었다. 성격은 개인의 행동, 기분, 태도, 의견을 포괄하여 어떤 시점에서 다른 시점까지 일관되게 나타나는 것으로 그 사람을 표현해 주는 것을 의미한다. 성격의 어원은 희랍의 배우들이 쓰던 가면인 라틴어의 페르조나(persona)에서 유래하였는데, 이는 내면적인 특징뿐 아니라 외양적인 특징까지 포함하고 있다.

한편 심리학에서 사용되는 '성격'이란 용어는 성격의 어원처럼 피상적인 행동 양상만을 뜻하지는 않는다. 그래서 '성격'을 보다 정확하게 정의하기 위해서는 성격의 구성 요소를 알아볼 필요가 있다. 성격은 크게 내적 요소와 외적 요소로 구성되는데, 내적 요소란 선천적으로 타고난 비교적 안정된 심리 요소를 말한다. 특히 '공격적이다', '선하다' 등과 같은 심리적 특성(character)과 체질과 같이 생물학적으로 결정되는 선천적인 개인의 감정 반응인 기질(temperament)을 가리킨다. 그리고 외적 요소란 성격의 어원에서 살펴보았던 영어의 'personality'를 말한다. 즉, 사회·문화적 환경 속에서 사람들이 가시적으로 나타내는 외형적인 행동 패턴을 말한다.

다시 말해서 성격은 개인의 독특한 행동과 사고를 결정하는 심리·신체적 체계인 개인 내의 역동적 조직이다(Allport, 1961). 동시에 사람마다 구별하여 일상 상황에 적응하여 나타나는 행동 특성과 패턴을 말한다. 여기에서 특성은 기술하는 사고와 감정도 포함한다(Mischel, 1976). 이상의 말들을 종합해 보면 성격이란 '인간의 사고, 의지, 지적 능력, 정서, 태도, 신념, 도덕관, 행동 과정 등을 통합하여 개인을 전체적으로 대표하는 것으로 일관성 있게 나타나는 독특한 심리적 특성'이라고 할 수 있다. 이러한 성격이란 용어에 공통적으로 포함되어 있는 내용은 다음의 3가지로 요약할 수 있다.

첫째, 성격의 정의에는 개인이 가지고 있는 고유하고 독특한 성질이 포함되어 있다. 어느 이론가든지 성격을 정의할 때 개인의 사고 과정이나 감정이 매우 독특하고 개인차가 있음을 강조한다.

둘째, 개인의 독특성이 매우 안정적이고 시간이 지나더라도 그 특성이 변하지 않고 나타나는 안정성(stability)을 포함하고 있다는 점이다. 이때 상황이 바뀌었음에도 불구하고 그 사람이 자신의 개성을 그대로 유지하려는 경향성을 일관성(consistency)이라고 한다.

셋째, 개인이 독특한 성질을 안정적이고 일관성 있게 나타내는데, 무엇을 그렇게 나타내는가에 대한 것으로 성격의 요소나 내용이 정의에 포함되어 있다(김혜숙 외, 2017). 이처럼 성격이란 시간과 공간의 변화에도 불구하고 어느 정도 안정적이고 일관되게 나타나는 특성이므로 타인의 성격을 파악하기 위해서는 어느 정도의 시간이 요구된다(임윤선, 2016).

2) 성격의 결정 요인

(1) 유전적 요인

성격을 결정하는 데 있어서 유전적 요인은 쌍생아 연구에 근거하고 있다. 이는 유전자가 어떻게 환경과 상호 작용하면서 성격에 영향을 주는지 연구한 것으로, 일란성 쌍생아와 이란성 쌍생아의 성격 상관 정도는 유전의 영향과 동시에 본질적일 수 있음을 밝힌 것이다. 쌍생아 연구는 그들이 일란성이든 이란성이든 함께 양육되는 쌍생아는 똑같은 생애 경험에 노출된다는 가정에 기초하였다. 또 다른 연구 방법으로 입양아 연구는 유전이 성격 특성에 중요한 요인이라면, 일란성 쌍생아가 만약 분리 양육되었더라도 함께 양육된 일란성 쌍생아만큼 비슷해야 한다는 것이다(김교헌, 2014).

유전적 요인으로 인해 모든 신생아는 기질을 달리하며 출생한다. 소리에 예민하다거나 보는 것을 유난히 좋아하는 것 등은 그 아이만이 가지고 있는 고유한 특성이다. 또한 예민하거나 강한 유형의 아이가 있을 수 있다. 강한 유형은 기본적인 기질보다 더 강하게 공격적인 모습을 보인다. 그리고 천천히 반응하는 유형은 감정 표현이 적극적이지 않고 새로운 경험에 대해 머뭇거리는 아이들을 말한다. 한편 까다로운 유형은 환경 변화에 민감하고 강렬한 반응을 보이며 변화에 적응하는데 시간이 더 걸리는 아이들을 말한다. 수면, 배설 등 일상적인 생활 패턴이 규칙적이지 않고 새로운 상황에서 적응을 힘들어 하여 울거나 저항하기 때문에 부모를 힘들게 하는 유형이다. 이러한 기질적인 것들은 유전적 요인이라고 할 수 있다.

(2) 환경적 요인

사람의 성격은 유전적 소인에 기초하지만 환경에 의해서도 영향을 받게 된다. 부모의 양육 태도와 유형에 따라 자녀의 성격이 형성되는 것이다. 예를 들어 권위 있는 부모라면 아이들의 반응에 높은 관심을 보이며 이해할 수 있는 수준에서 통제하고 피드백을 준다. 이들의 자녀는 자존감이 높고 독립적이며, 부모의 요구에 잘 따르고 자신감이 있으며, 교우관계가 좋고 학습 성취도가 높다(조경덕, 장성화, 2012).

한편 심리학자 아들러(Adler, 1870~1937)는 출생 순위와 성격에 대해 연구하였다. 가족 내에서 출생 순위에 따라 개인의 위치에 대한 해석이 성인이 되어 세상과 상호 작용하는 방식에 영향을 준다는 것이다. 첫째 아이는 다른 사람의 인정에 초연하여 스스로 적응해 가고, 둘째는 첫째를 능가하기 위해 노력한다. 셋째의 경우는 가족의 응석받이로 자라 독립심 부족과 함께 강한 열등감을 경험하기 쉬운 반면 첫째와 둘째를 능가하려는 강한 동기 유발을 갖는다. 한편 외동인 경우에는 의존적이고 자기중심적이 되기 쉽다는 아들러의 이론에 반대하여 다른 아이들과 큰 차이가 없다는 견해들도 있다.

3) 성격 이론

성격에 대한 이론은 형성 요인이나 건강한 성격에 대한 정의 등 정신의학자, 심리학자들에 의해서 다양한 측면으로 다루어졌다. 여기에서는 대인관계 영향 요인을 좀 더 쉽게 이해할 수 있는 정신역동적 측면 연구 그리고 인본주의 이론과 자아정체성 이론에서 연구된 성격 이론을 살펴보겠다.

(1) 프로이트의 성격 이론

프로이트(Freud, 1856~1939)는 성격을 정신분석적 차원에서 연구하였다. 지형학적 측면에서 의식, 전의식, 무의식 영역으로 나누었고, 후에 구조 모형인 원초아(id), 자아(ego), 초자아(superego)라는 개념을 도입하였다. 지금 지각하는 마음의 부분은 의식(conscious)이고, 기억을 대표하는 마음 부분을 전의식(preconscious), 그리고 직접적으로는 자각할 수 없는 마음의 부분을 무의식(unconscious)이라고 하였다. 전의식은 쉽게 의식으로 가져올 수 있지만 무의식은 욕망의 근원이 되며 불안, 갈등 및 고통과 연결되는 충동과 감정 및 사고의 저장고이다. 그래서 의식과 전의식이 행동에 영향을 주지만 무의식보다는 덜 중요한 것이고 무의식은 성격의 중요한 작용이 발생하는 곳이다.

구조 모형이 되는 원초아는 완전히 무의식에서 기능하며 모든 욕구는 즉각적으로 충족되어야 한다는 쾌락 원칙을 따르고 있다. 또한 비논리적이고 반도덕적이며 유아기에 억압된 개념으로 자아나 초자아에 에너지를 공급해 준다. 그리고 자아는 내적 욕구와 충동과 함께 외부 현실을 고려한 현실 원칙을 따르고 불쾌감을 피하기 위해 방어기제를 사용한다. 방어기제에는 억압(repression), 투사(projection), 반동형성(reaction formation), 대치(replacement), 퇴행(regression), 고착(fixation), 승화(sublimation), 부인(denial), 합리화(rationalization) 등이 있다. 한편 초자아는 부모와 사회 가치를 구현하며 자아이상과 양심으로 나뉘는데, 자아이상은 바람직한 행동상을 지닌다. 그리고 양심은 부모가 승인하지 않고 처벌하는 행동이 어떤 것인가에 관한 규칙으로 바람직하지 않은 행동상을 지닌다.

프로이트는 사람들이 발달 과정 동안 특정한 갈등을 해결하면서 초자아가 발달한다고 하였다. 초자아가 발달하면 자아는 원초아의 욕망과 초자아의 도덕적 명령과 현실의 제약을 동시에 다루어 사회적으로 수용된다. 이 세 가지는 각각의 힘이 갈등적이라서 완벽한 조화는 불가능하지만, 여기에서 효과를 발휘하는 자아의 능력을 자아강도라고 한다. 자아강도가 낮은 사람은 경쟁하는 압력 사이에서 휩쓸려 다니는 반면, 자아강도가 높은 사람은 그 압력을 관리할 수 있다.

프로이트는 성격의 발달을 구강기(0~1세), 항문기(1~3세), 남근기(3~6세), 잠복기(6~12세), 생식기(13세 이후)로 분류하고 이 단계를 성격 형성의 결정적 시기라고 하였다. 구강기에 엄마가 수유를 제대로 해 주지 못하면 불신이 생기고, 항문기에 배변 훈련이 너무 엄격하면 인색하고 완고한 성격이 형성된다. 남근기는 오이디푸스 콤플렉스(Oedipus complex), 엘렉트라 콤플렉스(Electra complex)를 갖는 시기로 이 시기에 고착(fixation)되면 경솔하고 과장이 심해진다. 잠복기에는 성적인 관심이 줄어들고 자아와 초자아가 강해지는 시기로 이때 고착이 일어나면 정신적인 친밀감을 갖지 못한다.

(2) 에릭슨의 심리사회적 이론

에릭슨(Erikson, 1902~1994)은 프로이트와 달리 인간의 성격은 평생에 걸쳐 발달한다고 하였다. 그리고 문화, 사회, 역사의 영향을 인식하였다. 특히, 사회적 힘이 성격 발달에 미치는 영향을 강조하여 그의 이론을 심리사회적 이론(psychosocial theory)으로 부르고 있다. 또 다른 특성은 인간의 전 생애에 걸친 발달과 변화 가능성을 강조하며 병리적인 것보다는 정상적이고 건강한 측면, 자아정체감 확립의 중요성 및 문화·역사적 요인과 성격 구조의 관련성을 중시한 점이다.

에릭슨은 생리적 성숙과 단계별로 개인에게 부과된 사회적 요구로 인해 위기에 직면할 때 그 위기를 극복하면 건강한 자아 발달이 이루어진다고 하여 그 과정을 다음과 같이 8단계로 나누었다.

① 신뢰감 대 불신감(출생~1세) : 유아는 주로 돌보아 주는 사람인 어머니와 사회적 관계를 맺는다. 이때 어머니와 주위 사람들에게 일관성 있는 지지를 받으면 신뢰감을 얻어 이후 다른 사람들에게도 신뢰감을 갖고 자신에 대한 믿음도 갖게 된다. 배가 고프면 먹여 주고, 또 놀라거나 고통스러울 때 자기를 안심시켜 줄 것이라고 믿는 것이다. 그러므로 어머니가 아기의 욕구에 민감하게 반응해 주고 어머니 자신이 자기에 대한 신뢰를 가지고 아기를 돌봄으로써 자녀로 하여금 신뢰감 형성을 돕게 된다.

② 자율감 대 수치감(2~4세) : 이 시기는 혼자서 걸을 수 있고 의사를 말로 표현하며 배변 훈련을 받을 수 있다. 그래서 신체적으로나 심리적으로 부모와의 관계에서 유아 자신의 욕구 간에 충돌이 일어날 수 있다. 이 시기 배변 훈련을 너무 엄격하게 시키거나 사소한 실수에 대해 비난한다면 수치심을 느끼고 과잉보호하면 자신의 능력을 의심하고 무기력하게 된다.

③ 주도성 대 죄책감(4~6세) : 이 시기는 아동들이 크고 힘세고 아름다워 보이는 부모처럼 되고 싶어져서 부모와 동일시(identification)하는 것이 주제이다. 주변 세계를 탐색할 수 있는 기회와 자유는 자녀의 주도성을 발달시킨다. 그렇지만 신체적 활동과 언어 활동을 간섭하여 결정을 방해하거나 자녀의 선택을 비웃는다면 좌절과 죄책감을 느끼게 된다.

④ 근면성 대 열등감(6~12세) : 이 시기는 학교생활을 통하여 문화에 대한 기초 기능을 배우고 지적 능력을 개발할 뿐 아니라 또래 친구와의 사귐을 통해 사회생활에 필요한 기술을 익히는 시기이다. 아동은 학교에서 그 사회가 요구하는 기술과 지식을 배우고 성공적인 경험을 통해 능력과 숙달감, 근면함을 느낀다. 한편 실패는 열등감과 자기는 아무 곳에도 쓸모가 없다는 느낌을 갖게 한다.

⑤ 정체감 대 정체감 혼미(12~20세) : 청소년기는 아동기부터 해 온 여러 가지 동일시를 더욱 완전한 하나의 정체(identity)로 통합하는 시기이다. 에릭슨은 전체(통합된 정체)는 부분(이전의 동일시)의 힘보다는 더 크다는 것을 강조한다. 만일 청소년이 동일시와 역할 혹은 단편적인 자기 자신에 대한 개념들을 전체적인 하나로 통합할 수 없으면 정체감 혼미를 겪게 된다.

⑥ 친밀감 대 고립감(청년기~성인기) : 친밀감이라 하면 우리라는 결속감이고 자신들에게 위협적인 사람들에 대한 방어이다. 만일 이성과 친밀감을 가지려는 시도가 실패하면 고립 속으로 빠져들게 되며 대인관계가 상투적이고 공허해져 간다.

⑦ 생산성 대 침체감(성인 중기~중년기) : 성인 중기에 해당하는 이 시기에는 자신에게 몰두하기보다는 자녀와 직업을 통해 생산적인 활동에 참여하나 그렇지 못하면 사회·심리적으로 침체된다. 생산성이란 자녀 교육이나 창조·생산적 활동을 통한 다음 세대 성장과 교육에 대한 관심을 말하며 세대로 이어 오는 사회의 연속성을 가능케 해 주는 것이다. 생산성 부족은 자기 몰입, 지루함, 심리적 미성숙으로 표현된다.

⑧ 통합성 대 절망감(노년기) : 이 마지막 단계에서 개인은 인생의 황혼기에 자아 통합이나 절망의 상태에 있는 자신을 발견하게 된다. 신체적 노화에 적응해야 하고 사회적으로 은퇴하며, 배우자와 친구의 죽음을 직면하면서 자신의 삶을 되돌아보게 된다. 통합이란 인생의 한계를 받아들이는 것이며 자신이 역사의 한 부분임을 수용하고 노년의 지혜를 가지고 산다는 자부심과 지금까지의 단계를 모두 통합하는 것이다. 이것이 실패하면 절망이 된다.

(3) 융의 분석심리 이론

융(Jung, 1875~1961)은 분석심리학을 통해 리비도(libido)를 일반적 생활 에너지로 보고, 성격은 생활 속에서 변할 수 있고 미래의 목표와 열망에 의해 형성된다고 보았다.

융의 분석심리 이론은 성격과 성격 발달을 다음의 4단계로 분류하였다.

첫째, 아동기는 성격 형성에 특히 중요하지 않고 유아의 행동은 본능에 의해 지배되며 심리적 문제가 없다고 하였다.

둘째, 청년 및 성인 초기에는 외부 환경의 요구에 확고하고 단호하게 대처해야 하기 때문에 내향적인 사람보다는 외향적인 사람이 더 잘 적응한다고 하였다. 따라서 정신 에너지는 주로 외부 세계 대처를 위해 밖으로 향하여 이 기간 동안의 태도를 주로 외향적이라고 보았다.

셋째, 중년기는 직업에 있어서나 사회적, 가정적으로 중요한 위치에 있어서 경제적으로 안정되며, 추구하던 성과가 나타나 인생을 편안하게 즐기기 시작할 수 있는 시기이다. 그러나 목표나 야망은 중년이 되면 그 의미를 잃기 쉬워 절망과 비참, 무가치함에 사로잡히며 인생의 의미를 잃어 공허와 무감각을 느끼게 된다. 그러므로 외부 세계를 정복하는 데 쏟았던 에너지를 자신의 내부에 초점을 맞추도록 자극을 받아 자신의 잠재력에 깊은 관심을 갖게 된다.

넷째, 노년기에는 인생의 마감을 앞두고 있는 시기로서 자신에 대한 진지한 관심을 갖는 것이 의무이고 필수적이다. 그러나 지나치게 건강을 염려하고 인색하며 공리공론과 과거에 대한 찬양만 하면서 인생의 전반부의 원리로 살려는 환상을 가진다. 그러나 노년기에도 미래를 향한 목표가 필요하며 죽음 자체도 목표 중 하나가 되어야 한다고 하였다.

그리고 융(Jung)은 인간의 성격을 사고, 감정, 감각, 직관이라는 4가지로 구분하고, 리비도가 밖으로 흐르느냐 안으로 흐르느냐에 따라 다시 8가지 유형으로 분류하였다. 융의 성격 유형론을 근거로 브리그스(Briggs)와 마이어스(Myers)는 MBTI(Myers-Briggs Type Indicator)라는 성격 유형 검사 도구를 만들어 냈다. MBTI는 다음과 같은 4가지 척도로 성격을 표시한다. 각각의 척도는 두 가지 극이 되는 성격으로 이루어진다.

① 태도 기능 : 인간 발달에 제일 처음 나타나는 기능으로 관심의 초점에 관한 선호에 따라 내향성과 외향성으로 분류한다. 내향성(Introverts)은 바깥 세계보다는 자기 내부의 개념이나 생각 또는 이념에 더 관심을 둔다. 외향성(Extroverts)은 주로 외부 세계를 지향하고, 인식과 판단에 있어서도 외부의 사람이나 사물에 초점을 맞추어 행동 지향적이고 솔직하며 사교성이 많고 대화를 즐긴다.

② 지각 기능 : 사물이나 사람, 사건, 생각을 지각하는 과정으로 감각형과 직관형으로 분류된다. 감각형(Sensing)은 현재 직접 경험하고 있는 일을 중시하며 현실적이고 관찰 능력이 뛰어나다. 또 세세한 것까지 기억을 잘하며 구체적인 사실을 중시하기 때문에 전체를 보지 못할 위험이 있다. 직관형(Intuition)은 구체적인 사실이나 사건보다는 이면에 감추어져 있는 의미, 관계 가능성 또는 비전과 전체를 파악한다. 세세한 부분을 간과하기 쉽고 새로운 일이나 복잡한 일에 뛰어드는 경향이 많다.

③ 판단 기능 : 감각 또는 직관을 통해 얻은 정보를 바탕으로 의사 결정 또는 선택을 하게 되며 사고형과 감정형으로 나뉜다. 사고형(Thinking)은 객관적인 기준을 바탕으로 정보를 비교 분석한다. 그리고 논리적 결과를 바탕으로 정의와 공정성, 무엇이 옳고 그른가에 따라 판단한다. 반면 감정형(Feeling)은

자신이나 타인에게 어떤 영향을 줄 것인가 하는 점을 더 중시하여 친화적이고 따뜻하며 조화로운 인간관계를 중시한다.

④ 반응 기능 : 외부 세계에 대해 채택하는 생활 양식이나 대응하는 방법에 따라 판단형과 인식형으로 구분한다. 판단형(Judging)은 삶을 규제하고 통제하기 위하여 계획하고 질서 있는 생활을 하는 경향이 있어 과감하게 의사 결정을 한다. 인식형(Perceiving)은 삶을 통제하고 조절하기보다 상황에 맞춰 적응하며 이해하려는 편이다. 호기심이 많고 흥미가 많으며 한꺼번에 많은 일을 하지만 뒷마무리가 약하다.

(4) 로저스와 매슬로우의 인본주의 이론

인본주의 이론은 개인의 주관적 경험과 개인이 자기 자신과 세계를 어떻게 지각하고 해석하는가에 따라 성격이 다르게 형성된다는 입장이다.

인본주의자 중 한 사람인 로저스(Rogers, 1902~1987)는 성격을 현상적인 장 속에서 자신을 유지하고 발전시키기 위해 행동하는 실현 경향성(actualizing tendency)에 의해 지배받는다고 가정하였다. 실현 경향성은 개인이 긍정적으로 건강한 행동을 하도록 동기화하여 독립심이나 자기조절감(self-regulation)을 갖도록 하고, 경험을 평가하는 준거를 제공할 뿐 아니라 자기를 유지하고 향상시키는 방향으로 개인을 움직이도록 한다. 로저스는 자기가치, 자기실현, 자유 의지를 중시하며, 자기와 경험 간의 일치와 자기일관성(self-consistency)을 강조하였다. 유기체는 자기지각 간의 일관성을 유지하고 자기지각과 경험 간의 일치를 유지하기 위해 기능한다고 보았으며, 지각된 자기와 실제의 경험 간에 괴리가 생기게 되면 불일치(incongruent) 상태를 경험한다고 하였다. 자기일치가 일어나기 위해서는 타인이 무조건적이고 긍정적으로 존중해 주거나 공감해 주면 경험을 부인하거나 왜곡할 필요를 갖지 않는다고 하였다.

한편 매슬로우(Maslow, 1908~1970)는 사람들이 동기화되는 요인과 개인을 완전하게 기능하는 삶으로 이끌어 가는 동기에 관심을 가졌다. 그는 완전하게 기능하는 사람만이 완전하게 자기실현을 하는 것으로 보았다. 그는 자아실현 동기가 그 사람의 삶을 지배하기까지 생리적 욕구(physiological need), 안전 욕구(safety need), 소속과 사랑 욕구(belongingness and love needs), 존중 욕구(esteem needs), 자아실현 욕구(self-actualization needs)의 5가지 타고난 욕구 단계를 거친다고 가정하였다. 이를 욕구 위계설(hierarchy of need)이라고 하며, 각 단계의 욕구에 의해 인간이 동기화되는 것으로 보았다([그림 3-1] 참고).

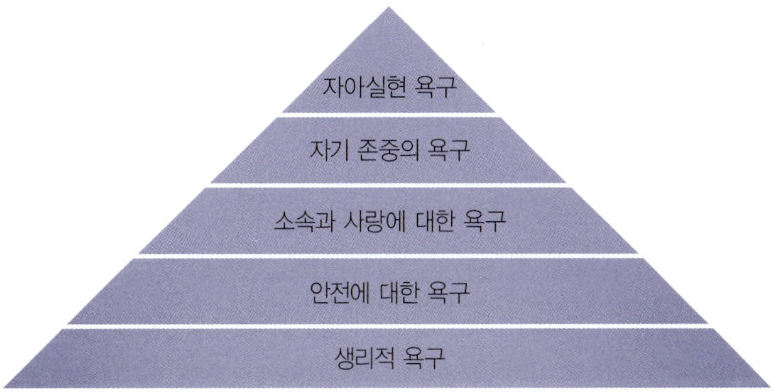

[그림 3-1] 매슬로우의 5단계 욕구 이론

자아실현 욕구는 앞의 4단계의 욕구가 충족되었다 하더라도 잠재되어 있는 능력을 마음껏 발휘하지 못하면 불만족하거나 불안과 좌절을 맛볼 수 있고 진정한 자아실현 욕구를 이루지 못할 수 있다. 매슬로우는 이러한 욕구는 본능과는 달리 개인의 생물학적 특성과 환경적 경험에 따라 다르게 결정되는 것으로 보았으며, 변화가 가능한 역동적 과정으로 생각하였다. 또한 동기가 결손되면 개인의 행동은 긴장을 감소시키거나 특정 욕구의 일시적인 결핍을 충족시키는 방향으로 나아간다고 가정하였다. 생리적 욕구나 안전 욕구 수준에서 이러한 결손 동기화가 더 강하게 일어나며, 소속과 사랑에 대한 욕구나 존중에 대한 욕구에서는 동기화가 보다 약하게 일어나는 것으로 보았다.

(5) 마샤의 자아정체성 지위 이론

캐나다 심리학자 마샤(Marcia, 1980; 1988)는 정체성에 관한 에릭슨(Erikson)의 이론을 발전시켜 자아정체성 지위 이론(identity status)을 제시하였다. 에릭슨이 자아정체성의 형성 시기를 직업적 또는 이념적 전념이 발달하는 시기로 본 것에 근거하여 대학생을 대상으로 직업 선택과 이념에 대한 전념(commitment) 및 위기(crisis) 여부를 조사하였다. 그리하여 자아정체성 지위를 정체성 성취(identity achievement), 정체성 유예(identity moratorium), 정체성 폐쇄(identity foreclosure), 정체성 혼미(identity diffusion)의 4가지로 분류하였다(Adams & Shea, 1979; Marcia, 1988).

① 정체성 성취 : 에릭슨의 이론에서 설명한 바와 같이 정체성이 성취된 청년들은 삶의 목표, 가치, 직업, 인간관계 등에서 위기를 경험하고 대안을 탐색함으로써 확고한 개인의 정체성을 갖게 된다. 부모를 포함한 대인관계에 있어서 현실적이고 안정되어 있으며 자존감이 높고 스트레스에 대한 저항력도 높다.

② 정체성 유예: 정체성 유예는 삶의 목표와 가치에 대해 회의하고 대안을 탐색하지만 여전히 불확실한 상태에 머물러 구체적인 과업에 관여하지 못하는 상태를 뜻한다. 이 지위에 속하는 청년들은 가장 적극적으로 정체성을 탐색한다. 유예기의 청년들은 안정감이 없으나 많은 경우 시간이 흐르면서 정체성을 확립하게 된다. 흔히 부모나 또래와의 관계에 있어서 애증이 교차하며, 자신이 경험하고 있는 상황에서 긍정적인 요소보다는 부정적인 요소에 더 민감하고 잘 느낀다.

③ 정체성 폐쇄 : 정체성 폐쇄는 충분한 자아정체성의 탐색 없이 지나치게 빨리 정체성 결정을 내린 상태를 지칭한다. 이 지위의 청년들은 정체성 위기를 경험하지 않고 삶의 목표를 확립하고 몰입한다. 이들은 흔히 부모가 기대하거나 선택한 생애 과업을 대안적 가능성의 검토 없이 수용한다. 다른 지위에 비해 사회적 인정 욕구가 강하고, 자신이 지향하는 가치에 따라 생애 방향을

결정하고 있으며 부모와 긴밀한 관계를 유지한다. 이들은 청년기를 매우 안정적으로 보내는 것 같지만 성인기에 뒤늦게 정체성 위기를 경험하는 경우도 적지 않다.

④ 정체성 혼미 : 정체성 혼미 상태에 있는 청년들은 삶의 목표와 가치를 탐색하려는 시도를 보이지 않는다. 또 자신의 생애를 계획하고 설계하려는 욕구가 부족하며 관념에 대한 관심이 낮다. 이러한 청년들은 부모와의 애착관계가 없거나 부모로부터 거부당한 것으로 느끼는 경우가 많고, 자존감이 낮으며 흔히 혼돈과 공허감에 빠져 있다. 정체성 혼미는 청년 초기에 가장 보편적이지만 일정한 직업을 갖지 못하거나 지속적으로 일하지 못하는 성인들에게서도 찾아볼 수 있다.

4) 부적응적 대인관계와 성격

성격은 다른 사람들과의 관계에 다양하게 영향을 미친다. 여기에서는 특히 미성숙한 성격으로 인하여 어려움을 겪고 있는 성격장애에 대해 살펴보겠다. 대인관계에 어려움이 크다는 것은 성격장애가 있을 가능성이 높은데, 성격장애는 쉽게 변하지 않지만 치료 자체가 불가능한 것은 아니다. 하지만 다른 정신장애에 비해 치료가 어렵다.

(1) 편집성 성격장애

편집성 성격장애는 타인에 대한 지속적인 불신과 의심을 특징으로 하는 장애를 말하며 편집증적 증세로 항상 주변의 행동이나 상황에 악의가 있을 것으로 의심하여 일상생활과 사회생활에 여러 문제를 겪는다. 망상은 아니지만 피해망상을 가진 사람처럼 의심을 하기 때문에 망상성 성격장애라고도 한다. 원인으로는 화목하지 못한 가정에서 부모나 주변 사람들의 불합리한 태도를 경험하며 자랐을 경우 이것이 성장 과정에 영향을 미치는 것으로 본다. 이런 환경으로 인해 분노가 쌓이면서 성격장애가 생기는 것이다. 편집성 성격장애는 타인을 병적으로 의심하기 때문에 작업상의 능률이 저하될 수 있고 대인관계에서도 실패할 가능성이 높다. 그리고 심혈관 계통에 문제가 발생할 가능성도 높으며, 의처증이나 의부증 같은 부정 망상이 생기기 쉽다. 이로 인해 가정생활이 지속적인 위기 상황에 놓이기도 한다(이훈진, 이명원, 2011).

(2) 분열성 성격장애

분열성 성격장애는 타인과의 친밀한 관계 형성에 관심이 없고 감정 표현이 부족하여 사회적 적응에 현저한 어려움을 나타내는 성격장애이다. 사회적 관계에서 고립되고 정서 표현이 제한되어 있다. 타인에 대한 관심도 현저하게 적을 뿐더러 타인이 자신에게 간섭했을 때에도 반응하지 않아 폐쇄성 성격장애라고 말하기도 한다. 가족을 제외한 극소수의 사람을 제외하면 친밀한 관계를 맺는 사람이 없다. 이성에 대해서도 무관심하여 독신 생활을 하는 경우가 많다. 타인의 칭찬이나 비판에도 무관심한 감정 반응을 보이며 감정이 메말라 있다는 인상을 준다. 이들은 흔히 직업적 적응에 어려움을 겪게 되는데 특히 대인관계가 요구되는 업무는 잘 수행하지 못하지만 혼자서 하는 일에서는 능력을 발휘하기도 한다(조성호, 2012).

(3) 분열형 성격장애

분열형 성격장애는 인지 또는 지각의 왜곡과 함께 괴이한 행동을 보이며 사람과의 관계가 가까워지면 급성 불안을 경험한다. 자신만의 세계에 사는 듯한 말과 행동, 특이한 옷차림을 하기도 한다. 이런 면에서는 환각이나 망상이 있는 것이 아닐까 의심이 들기도 하지만 오로지 성격으로만 설명이 가능하다. DSM-5에서는 분열형 성격장애를 정신 분열 스펙트럼 및 기타 정신증적 장애에도 포함시켜 조현병과의 관련성을 강조하고 있다(APA, 2013). 다른 성격장애보다 더 심각한 사회적 부적응을 경험하며, 심한 스트레스를 받으면 일시적으로 정신병적 증상을 나타내기도 한다.

(4) 반사회성 성격장애

반사회성 성격장애는 타인의 권리를 무시하고 침범하는 사람들로 많은 범죄자들이 이에 해당한다. 사회 규범을 무시할 뿐 아니라 무책임하고 폭력적인 행동을 반복적으로 나타내며 자신의 행동에 대한 죄책감을 느끼지 못한다. 또한 자신의 쾌락과 이익을 위해서 수단과 방법을 가리지 않는다. 충동적이고 호전적이어서 육체적인 싸움을 자주하고 폭력을 휘두르며 배우자나 자녀를 구타하기도 한다. 잦은 폭력과 범법 행동, 가족 부양의 소홀, 성적 문란, 직업 적응의 실패, 채무 불이행, 거짓말이나 사기 행각, 무모한 위험 행동, 문화 시설의 파괴 행위 등을 함으로 주변 사회에 커다란 피해를 입히게 된다. 연쇄 살인처럼 끔찍한 범죄를 저지른 사람을 일반적으로 사이코패스(psychopath) 혹은 소시오패스(sociopath)라고 하지만 이는 현재 사용되는 진단명이 아니다. 이와 가장 유사한 것이 바로 반사회성 성격장애이다. DSM-5에서는 반사회성 성격장애를 파괴적, 충동-통제 및 품행장애(disruptive, impulse control, and conduct disorder)에도 포함시키고 있다(APA, 2013; 신희천, 신은향, 2006).

(5) 연극성 성격장애

연극성 성격장애는 타인의 애정과 관심을 끌기 위한 지나친 노력과 과도한 감정표현이 주된 특징이다. 과도한 감정 표현으로 사람들의 관심을 끌고 싶어 하는데, 마치 연극이나 뮤지컬에서 볼 수 있는 듯한 감정 표현을 서슴지 않는다. 정서적으로 불안정하며 대인관계의 갈등을 초래하는 경향이 있어 사회적 부적응을 나타내게 된다. 다른 사람들이 각별한 관심을 주지 않으면 그들이 자신을 싫어하는 것으로 생각하고 우울하거나 불안해 하는 경향이 있다. 관심의 대상이 되는 다른 사람에 대해서는 시기와 질투, 경쟁심, 강한 분노를 느낀다. 대인관계의 초기에는 매우 매력적으로 느껴질 수 있지만, 관계가 지속되면 지나치게 요구적이고 끊임없는 인정을 바라기 때문에 부담스럽게 느껴진다. 이러한 성격 특성은 히스테리 증상을 가지고 있는 사람들에게서 나타난다고 해서 히스테리성(hysterical) 성격장애라고도 한다(김정욱, 한수정, 2011).

(6) 자기애성 성격장애

자기애성 성격장애는 자기 사랑이 지나쳐서 자신을 비현실적으로 과대평가하고 칭찬에 대한 욕구가 강하다. 그리고 타인에 대한 공감 능력이 결여되어 대인관계에서 매우 자기중심적이고 일방적이다. 또한 자신을 특별한 사람이라고 생각하기 때문에 아무하고나 어울리지 않으며, 자신을 이해해 줄 소수의 특별한 사람들하고만 교제한다. 따라서 주변 사람들로부터 따돌림을 당하거나 잦은 갈등을 경험하게 된다. 과장되어 있는 웅대한 자기상이 현실 세계 속에서는 자주 상처를 입게 되므로 우울해지거나 분노를 느끼게 된다(권석만, 2011).

(7) 경계성 성격장애

경계성 성격장애는 강렬한 애정과 분노가 교차하는 불안정한 대인관계를 특징적으로 나타내는 성격장애이다. 즉 타인이나 자신에 대한 좋고 싫음이 너무 극단적이고 충동적이며 정서가 매우 불안정하다. 사고, 감정, 행동, 대인관계, 자아상을 비롯한 성격 전반에 걸쳐서 불안정성을 나타낸다. 또 상대방에게 버림받을지 모른다는 생각 때문에 비굴하게 매달리다가도 순간 돌변해 폭행과 폭언을 한다. 혼자 있을 때는 심한 공허감이나 우울감을 느끼기도 하는 반면, 때로는 매우 충동적인 행동으로 지나친 낭비, 문란한 성생활, 과음이나 약물 복용, 자해 행위 등을 하기도 한다. 그리고 상대를 자신 옆에 붙잡아 두기 위해 극단적 방법으로 자살을 시도하기도 하는데, 이러한 이유는 자신과 타인을 종종 낯설고 혼란스럽게 느끼며, 감정에 압도되는 순간에는 잠깐이지만 망상이나 해리 증상이 나타나기 때문이다(조성호, 2006).

(8) 회피성 성격장애

회피성 성격장애를 가진 사람들은 자신에 대한 타인의 부정적인 평가를 가장 두려워한다. 자신이 부적절한 존재라는 부정적 자아상을 지니는 반면, 타인을 비판적이고 위험적인 존재라고 지각하는 경향이 있다. 겉으로는 냉담하고 무관심하게 보일 수 있으나 실은 주변 사람들의 표정과 동작을 주의 깊게 살피는 경향이 있다. 그리고 낯선 상황이나 새로운 일을 두려워한다. 당혹스러움이나 불안을 피하기 위해서 늘 익숙한 환경 내에 머물려고 한다. 가능하면 사회적 책임을 맡지 않으려 하고 개인적인 대면 상황을 피한다. 타인에게 부정적인 평가를 받을지 모른다는 불안함 때문에 사람들과 쉽게 어울리지 못하고 스스로에 대한 부적절감을 느낀다. 주변에 사람이 없고 주로 혼자 지낸다는 점에서 분열성 성격장애와 비슷하지만, 타인과 어울리고 싶어 하는 욕구가 분명하게 있다는 점에서 차이가 있다.

(9) 의존성 성격장애

의존성 성격장애자는 스스로 독립적인 생활을 하지 못하고 보살핌을 받고자 하는 과도한 욕구 때문에 상대방에게 순종적이고 의존적인 행동을 한다. 아주 사소한 것부터 타인에게 의존하려고 해 주변 사람들을 힘들게 만든다. 자신을 연약한 모습으로 나타내어 지지와 보호를 유도하는 경향이 있으며, 힘든 스트레스 상황에서는 다른 사람에게 매달리거나 무기력해지며 눈물을 잘 흘린다. 특히 의존 대상으로부터 거절과 버림을 받게 되면 깊은 좌절감과 불안을 느끼며 적응 기능이 현저하게 와해되는 경향이 있다. 누군가에게 매달린다는 점에서는 경계성 성격장애와 비슷하나, 사랑하는 사람에게 버림을 받게 될 때 경계성 성격장애와 달리 그 사람에 대한 포기가 빠르고 금세 자신을 책임져 줄 또 다른 사람을 찾는다. 사회 활동에 소극적이며 책임을 져야 하는 지위를 피하고 결정을 내려야 하는 상황에 이르면 심한 불안감을 느낀다. 대인관계가 대체로 협소하며 의지하는 몇 사람에게만 국한되는 경향이 있다(민병배, 남기숙, 2006).

(10) 강박성 성격장애

강박성 성격장애는 지나치게 완벽주의적이고 세부적인 사항에 집착하며 과도한 성취 지향성과 인색함을 특징적으로 나타내는 성격장애이다. 이들은 상황을 자기 식대로 조절할 수 없으면 직접적인 표현을 하지는 않지만 불안해 하거나 분노를 느낀다. 그리고 감정 표현을 억제하는 경향이 강하며 감정 표현을 자유롭게 하는 사람과 같이 있으면 불편감을 느낀다. 이성과 도덕을 중시하며 제멋대로 충동적인 행동을 하는 사람을 혐오한다. 지나치게 완고하여 융통성과 타협이 필요한 상황에서 어려움을 겪게 되며 이러한 특성으로 인해 직업적 부적응이 초래되기도 한다(민병배, 이한주, 2013).

5) 건강한 성격

건강한 성격의 사람들은 다른 사람을 용서할 줄 알고 사람의 다양성을 인정하고 타인을 이해하며 여러 사람들과 잘 어울린다. 건강한 사람들은 자기 자신에 대한 존중감도 높기 때문에 타인도 배려할 줄 알고 좋은 대인관계를 자연스럽게 유지한다(김종현, 2008). 건강한 성격은 대가 없이 얻어지는 것이 아니며 다음과 같은 노력이 필요하다.

(1) 좋은 습관 형성

생각이 바뀌면 행동이 바뀌고 행동이 바뀌면 습관이 바뀌고 습관이 바뀌면 운명이 바뀐다는 말이 있다. 이처럼 좋은 습관은 인생을 긍정적인 방향으로 인도할 수 있다(최세영, 한주빈, 오봉욱, 2017). 매일 반복하는 선택들이 신중하게 생각하고 내린 결과물이라기보다는 대부분 습관적인 선택이다. 말과 행동이 반복적으로 쌓여 만들어진 습관은 인간의 성격을 형성하는 데 중요한 요인이다. 그러므로 좋은 습관을 가지면 좋은 성격을 갖게 된다고 해도 과언이 아니며, 좋은 습관을 갖기 위해서는 나쁜 습관을 버리고 그 자리에 좋은 습관을 채워야 한다.

(2) 긍정적 자아개념 형성

스스로 쓸모없다고 느끼거나 자기조절을 못하며 마음 상태가 안정되지 않은 사람은 자존감이 낮아 자신을 사랑하기도 어렵고 남을 사랑하기도 어렵다. 그런가 하면 자존감이 높은 사람은 주위에서 비난을 들어도 그 충격이 오래가지 않는다. 잠깐 자존감이 떨어졌다 해도 너무 예민하게 굴지 않기 때문이다. 따라서 긍정적인 자아개념은 매우 중요하다(윤홍근, 2016).

(3) 적절한 욕구 충족

앞에서 살펴보았듯이 매슬로우(Maslow)는 인간의 욕구는 위계적으로 조직되어 하위 단계의 욕구 충족이 상위 단계의 욕구 발현을 위한 조건이 된다고 하였다. 아래 단계의 욕구가 충족되면 다음 단계의 욕구가 나타나서 충족을 요구하며, 이때 각 단계별 욕구가 충족되지 않거나 욕구에 불균형이 생기면 심리적으로 안정되지 못해 성격 형성에 문제가 생길 수 있다.

(4) 기본적인 신뢰감 형성

사람 사이에 기본적인 신뢰감이 형성되어 있어야 성격 발달이 원만하게 이뤄질 수 있다. 생애 초기에 습득한 기본적인 신뢰감은 평생을 통해 유지되며 이것이 사랑, 우정, 공동체 의식 등을 형성하는 기본이 된다. 이러한 가치들이 쌓이면 인간과 세상 그리고 삶의 의미에 대한 긍정적인 믿음이 생긴다. 또한 커다란 위기에 직면했을 때도 신뢰감은 그것을 극복할 수 있는 원동력이 된다. 이처럼 유년기에 형성된 기본적인 신뢰감은 전 생애에 걸쳐 한 사람의 성격 형성 과정에 커다란 영향을 미친다(최세영, 한주빈, 오봉욱, 2017).

2. 대인관계와 정서

1) 정서와 정서지능의 이해

(1) 정서의 개념

사람의 마음에서 일어나는 여러 가지 감정을 정서라고 표현하며, 현대 사회에서 정서의 중요성은 매우 강조되고 있다. 감정을 적절하게 잘 표현할 수 있어야 대인관계가 원만할 수 있고 자신과 주변의 사람들이 건강한 삶을 살 수 있는 중요한 요소가 되기 때문이다.

정서란 단순히 느낌이라고 부르는 것에서부터 격렬하게 일어나는 감정까지 수준, 강도, 기간에 따라 다양하게 나타나기에 개념적으로 규정하기는 쉽지 않다. 그러나 일반적으로 일어나는 기쁨, 슬픔, 분노, 공포 등으로 인한 경험으로 신체·생리적 변화와 비언어적 반응 그리고 인지적 해석의 속성을 갖는다(최세영, 한주빈, 오봉욱, 2017). 그런가 하면 자극의 결과로 신체적 변화가 나타나기도 하지만 반대로 웃으면 기뻐지고 울면 슬퍼지는 것처럼 신체 경험 뒤에 수반되는 결과로 나타나기도 하며 내면에서부터 의지적으로 기쁨과 슬픔을 표출할 수도 있다.

인종과 연령을 초월하여 나타나는 보편적인 정서를 기본 정서라고 하며, 생애 초기에 일어나는 일차 정서에는 흥미, 불쾌감, 행복, 놀람, 슬픔, 기쁨, 분노, 혐오, 공포가 있고, 첫돌이 지나서 나타나는 이차 정서에는 수치, 부러움, 당황, 죄책감, 자부심 등이 있다(이주희 외, 2013).

(2) 정서지능

정서지능(emotional intelligence)은 지능 지수를 뜻하는 IQ(Intelligence Quotient)와 비교해서 이해하기 쉽도록 EQ(Emotional Quotient)로 표현하며 '정서'라는 정보를 이성적으로 처리하는 능력을 말한다. 정서지능에 대한 체계적인 이론을 최초로 세운 학자는 예일 대학교 세로비(Salovey)와 뉴햄프셔 대학교 메이어

(Mayer)이다(Salovey & Mayer, 1990). 이 이론이 주목을 받게 된 계기는 1972년 미국 스탠퍼드 대학교 미쉘(Mischel) 교수가 '만족지연 능력 실험(ability to delay gratification)'을 하면서부터이다. 미쉘은 스탠퍼드 대학교 부설 유아원의 미취학 아동을 대상으로 마시멜로 테스트를 통해서 아동기에 나타나는 만족지연 능력과 자제력을 가능케 하는 인지 메커니즘을 밝혔다. 이 연구는 심리학 분야의 사고를 변모시켰고 사회적 행동과 자제력의 개인차 연구에 지대한 영향을 끼쳤다(Mischel, 1986).

한편 미국의 심리학자 골먼(Goleman, 1998)은 정서지능을 대중화시키는 데 크게 공헌하였다. 골먼(Goleman, 1995)은 타임의 커버스토리에서 개인의 정서 능력이 대인관계와 같은 사회적 능력과 삶의 성공에 지대한 영향을 미치는 것이라고 강조하였다. 이후 세로비와 메이어(Salovey & Mayer, 1997)는 정서지능 관련 연구를 종합하고 가드너(Gardner)의 다중지능 이론(multiple intelligence)에서 제시한 8가지 지능의 범주 중에서 여섯 번째와 일곱 번째로 다루고 있는 대인관계 지능(interpersonal intelligence)과 개인 내적(자성) 지능(intrapersonal intelligence)을 묶어서 체계적인 모형을 제시하였다.

세로비와 메이어는 자신과 타인의 정서를 점검하고 변별하며 자신의 행위와 사고를 유도한다고 하였다. 즉 정서지능은 단순히 감성이 풍부한 사람을 의미하는 것이 아니라 자신의 감정을 이해하는 능력, 자신의 감정 절제와 통제 능력, 타인의 감정을 배려하는 능력을 포함하는 개념으로 정서지능이 높으면 긍정적 사고 능력이 강하다는 것을 뜻한다. 또한 정서지능이 높은 사람은 즐거울 때는 일을 창조적으로 잘할 수 있고, 침울할 때는 신중해야 하는 과제를 잘할 수 있다는 것을 인식하여 이를 적절히 활용할 뿐만 아니라 정서를 통해 어려운 과제를 지속적으로 수행할 수 있다(정윤진, 2003). 반면에 정서지능이 낮은 경우는 화가 날 때 부적절한 방식으로 표현하고 분노를 조절하지 못하며 지구력과 인내력이 부족하여 순간적이고 충동적인 행동을 한다(이주희 외, 2013).

(3) 정서의 특성

정서는 개인의 감각 경험, 지각 경험, 인지 양식, 신체적 특성, 학습 경험, 성숙 정도, 문화 양식에 따라 다르게 나타난다. 또한 불안, 공포, 강한 분노와 같은 정서를 표출하지 못하고 장기간 억압할 때 최초의 정서 경험 내용과 다른 형태로 개인의 일상생활을 방해한다.

특히 청소년들의 정서는 감수성이 예민하여 조그만 일에도 쉽게 흥분하고 동요되며 일시적인 기분에 의해 행동하기 쉽다. 그뿐만 아니라 자기 자신의 정신적 자립성을 강하게 주장한다. 그래서 자신들의 삶에 대해 비판, 훈계, 간섭하는 것 등에 대해 지나치게 민감하게 반응하고 크게 불쾌해 하며 화를 내고 반항한다. 또 의존과 독립, 반항과 순종, 우울과 환희, 실망과 득의, 열등감과 우월감, 무관심과 열정, 절망과 희망, 자기혐오와 자기애, 이기주의와 이타주의, 이상주의와 현실 타협 등의 양가감정이 동시에 나타나거나 단시간 내에 격렬한 변화를 자아낸다. 그러나 청소년의 정서적 불안정 상태는 대부분 일시적인 과도기 현상으로서 성숙과 더불어 차츰 안정되어 가며 자신을 자제할 수 있는 통제력을 기르고 현실에 대한 적응을 하게 된다.

정서는 선천적, 신체적인 기질에 따라 다양한 신체적 변화가 나타난다. 눈동자의 크기 변화를 통해 정서 상태를 나타낸다거나 좋아하는 사람과 가까이 있을 때 가슴이 뛰고, 흥분되는 등의 혈액 순환의 변화를 경험하게 되며, 중요한 시험을 앞두고 긴장했을 때 소화가 안 되고 손바닥에 땀이 배는 등의 경험을 하는 것이다.

그리고 정서는 개인의 신체 행동 거리 유지에 영향을 미친다. 인간의 영역이나 공간에 대한 정서는 의식적이라기보다는 잠재의식적인 것으로 사람들은 자신의 공간이 타인에 의해 침해되는 것으로 느꼈을 때 종종 불안해지거나 초조해짐을 느끼게 된다. 이처럼 자기만의 공간을 충분하게 확보할 수 없을 때는 사람이 없는 것처럼 행동하고 또는 마주쳐야 하는 경우에는 사물을 대하듯이 표정을 짓고 무표정으로 가장한다.

2) 정서 이론

(1) 제임스-랑게 말초 이론

제임스(James)에 의하면 정서는 생리적인 변화에 대한 지각의 결과이다. 즉 정서는 신체적 반응에서 오는 피드백에 의해 결정되는 것으로 신체적 변화가 먼저 일어나며 이를 지각하는 것이라고 하였다. 또한 행동과 감정은 병행하며 행동은 의지에 의해 직접적으로 통제될 수 있지만 감정은 행동을 조장함으로써 간접적으로 조정할 수 있다고 하였다. 랑게(Lange)는 일반적으로 알고 있는 정서가 신체 반응을 가져오는 것이 아니라 신체 반응이 정서의 변화를 가져온다고 하였다. 즉 기뻐서 혹은 슬퍼서 웃고 우는 것이 아니라 웃기 때문에 혹은 울기 때문에 기뻐지거나 슬퍼진다는 것이다(김현택 외, 2003).

(2) 캐논-바드 이론

캐논(Cannon)과 바드(Bard)는 정서 유발 자극이 생리적 반응과 정서의 주관적 경험을 동시에 촉발시킨다고 주장하였다. 예를 들어 공포를 경험할 때 심장도 뛰는 것이지, 어느 하나가 다른 하나를 초래하는 것이 아니라는 것이다. 외부에서 주어지는 정서 유발 자극은 시상(thalamus)을 자극하고 그 신경파는 대뇌 피질로 신호를 보내어 정서를 경험하게 하며 자율 신경계로 신호를 보내어 생리적 반응을 일으키게 된다는 것이다. 그래서 정서와 신체적 반응은 동시에 일어난다는 이론이다. 이를 예를 들어 정리해 보면 다음과 같다(오경기 외, 2014).

자극 자각 ⟶ **각성과 정서**

(자동차가 달려옴) (심장이 고동치면서 동시에 공포를 느낌)

(3) 샥터-싱어 2요인 이론

샥터(Schachter)와 싱어(Singer)는 정서를 신체적 각성과 인지적 해석이 함께 포함되어 있다고 생각하여 2요인 이론(two factor theory)이라고 불렀다(윤가현 외, 2005). 개인이 처해 있는 상황 그리고 그 상황에 대한 개인의 해석과 결과에 의해 정서가 결정된다는 것이다. 이는 인지적 관점을 검증하는 실험을 통하여 생리적 반응과 인지(지각과 기억, 해석)가 함께 정서를 만들어 낸다고 하였다. 따라서 개인 각자의 정서 경험에 따라 정서 반응이 달리 나타난다는 것이다. 예를 들어 동물원에서 만난 곰과 산속에서 만난 곰에 대한 반응과 정서는 서로 다르게 일어나는 것이다.

3) 정서의 종류와 기능

플루치크(Plutchik, 1990)는 공포, 놀라움, 슬픔, 혐오, 분노, 기대감, 기쁨 및 수용의 8가지 기본 정서를 하나의 원으로 묶고, 이러한 원을 다시 3차원적 팽이 모양으로 제작하여 정서의 강도에 따른 변화의 추이까지 검토하였다. 또한 이 기본 정서가 이웃한 정서와 합하여 또 다른 정서를 만들어 낸다고 보았다. 이것이 혼합 정서이다. 기쁨이 수용과 합해지면 사랑이 되고, 수용과 두려움이 합해지면 복종이 되며, 두려움과 놀라움이 합해지면 경외가 된다. 그러나 놀라움과 슬픔이 합해지면 실망이 된다.

이러한 정서는 사회적 상호 작용을 조절하는 기능을 갖는다. 우리는 화를 내며 달려드는 사람에게서는 멀어지려 하고 온화한 미소를 짓는 사람에게는 다가간다. 이렇게 사람들 간 유대를 강화시키는 것은 정서의 긍정적 기능이고 사람들 간 거리를 멀게 하는 것은 부정적인 기능이다(최세영, 한주빈, 오봉욱, 2017).

또한 정서는 친사회적 행동에 영향을 미치는 기능을 한다. 즉 행복한 사람일수록 다른 사람을 돕는 행동에 참여하며, 도움 요청에 거부를 당하면 부정적 정서를 갖게 되는 것이다. 또 긍정적 정서는 창의적 사고를 가능하게 하여 어떤 문제 상황에서도 빠르고 쉽게 문제를 해결하나, 부정적 정서는 지나치게 통제된 사고를 불러일으킨다(〈표 3-1〉 참고).

〈표 3-1〉 기본 정서의 종류와 기능

기본 정서	기능	설명
공포 (fear)	보호 (protection)	도망치거나 위험의 원천으로부터 자신을 멀리 떨어지게 하는 행동들은 위험이나 해로움을 피하는 행동이다.
분노 (anger)	파괴 (destruction)	깨물고 치고 또는 파괴의 상징적 행동(위협, 저주) 등은 중요한 어떤 욕구의 만족에 장애를 제거하는 행동이다.
기쁨 (joy)	통합 (incorporation)	먹고, 몸치장하고, 짝짓기하고, 자기가 소속한 사회 집단의 구성원과 친교하는 것 등은 외부 세계의 자극들 중 이로운 것을 수용하는 행동으로, 이 행동들은 개인을 돌보는 효과가 있다.
혐오 (disgust)	거부 (rejection)	토하거나 배설하는 것은 섭취한 것 중 해로운 어떤 것을 배척하는 행동이며, 경멸, 적개심, 풍자 등은 타인이나 타인의 생각을 기본적으로 거부하는 것과 관련된 행동이다.
수용 (acceptance)	생식 (reproduction)	이 행동은 자신의 유전자를 영속적으로 보존하려는 목적으로 성 접촉을 하도록 하는 행동이며, 이런 표현에는 성적 신호, 구애 의식, 성교 등이 포함된다.
슬픔 (sadness)	재통합 (reintegration)	과거에 자기를 지극히 돌보았던 중요한 인물의 상실과 관련된 행동으로, 이는 다른 대체물을 끌어들이는 신호 행동들, 즉 울기, 어린애 같은 행동, 스트레스 신호의 제거 등을 말한다.
놀라움 (suprise)	적응 (orientation)	큰 소음, 이상한 동물, 새로운 장소 등 새롭고 익숙지 못한 자극에 접촉하기 위한 행동 반응으로, 유기체는 새로운 자극에 대한 정보를 입수하기 위해 하던 것들을 멈추고 재빨리 신체를 재적응시켜야 한다.
기대 (anticipation)	탐색 (exploration)	유기체가 환경에 대해 매우 여러 측면에서 접촉하기 위한 행동으로, 주변 이웃을 안다는 것은 동물이 생존을 위해 미래에 대한 예측 및 도전을 가능하게 하는 심리적 인지를 형성하게 한다.

출처: Plutchik(1980).

4) 정서와 대인관계

(1) 정서 표현과 조절

정서의 표현은 생득적일 수도 있고 문화와 학습에 의해 영향을 받을 수도 있다. 어린아이의 통제 없는 감정 표현에 대해 어른들은 이를 잘 조절할 수 있도록 방법을 가르치게 되는데, 그 결과 성장기 유아들은 정서를 계속 경험하면서도 종종 이를 공개적으로 나타내지 않게 된다. 이때 통제가 지나치면 정서를 표현하는데 있어서 가장 큰 문제를 초래하게 된다. 그리고 부모의 애정을 충분히 받고 자란 자녀는 정서적 안정감과 신뢰감을 가지지만, 반대로 거부를 경험한 자녀는 불안정한 정서 상태를 갖게 된다(송현영, 2001; Symonds, 1949).

정서는 보통 언어적인 수단뿐만 아니라 비언어적인 수단, 즉 몸짓, 발성, 얼굴 표정 등을 통해서 전달되기도 한다. 일반적으로 사랑, 행복, 결심 등을 표현할 때는 별 어려움이 없지만, 혐오, 경멸, 고통 등을 표현하기는 좀 더 어렵다. 의사소통에서 비언어적 정서를 해석하고 전달하는 능력은 우리 자신의 경험과 노력에 따라 결정된다.

현대 사회에서는 정서를 있는 그대로 표출하고 수용하는 것이 적응을 방해하는 경우도 있어 사람들은 자신의 정서를 여러 가지 방식으로 조절한다. 정서 조절의 필요성은 대체로 분노, 슬픔, 실망, 공포, 긴장 등 부정적 정서 유발 상황에서 발생하지만 우리가 흔히 '표정 관리'라는 말로 표현하듯이 주변 사람들이 모두 슬프고 불행한 일을 겪고 있는데 자신에게만 기쁜 일이 일어났을 때 다른 사람들을 배려한다는 좋은 의미에서 발생할 수도 있다.

여러 가지 조건에 의해 정서 반응이나 행동을 억제하게 함으로써 정서가 해소되지 않는 상태에 처하게 될 경우, 억제된 정서는 심성의 한 구석에 축적되어서 환경에 대한 적응에 많은 문제를 야기할 수 있다. 특히 어린 시절 억제된 화나 분노는 청년기에 반사회적인 공격 행동으로 표출되기도 한다. 또는 정신·신체적 질환, 정서·행동장애, 지능 및 학업 성취, 사회·정서적 특성에도 영향을 미치므로 개인의 바람직한 정서 표현은 매우 중요하다.

(2) 긍정적 정서와 대인관계

사람이 살아가면서 표현하는 다양한 긍정적 정서 반응에 따른 행동이 있는데, 이는 다음과 같이 설명할 수 있다.

① 행복감과 환희 : 사람이 느끼는 가장 대표적인 감정으로 원하는 목표가 달성되었거나 달성되어 가고 있다고 생각할 때 느끼는 감정이다. 그리고 이러한 기쁨, 행복감, 환희 등은 삶에 대한 만족도와 삶의 질을 결정하는 주된 요인으로 여겨진다(최세영 외, 2017). 그러므로 대인관계 속에서 일어나는 수많은 변화와 여러 가지 사건의 의미를 긍정적으로 해석하려는 노력이 필요하다.

② 자기 긍지감 : 자신이 가치 있는 존재라고 느낄 때 경험되는 긍정적 정서로, 대인관계뿐 아니라 자신의 성취에 대한 긍정적인 평가에 의해서도 경험될 수 있다. 그러나 타인에 의한 인정과 평가가 자기 평가의 중요한 근거가 되기 때문에 주로 대인관계에서 경험되고 강화된다. 자기 긍지감을 느끼는 사람은 타인에게 자신 있고 자기주장적이며 당당한 행동을 나타내게 된다.

③ 사랑과 애정 : 다른 사람에 대한 긍정적인 평가에 의해 사랑과 애정은 생겨난다. 이는 그 강도나 대상 그리고 맥락에 따라 호감, 친밀감, 좋아함, 우정, 애정, 사랑 등의 다양한 용어로 기술된다. 즉 어떤 사람에게 사랑과 애정을 느끼면 그 사람에 대해서 호의적인 관심과 함께 접근적인 행동을 나타낸다. 또한 초기 단계에서는 호감만 느끼나 차차 좋아함과 친밀감을 느끼게 된다(최세영 외, 2017).

④ 안도감 : 고통스러운 상황이 사라졌거나 보다 나은 상태로 변화했다는 인식에 의해 생겨나는 긍정적인 정서 체험이 안도감이다. 이는 대인관계에서의 갈등과 불안이 해소될 때, 즉 불안, 죄책감, 긴장, 우울감과 같은 부정적인 정서로부터의 해방감과 함께 오게 된다.

(3) 부정적 정서와 대인관계

타인이나 자신에 대해 표현되는 부정적인 감정과 행동은 다음의 몇 가지로 설명할 수 있다.

① 분노 : 대인관계에서 파괴적인 역할을 하는 강력한 부정적인 정서 반응의 하나로 공격적 행동에 대한 반응을 의미한다. 공격 행동 외에도 분노 정서 반응은 다양한 방법으로 표현되고 해소될 수 있다. 대치 행동으로 분노를 유발한 사람이 아닌 제3의 대상에게 하는 경우가 있고, 겉으로는 드러나지 않지만 상대방을 간접적으로 괴롭히는 수동적 공격이 있다. 또한 문제의 근원을 자기 자신에게 돌림으로 자책하는 내향화 방법이 있다. 반면에 분노 정서 반응을 직접 발산하지 않고 승화나 용서의 방법을 사용할 수도 있다. 운동이나 창조적인 작업에 매진함으로써 해소하는 승화나, 용서함으로써 해소하는 방법은 매우 어렵지만 성숙된 방법이다.

② 시기와 질투 : 시기와 질투는 대인관계를 손상시키고 파괴시키는 해로운 정서 반응이다. 이것은 다른 사람과의 비교를 통해 느껴지는 상대적인 결핍감과 실패감에 기인한다. 시기의 정서 반응은 상대방의 성공이 부럽다는 선망, 자신은 실패하고 열등한 존재라는 좌절감, 상대방의 성공은 정당하지 않고 온당한 것이 아니라는 분노감이 혼합되어 있다. 반면에 질투는 삼각관계 속에서 느끼는 정서 반응일 수 있다. 불안과 분노가 뒤섞인 질투는 내면적으로 괴롭게 느껴지지만 표현이 어려워 해소하기 어려운 고통스러운 감정이다. 그리고 질투는 간접적으로 은밀하게 표현되기에 여러 가지 오해를 초래하게 되고 대인관계를 와해시키는 경우가 많다.

③ 고독감 : 타인과 단절되고 고립되어 있는 상태에 대한 정서적인 반응으로 매우 주관적인 불쾌 감정이다. 이는 타인과의 관계에 대한 부정적 평가에 기인하는 것으로 타인과의 관계에서 그들과 의미 있는 관계에 있지 못하고 단절되어 있다는 생각에 의해 유발된다. 자신이 대인관계를 평가하여 지나치게 혼자라는 생각을 갖게 되면 참기 어려운 고통이 된다. 이 고독감이 장기화되면 우울감으로 발전할 가능성이 있다(최세영 외, 2017).

2부

의사소통의 이해

4장

의사소통의 개념 이해

1. 의사소통의 의미

1) 의사소통의 개념

의사소통은 사회적 관계 속에서 송신인과 수신인 간에 서로의 목표 달성을 위해 정보나 아이디어를 전달하고 이를 이해하는 과정을 의미하며 대인관계를 성립시키고 발달시키는 메커니즘이다(Cooley, 1956). 사람은 의사소통을 통하여 다른 사람을 이해하고 자신을 정확하게 파악할 수 있는 기회로 삼으며, 사회 구성원으로서의 친밀한 인간관계를 형성해 나가는 것이다(최홍규, 2000).

의사소통의 영어 표현인 'communication'은 공통, 또는 공유를 의미하는 라틴어 'communis'에서 비롯되었다. 어원적 의미로는 하나 이상의 생물체가 다른 생물체들과 지식, 정보, 의견, 신념, 감정 등을 '공유화' 또는 '공통화' 하는 행동이다. 이런 '공유화' 또는 '공통화' 과정은 상징을 통해 이루어진다. 상징에는 일차적으로 언어가 사용되나, 몸짓과 표정 같은 비언어적 요소까지 포함된다. 또한 상징을 통해 사람은 자신의 생각이나 의견을 상대방에게 전달하고, 상대방은 그것을 이해하는 방식으로 의사소통이 이루어진다(김정탁, 2004). 특히 언어는 사람을 다른 동물과 구별하는 가장 중요한 특성으로, 사람의 삶은 의사소통 과정과 분리해서는 완전히 이해할 수 없다(이상화, 1992).

그리고 의사소통은 사람들 간의 사회적인 상호 작용 안에서 일어나며 의사소통 행위는 다른 사람에게 영향을 미친다. 또한 구성원 한 사람으로부터 다른 사람에게 결정 전체 즉 결정에 있어서 중요한 요소들이 전달되는 과정이다(Simon, 1957). 여기에서 전달된 메시지의 내용에 관한 것이라기보다는 언어적 상호 작용이 중요한 것으로 메시지의 전달 방식이나 전달 과정이 중요하다.

2) 의사소통의 구성 요소

(1) 송신자

생각, 감정, 정보 등을 전달하는 사람을 송신자라고 하며 송신자의 음성, 감정 상태로 인해 메시지가 전달되는 과정에서 왜곡, 변형, 삭제 및 소멸 등의 현상이 나타날 수 있다.

(2) 수신자

송신자가 전달하는 메시지를 듣고 받아들이는 사람을 수신자라고 하며 청취, 이해, 기억, 반응의 요소가 포함된다.

(3) 피드백

송신자와 수신자를 연결하여 송신자의 메시지가 수신자에게 제대로 전달되고 정확히 이해될 수 있게 하는 것이다. 미소를 짓거나 고개를 끄덕거림, 찡그림, 시선을 멀리함, 고개를 가로 젓는 모습 등의 비언어적인 모습으로 긍정적 또는 부정적 피드백이 사용되기도 하고, 질문을 한다거나 이해한 것이 맞는지 확인해 보는 것과 같은 언어적 방법이 사용되기도 한다.

(4) 메시지

주제가 되는 메시지는 언어적 또는 비언어적 형태를 취할 뿐 아니라 내용과 관계라고 하는 두 요소가 포함된다. 전달하고자 하는 메시지의 주제는 내용이 되고, 송신자와 수신자의 관계에 따라 즉 소속, 통제, 애정 등의 욕구가 내재된다. 그리고 메시지 내용에 감정이 포함됨으로 의미가 달라질 수 있다([그림 4-1] 참고).

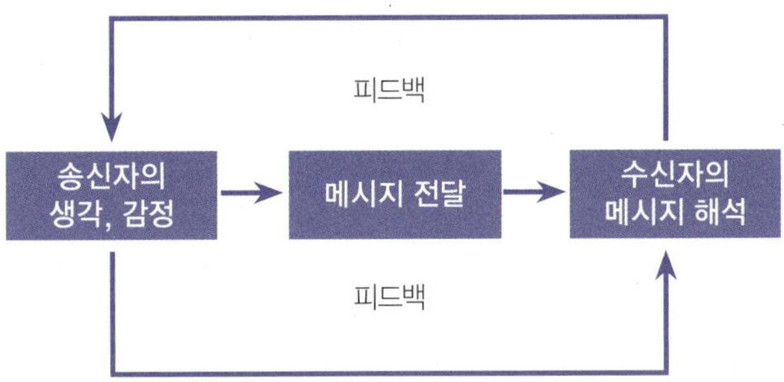

[그림 4-1] 의사소통의 구성 요소와 과정

3) 의사소통의 특성

사람과 사람 사이에 주고받는 대화가 서로 소통되기 위해서는 다음과 같은 몇 가지 특성이 고려되어야 한다.

첫째, 의사소통은 최소한 두 사람을 필요로 한다. 두 사람만 관련된 전형적 의사소통을 2인 의사소통이라고 한다. 그러나 2인 의사소통적 상황일지라도 반드시 두 사람에게만 국한되는 것은 아니며 두 사람 이상으로 구성된 소집단이나 조직체에서도 이와 같은 의사소통은 존재한다.

둘째, 의사소통에서 우리는 화자임과 동시에 청자이다. 직접적 대면관계 상황에서 누군가 먼저 말을 걸고 이야기하면 그다음에 청자가 듣고 반응하는 것이 전형적이다. 그러나 이렇게 순서적 대화가 아니라 말하면서 듣고, 들으면서 말하는 두 가지 역할을 동시에 수행한다.

셋째, 의사소통의 대부분은 면대면이다. 일반적으로 대인 의사소통에서는 얼굴을 마주 대하고 대화하게 되는 것이다. 그러나 반드시 면대면 상황에서만 의사소통이 이루어지는 것은 아니고 통신, 편지 등의 매체를 통하여 의사소통이 이루어지기도 하는데 이를 매체에 의해 중재된 커뮤니케이션(media-mediated communication)이라고 한다.

넷째, 의사소통은 의도적 또는 비의도적으로 이루어진다. 누군가에게 직언을 해야 하거나 남에게 어려운 부탁을 할 때는 할 말을 신중하게 생각해서 말해야 한다. 그러나 모든 상황이 이렇게 의도적으로 의사소통을 하는 것이 아니라 때로는 전혀 의도하지 않는 의사소통을 하기도 한다.

다섯째, 한 번 이루어진 의사소통은 되돌릴 수 없다. 우리는 종종 과거로 되돌아가 당시에 한 말이나 행동에 대해서 없었던 것으로 하고 다른 말이나 행동을 한 것으로 하고 싶을 때도 있다. 그러나 이것은 불가능하며 이미 한 말이나 행동은 돌이킬 수 없다.

여섯째, 의사소통은 반복될 수 없다. 의사소통은 계속 진행되는 과정이기에 같은 것을 반복하기란 불가능하다. 즉 같은 사람에게 같은 말을 하더라도 시간과 장소에 따라 그 말의 의미와 반응은 달라질 수 있다.

일곱째, 의사소통은 상황 속에서 발생하고 상황으로부터 영향을 받는다. 의사소통은 사람과 사람 사이에서 이루어지고 사람은 언제나 어떤 상황 속에 처해 있게 된다. 의사소통을 하는 시간적, 공간적, 문화적, 심리적, 사회적 상황 등에 따라 해석과 반응이 달라지는 것이다(서혜석 외, 2017).

2. 의사소통의 유형

1) 조직의 의사소통

(1) 공식적 의사소통과 비공식적 의사소통

의사소통은 채널에 따라 공식적 의사소통과 비공식적 의사소통으로 나눠 볼 수 있다. 먼저 공식적 의사소통은 공식적 구조와 채널을 통해 이루어지는 것으로 조직 구성원에게 조직의 목표, 방침, 지시 사항을 알리고 구성원의 보고 내용을 관리자와 모든 구성원에게 알리는 데 그 목적이 있다. 그러므로 권한의 관계가 명확하고 편리하며 송신자와 수신자가 명확하여 책임 소재가 분명한 장점이 있다. 그러나 융통성이 없고 모든 구성원의 복잡한 요구나 감정을 솔직하게 전달하는 데는 어려움이 있다.

비공식적 의사소통은 자연발생적 대인관계 집단 내에서 이루어지는 의사소통이다. 그러므로 자연스러운 친분이나 신뢰관계를 기초로 하여 이루어지며 소문이나 잡담 또는 자연스러운 접촉 등의 형태로 소통하여 통제하기 어렵다. 경우에 따라서는 왜곡되고 부정확한 정보를 유통시키기도 하나 조직 구성원의 의사를 비교적 솔직하게 전달할 수 있으므로 조직 관리자나 지도자에게 유익한 정보를 전달하는 수단이 되기도 한다. 또 공식적 의사소통으로는 전달될 수 없는 느낌, 기분, 감정 등을 표현하고 전달할 수 있어 구성원의 만족감을 높여 주기도 한다. 데이비스(Davis, 1959)는 비공식적 의사소통이 소문의 형태로 포도 넝쿨처럼 이루어지기 때문에 그레이프 바인(Grape Vine)으로 표현하고 있다. 그레이프 바인은 수평적일 때가 많으나 때로는 계층의 위계를 넘어 이루어지기도 한다(최세영 외, 2017).

(2) 수직적 의사소통과 수평적 의사소통

의사소통 방향에 따라 수직적 의사소통과 수평적 의사소통으로 구분할 수 있다. 수직적 의사소통은 위계 구조 속에서 이루어지는 것으로 하향적 의사소통과 상향적 의사소통으로 다시 구분할 수 있다. 하향적 의사소통은 상급자로부터 하급자에게 이루어지는 것으로 상의하달이라고 한다. 상향적 의사소통은 하급자로부터 상급자에게로 이루어지는 것으로 하의상달이라고 한다.

그리고 수평적 의사소통은 같은 직급과 직위를 가지고 있는 동료 간이나 부서 간에 이루어지는 의사소통이다. 같은 부서에 함께 근무하는 구성원 간에는 수평적 의사소통이 이루어지나 조직의 규모가 커지면 하위 부서나 조직 간에 추구하는 목표나 과업이 달라지고 이에 따라 갈등이 생길 수 있다. 이러한 갈등으로 야기되는 문제를 해결하기 위한 조정이 필요하며 동료 간의 단합과 부서 간의 조정 및 통합을 위해 수평적 의사소통은 필수적이다.

2) 언어적 의사소통과 비언어적 의사소통

의사소통은 '말'로 표현하는 의사소통과 '말' 이외의 다른 것으로 의사를 전달하는 비언어적인 것으로 나눠 볼 수 있다. 비언어적 의사소통은 표정, 행동, 옷차림, 말투와 분위기 등이 해당된다. 이 비언어적 의사소통은 언어적인 것보다 많은 것을 더 정확하게 전달할 수 있어 중요하다(유영주 외, 2009). 그렇기에 건강한 의사소통은 언어적인 메시지와 비언어적인 메시지가 일치되는 것이다. 그래야 오해와 갈등을 예방할 수 있다.

(1) 언어적 의사소통

언어적 의사소통은 대인관계에서 말로 표현하는 모든 의사소통으로, 개인의 생각이나 감정을 말이나 글로 전달하는 방법이다. 사람이 의사소통할 때 가장 많이 사용하는 것은 언어이며, 내면적 상태와 의도를 전달할 때 가장 효과적이고 강력한 수단이 된다. 언어적 의사소통에는 대화, 전화 통화, E-mail, 편지, 휴대 전화, 문자, SNS 등이 있다.

언어적인 의사소통을 통해서는 제한된 정보를 제공하기도 하고 사용되는 단어가 개인에 따라 다양하다. 또 문화적 환경, 교육 수준 정도에 따라서도 서로 다를 수 있기 때문에 의미 전달에 있어서 한계와 왜곡이 발생할 수도 있다(함승애, 2017).

언어적 의사소통 과정에서는 깊고 복잡한 내면의 생각들을 생각나는 대로 표현하면 너무 길고 지루하여 짧고 분명하게 만들어서 표현하려는 경향이 있다. 이러한 방법은 다음과 같은 일반화, 삭제, 왜곡 등으로 설명된다(이재창, 임용자, 2002).

① 일반화 : 개인의 구체적이고 사소한 경험을 전체 경험으로 확대하여 표현하는 것이다. 일반화에서 사용되는 표현에는 '모두, 전부, 아무것도, 더 이상, 조금도' 등의 수식어가 사용된다. 이 수식어들을 사용하여 한 가지의 사실을 전체로 확대하여 일반화하는 것을 말한다.

② 삭제 : 삭제는 본래의 경험과 심층적 의미에 대한 언어적 표현 중 일부분을 제거 또는 누락시키는 표현을 말한다. 이러한 경우 그 언어나 문장은 미완성의 상태로 의사소통됨으로 정확한 이해에 어려움을 주게 된다. 예를 들어 "난 어떻게 해야 될지 모르겠어."라고 표현하면 무엇을, 누구에게, 언제, 어디서 등의 구체적인 정보가 빠져 있는 것이다.

③ 왜곡 : 의미를 왜곡시키는 대표적인 경우는 타인이나 외부 사건 및 환경이 원인이 되어 그 결과 자기의 감정이 변화되었다고 표현하는 것이다. 예를 들어 "엄마는 나를 짜증나게 만든다."라고 표현하는 것이다. 왜곡의 또 다른 형태

는 자기 자신이 타인의 마음이나 상태를 알고 있다고 왜곡하는 것이다. "남편은 나를 사랑하지 않아요."라고 말하는 것은 상대방에 대한 자신의 주관적인 왜곡으로 인해 오류를 범할 뿐 아니라 그로 인해 자신이 고통스러워질 수도 있다.

따라서 언어적 의사소통만으로는 정확한 의미 전달이나 충분한 이해를 주고받는데 한계가 있으므로 비언어적 의사소통이 조화롭게 이루어져야 한다.

(2) 비언어적 의사소통

비언어적 의사소통은 자신의 의사와 감정을 신체를 통해 표현하는 기술로서 팔과 손동작, 표정, 목소리의 고저, 표정, 몸짓, 자세, 시선, 악수, 포옹, 눈짓 그리고 신체적 움직임 등을 들 수 있다. 그리고 말투나 억양, 숨소리나 말의 속도 변화, 얼굴의 홍조, 말을 더듬는 것, 특정 단어를 힘주어 말하는 것, 입술과 눈동자의 변화, 다양한 몸짓 등은 언어적 표현을 더 분명하게 전달해 준다. 이 신체 언어는 언제 말을 중단하고 다른 사람이 말을 할 때 언제 끼어들며 언제 주제를 전환할 것인가를 결정하는데 도움을 준다(유영달 외, 2013).

또한 비언어적 의사소통은 언어적 소통으로는 표현할 수 없는 타인에 대한 미묘한 태도나 감정을 전달한다. 그리고 언어적 메시지와 모순될 수 있고 모호하기도 하며 문화에 따라 전달 방식이 다양하다.

비언어적 의사소통은 표현하기 어려운 복잡 미묘한 감정이나 태도 등을 전달하는데 유용하게 사용되고 있다.

3) 메타 의사소통

메타 의사소통(meta-communication)은 의사소통 자체에 대한 의사소통을 말하는 것이다. 의사소통 방법에 대해 의사소통하거나 송신자가 수신자에게 어떻게 이해해야 하는가에 대한 정보를 전달할 때와 같은 상황에서 메타 의사소통이 발생한다.

"나는 당신이 나한테 그런 어투로 말하는 것이 싫어.", "당신은 나한테 화난 것처럼 보여.", "내 얘기 명심해!" 등과 같이 의사소통 자체에 대해 의사소통하는 것으로 자신의 욕구를 표현하고 혼란을 바로 잡을 수 있다. 그러나 한편으로는 부정적인 언어를 공개적으로 말할 때 관계에 부정적인 결과를 초래할 수도 있다.

4) 기능적 의사소통과 역기능적 의사소통

대인관계에서 모든 의사소통은 기분 좋게 이루어지지만은 않는다. 때로는 서로에게 상처를 주기도 하고, 갈등을 일으키기도 한다. 특히 건강한 가족 내에서는 이런 문제가 아니더라도 지속적인 의사소통을 통해 갈등을 해결하고 건강한 가족관계를 유지하지만, 가족이 건강하지 못하면 문제가 왜곡되어 가족들 간의 오해와 갈등은 점점 더 깊어진다.

의사소통 과정 중 상호 간의 메시지가 불일치할 때는 역기능이 일어나는데, 이는 의사소통 과정에 긴장감이 작용할 때 나타난다. 사티어(Satir, 1916~1988)는 5가지 의사소통 유형에서 회유형, 초이성형, 비난형, 산만형 등 4가지는 역기능적이고 일치형은 기능적 의사소통으로 구분하였다. 그리고 이 4가지 역기능적 의사소통 유형 외에 이중 구속 메시지와 잘못된 의사소통의 반복으로 인해 일어나는 악순환이 있다고 하였다. 사티어의 의사소통은 5장의 '의사소통 이론'에서 다시 언급되기 때문에 여기서는 역기능적 의사소통 중 이중 구속 메시지와 악순환에 대해서만 살펴보겠다.

(1) 이중 구속 메시지

이중 구속 메시지(Double-bind communication)는 언어적 메시지와 비언어적 메시지가 일치하지 않거나 수행할 수 없는 상반된 메시지를 전달하여 수신자를 혼란스럽게 만드는 것을 말한다. 이러한 의사소통은 가족이 위기나 갈등에 처해 있을 때 많이 사용되며 자녀들에게는 병리적인 의사소통의 모델이 된다. 청소년 자녀를 둔 부모들은 자녀에게 "너도 이제 다 컸으니까 자기 일은 스스로 알아서 할 수 있어야 해. 그렇지만 아직 네 맘대로 살기에는 너무 어려!"라는 말을 한다면 이것 역시 이중 메시지로 자녀를 혼란스럽게 한다.

(2) 악순환

의사소통은 자극과 반응을 끊임없이 주고받는 순환적 관계이다. 그런데 의사소통 과정에서 오해가 발생하면 그것을 반복하면서 점점 더 깊은 오해와 갈등 속으로 빠지기 쉽다. 예를 들어 청소년 자녀가 담배 피우는 것을 본 부모가 자녀를 나무랐을 때 부모가 전달하고 싶은 메시지는 자녀의 건강에 대한 걱정이다. 그러나 자녀가 이를 간섭과 구속으로 받아들인다면 부모에게 반항할 것이다. 그러면 부모는 자녀의 행동을 자신에 대한 거부와 도전으로 받아들이고 더 큰 권력을 행사하려 할 수 있다. 이런 식으로 부모와 자녀는 서로의 메시지를 제대로 해석하지 못하고 반응함으로써 악순환이 일어나게 된다. 또 어떤 행동이나 말의 원인과 결과를 규정하는 것이 있는데, 자신의 입장에서 원인과 결과를 규정함으로 인해 오해와 갈등이 생긴다. 공부하라는 잔소리를 듣기 싫어하는 자녀에게 어머니는 "네가 공부를 너무 안 하니까 엄마가 잔소리를 하지!"라고 말한다. 하지만 자녀는 "엄마가 자꾸 잔소리를 하니까 공부하기 싫어지잖아요!"라고 대답한다. 서로 자신의 입장에서 규정하고 상대방을 비난하고 있다. 서로가 상대방의 입장에서 문제를 바라보고 방법을 찾는다면 해결책이 보일 것이다(유영주 외, 2009).

3. 의사소통의 과정

대인관계에서 의사소통은 대상과 상황, 목적에 따라 다양한 종류의 의미를 나누게 된다. 대인관계가 한 번의 만남으로 끝날 수도 있고, 진실한 상호 작용 속에서 심리적, 지적, 사회적으로 성장하며 발달하기도 한다. 반면에 거짓되거나 그릇된 관계 속에서 이루어지는 의사소통은 심리적, 정서적으로 퇴행하게 하고 심하게는 정신적 고통을 경험하게 하기도 한다. 사람과 사람 사이에서 어떤 의미를 공유하기 위해 이루어지는 의사소통은 한 사람을 성장시키거나 파괴시킬 수 있는 존재론적 의미를 지니고 있다. 그러므로 존재론적 의미를 위한 의사소통을 할 수 있어야 하고(서혜석 외, 2017), 여러 목적에 맞는 적절한 의사소통을 할 줄 알아야 한다.

1) 형식적 의사소통(인사)

사람은 살면서 의미 없고 대화 후에도 아무것도 남아 있지 않는 의사소통을 많이 하게 된다. 길을 가다 우연히 만난 이웃, 형식적이고 공식적인 모임에서 우연히 옆자리에 앉게 된 사람, 음식점에서 종업원이 손님에게 하는 인사 등의 상투적인 대화를 하는 경우가 있다. 이런 대화에서는 대부분 주고받을 말을 예상하기 때문에 그 내용에 주의 집중을 하지 않는 경향이 있으나, 예상을 빗나가는 부정적 대답을 들으면 서로 머쓱해지고 다음 단계로 넘어가는 데 어려움을 겪기도 한다. 사람과의 관계는 이런 형식적인 인사라 할지라도 반복되면서 점차 심층적으로 변화하고 발전하게 된다. 한두 번의 인사가 어떤 관계로 설정되지 않을지라도 반복된다면 시간이 흐름에 따라 발전해 갈 수 있다는 것을 암시하는 잠정적 의미를 지닌다. 그러므로 사람들과의 일상적인 대화도 약간의 주의와 노력을 기울인다면 대인관계를 더 풍성하게 해 줄 수 있을 것이다.

2) 사실과 정보 교환

사실과 정보 교환의 의사소통은 일상적으로 지나가며 하는 인사나 형식적인 관계보다 한 단계 진전된 수준의 대화로, 사실과 정보를 교환하는 대화이다. 예를 들어 동창회 모임, 수업 시간에 만나 나누는 대화는 서로 간에 별로 친하지는 않지만 정치, 경제, 스포츠, 패션, 드라마 등 여러 사실에 대해 개인적인 의견이나 판단 없이 이야기를 나누게 된다. 흔히 자기 자신과는 무관한 남에 대한 사실과 정보이기에 마찰이나 갈등 등의 충돌을 일으키지 않으며, 한두 명이 하기보다는 여러 명이 함께 참여하게 된다. 그러나 이런 의사소통에서 참여자들은 각각 알고 있는 정보의 내용을 얻을 수 있는 원천으로 활용하기도 하고, 말하는 사람의 태도, 표정, 전체적 분위기에 대한 암묵적 관찰로 비슷한 사람끼리 유유상종의 관계망을 형성한다(김종운, 2017).

3) 생각과 의견 표현

생각 및 의견 표현의 의사소통은 자신의 생각과 의견에서부터 점점 자기 자신의 일부가 노출되기 시작하는 단계이다. 즉 말하는 사람 자신의 생각이나 의견에는 자신의 일부가 들어있기에 위험 부담이 있다. 말하면서 상대방의 태도에 따라 존중받음을 느끼기도 하고, 반대로 마음에 상처를 받기도 하는 것이다. 따라서 의견을 표현할 때 상대방이 나의 말을 듣고 싶어 하는지, 나와 이야기할 시간이 있는지, 과연 내 이야기를 잘 들을 것인지, 이 이야기를 해도 후회하지 않을 믿을 만한 사람인지 등을 살피게 된다. 그리고 자기 자신도 내가 왜 이 말을 하고 싶은지, 내가 이 말을 하고 나서 어떤 기분일지, 내 생각과 의견을 제대로 전달할 수 있을지 등을 살펴보게 된다.

의사소통은 서로의 상호 작용이기에 말하는 사람이 너무 긴장한다거나 듣는 사람이 너무 심각한 반응을 보이는 경우, 또 진지한 이야기 중에 상대방이 하품을 한다거나 시계를 들여다본다면 의사소통이 힘들어질 것이다. 반면에 생각과 의견을 주고받으면서 인정되거나 수용되었다면 유쾌한 의사소통을 하게 될 것이고, 이전에 몰랐던 상대방의 의견이나 생각에 대해 새로운 것을 알게 됨으로 뿌듯함을 느끼게 될 것이다.

서로가 깊숙한 내면의 이야기를 나누지 않을지라도 자신의 생각과 의견이 표현되는 과정이므로 말하는 사람이나 듣는 사람이 조심하고 유의해야 할 의사소통 단계라고 할 수 있다.

4) 느낌 표출

우리는 살아가면서 대부분은 일시적이거나 업무적인 관계로 생각과 의견을 표출하는 단계까지만 관계를 맺고 산다. 그러나 중요한 타인들, 즉 잘 아는 사람이나 친밀한 관계를 지닌 중요한 타인들과 대화를 할 때에는 자기 자신을 개방하고 느낌을 표출하면서 서로의 느낌을 공유하는 의사소통을 하게 된다. 한편 사람의 생각이나 느낌은 그 사람의 것이기에 옳고 그름으로 판단할 종류는 아니다. 자신처럼 느끼지 않았다고 해서 잘못되었다거나 틀렸다고 할 수 없으며 강요할 수도 없다. 그러므로 진정한 대인관계는 어느 정도의 시간이 소요되는 작업이라고 할 수 있을 것이다.

대인관계에서 잦은 헤어짐이나 파괴는 결국 자신의 자존감에 상처를 입히게 된다. 자존감이 손상되지 않으면서 성장하는 의사소통을 하기 위해서는 자신의 느낌을 말하기 전에 스스로의 감정을 의식에서 꺼내 있는 그대로 자각하는 연습을 해야 한다(서혜석 외, 2017). 그러나 이 연습은 쉽게 할 수 있는 것이 아니며, 마음속으로 상대방에 대해 어떤 판단을 했을 때 그때에 자신은 어떤 감정을 가지고 있는지 들여다보는 것이다. 내면에 부정적인 감정을 가지고 있다면, 그 감정에 대해 내가 이 감정을 있는 그대로 인정하고 받아들여 주는 '자기수용'이 필요한 것이다. 진정한 의사소통을 원한다면 자신의 느낌을 말할 수 있어야 하고, 상대방의 느낌을 무비판적으로 받아들일 수 있는 성숙이 필요하다.

5) 감정 이입

대부분의 사람들은 상대방도 자신과 같은 눈을 가졌다고 생각하는 경향이 있다. 내가 어떤 것을 보았을 때 생각하고 느끼는 것처럼 상대방도 같을 것이라고 생각한다는 말이다. 그러나 사람들은 각각 서로 다른 외모만큼이나 다른 눈으로 사물을 보고 인식한다. 그래서 상대방을 이해하려면 서로 다른 차이를 받아들이고 상대방이 경험한 내면 세계를 알고자 노력해야만 한다.

감정 이입은 상대방의 입장에서 상대방의 생각과 감정을 그대로 느끼고 이해한다는 뜻이다. 그러므로 이 단계까지 이르기 위해서는 오랜 시간의 훈련과 노력, 깨달음의 시간이 필요하다. 많은 사람들과의 만남에서 모두 감정 이입의 대화를 할 필요는 없겠지만, 삶을 살아가면서 중요한 타인의 존재는 필요하다. 이러한 감정 이입의 의사소통을 하기 위한 기본 조건은 다음과 같다(서혜석 외, 2017).

첫째, 사람의 신비함에 대한 겸허한 마음을 가져야 한다. 우리는 나 자신도 모두 알 수 없는 존재이기에 함부로 남을 단정하거나 추측하지 않아야 한다. 그러기 위해서는 먼저 자신의 방어기제를 이해하여 인식의 왜곡 현상을 알고 균형 잡힌 눈으로 사람과 상황, 사물들을 대해야 한다.

둘째, 남을 판단하지 않아야 한다. 사람은 변화하는 존재이기에 그때그때 보이는 모습만으로 전 생애를 판단하거나 단정하지 않아야 하는 것이다.

셋째, 듣는 사람의 입장에서 성급하게 누구 탓을 하지 않아야 한다. 상대방이 어떤 기분을 느낄 때에는 여러 가지 원인이 있을 수 있으므로 원인을 추측하지 말고 있는 그대로의 느낌만 표현해 주어야 한다.

넷째, 상대방을 모르면 모른다고 하고 상대방에 대해 물어보아야 한다. 상대방에 대해 자신이 혼란스러운 감정을 느끼거나 상대방의 대화 내용의 일부를 가지고 전체를 추측하는 경우 오해와 거짓말은 기하급수적으로 불어날 수 있다. 이럴 때는 솔직하게 묻고 대답하는 단순함이 필요하다.

다섯째, 감정을 말할 때에는 서로를 존중해야 한다. 자신이 속상하거나 화나거나 슬프거나 울고 싶은 여러 감정을 가질 수 있듯 상대방도 그런 감정을 가질 수 있으므로 그 감정에 대해 판단하지 않아야 한다.

여섯째, 느낌을 의지와 지성으로 통합하여야 한다. 감정에 대해 느끼는 것을 그대로 행동하는 것이 아니라 그 느낌을 있는 그대로 받아들인다. 그리고 왜 그런 느낌이 드는지, 그 느낌을 처리하기 위해서는 어떤 것이 필요한지를 지성이 깨닫게 한다. 그 깨달음대로 실행하는 것을 '통합된 인격'이라고 할 수 있으며 이것이 성숙한 모습이다. 감정 이입은 감정이 억압되거나 왜곡되지 않았지만 그렇다고 제멋대로 자신과 남의 인격을 함부로 대하거나 날뛰지도 않는 것이다. 그러므로 건강한 인격의 성숙함이 표현되는 감정 이입의 소통은 한 순간에 이루어질 수 없고 오랜 시간이 소요되는 전 생애적인 과정이라 할 수 있을 것이다.

4. 부적응적 의사소통

시대가 변했다고는 하지만 아직도 우리나라 문화는 솔직하게 자신을 표현하는 것보다 말을 아끼는 것을 미덕으로 여기는 경향이 많아 대인관계에 문제가 발생할 가능성도 높다.

수줍음과 사회 공포증은 자연스러운 대인관계를 가로막는 가장 큰 원인 중 하나이므로 그 원인과 대안에 대해 살펴보겠다.

1) 수줍음

일상적인 수줍음은 행동적인 문제이기에 문제로 간주하지 않는데 거의 모든 상황에서 느끼는 수줍음은 대인관계에 부정적인 영향을 미친다. 이것은 '만성적 수줍음'이라고 하는데 더듬거리거나 서투른 말투, 자기중심적인 표현이 거의 없음, 주목 대상이 되거나 중앙 무대(center stage)를 회피하려는 경향, 좋은 기회를 살리지 못함, 명확한 열등감, 성적 어려움(sexual difficulties)과 내향적인 관심사, 매우 좁은 범위의 친구들, 신체적 이상의 가능성 등을 보인다.

수줍음의 원인으로는 열등감, 유교 문화의 영향, 외상적인 경험, 비합리적 신념 등이 있으며, 과도한 부담과 자신에 대한 과소평가, 과도한 자기 집중, 결과에 대한 부정적 예상, 회피 행동 등은 수줍음을 증가시킨다. 이러한 수줍음은 자신의 과거 경험을 되돌아보며 자신이 느끼는 열등감이 진실된 것인지 평가해 보아야 한다. 그리고 스스로에게 너무 빨리 너무 많은 것을 요구하지 않아야 한다. 또한 수줍음은 하나의 습관이라는 것을 잊지 않고 이를 이겨 내야 한다.

2) 사회 공포증

대인 공포증이라고도 부르는 사회 공포증은 남들이 자기를 지켜볼지 모르는 어떤 상황에서 일이나 행동을 할 때 몹시 불안해지는 현상을 말한다. 사회 공포증의 원인은 생물학적인 원인과 환경적인 원인으로 나누어진다. 생물학적 요인으로는 생화학적인 불균형, 유전적 성향, 타고난 민감성을 들 수 있다. 그리고 환경적 요인으로는 수줍음처럼 과거의 외상적 경험, 부모의 교육 방식, 관찰 학습 등을 들 수 있다. 이러한 사회 공포증은 다음과 같은 3가지 요소를 나타낸다.

① 신체 반응 : 여러 사람들 앞에서 발표할 때나 식사할 때 얼굴이 달아오르고 손이 떨리거나 식은땀이 나는 것과 같은 여러 가지 신체 변화들을 의미한다.
② 사고 : 불안할 때 우리가 처한 상황이 어떤지 판단해 보고, 자신의 행동에 대한 평가를 내리고 또 앞으로 어떤 일이 닥칠지를 예상해 보기도 한다.
③ 행동 : 불안할 때 안절부절못하고 시선을 어디에 두어야 할지 몰라 헤매기도 하고 말을 더듬기도 한다.

사회 공포증의 치료는 인지행동치료가 효과적이다. 인지행동치료는 인지치료와 행동치료를 함께 시행해서 각각 생각과 행동의 교정을 통해 증상을 호전시키는 치료 방법이다(서혜석, 김영혜, 강희양, 이난, 2017).

5. 의사소통의 방해 요인

의사소통은 송신자, 수신자 그리고 주고받는 의미의 3가지 요소로 구성되어 있고, 어떤 사람과 어떤 내용을 나누는가에 따라 질과 내용이 결정된다. 그래서 상대방이 어떤 사람인가를 인식하는 것이 중요하나 이에 앞서 자기 자신이 어떤 존재인가를 인식하는 것이 더 중요하다. 대인관계나 의사소통에서 자기에 대한 이해가 불충분하다면 그만큼 부족하고 미흡한 것이라고 할 수 있다(서혜석 외, 2017).

이처럼 대인관계나 의사소통을 방해하는 요인은 자기개념에 대한 무지, 방어기제, 인지적 왜곡, 실수를 용납하지 않거나 감정 억압 및 부적절한 표출 등이 있다.

1) 자기개념 무지

우리는 사물을 있는 그대로 보고 사고한다고 생각하지만 실제로 우리의 지각과 인식은 서로 다른 우리의 얼굴만큼이나 모두 다르다. 그리고 감정이나 행동 반응도 모두 다르다. 그러므로 타인을 이해하는데 상대방의 입장에서 사물을 보려는 자세가 필요하다. 자신의 판단 기준으로 타인의 행동을 평가하는 것은 오해와 갈등을 일으키기 때문에 상대가 왜 그렇게 행동할까에 대해 이해하려면 먼저 상대의 눈으로 보는 자세가 필요하다.

진지한 내면의 감정과 생각이 일치된 모습은 자신의 마음에 평화를 주며 상대방에게도 신뢰감을 준다. 온전한 자기개념에 근거한 신뢰감은 의사소통의 기초가 된다(김진숙 외, 2017).

2) 자기방어

사람들은 대부분 자신을 올바르게 인식하지 못하며 또 스스로 의식적 또는 무의식적으로 일종의 가면을 쓰고 살고 있다. 자신을 있는 그대로 보이면 '약해 보일까 봐, 싫어하거나 흉볼까 봐, 떠날까 봐 두려워서' 등의 이유로 상대방의 판단 기준에 자신의 행동이 합당하게 보이도록 위장하며 상처받기 쉬운 자아를 보호한다. 이를 방어기제라고 한다. 대부분의 방어기제는 무의식적으로 자신도 모르게 이루어진다. 드물게는 예술적인 또는 인류에 공헌하는 차원의 행동으로 승화하는 경우도 있지만, 자아 방어기제는 허약하고 상처받기 쉬운 자아를 보호하기 위한 임시방편으로 가면 뒤에 감춰진 진정한 자아는 발견하지 못한다. 진정한 자아가 성장·발전하지 못하면 타인과의 대인관계도 건전하게 형성될 수 없고 의사소통에도 좋지 않은 영향을 미친다. 따라서 타인의 방어기제를 이해하는 것도 필요하지만 스스로 어려움에 부딪힐 때 문제를 직시하고 건설적으로 해결하려고 하는지, 아니면 방어기제 속으로 숨어버리는지를 점검해 보아야 한다. 그 첫 번째 과제는 스스로 솔직하고 정직한 모습을 보여 줄 때 진정한 의사소통의 기초가 되는 것이다(권석만, 2004).

3) 인지적 왜곡

인지적 왜곡이란 현실을 항상 비현실적인 방법으로 해석하는 그릇된 사고 습관으로 사고방식의 문제이다. 비현실을 습관적으로 그릇되게 해석하기 때문에 자신도 모르게 현실과 단절되며 현실 속의 사건이나 사물을 단정적으로 그리고 주관적으로 판단하는 성격이 된다. 이러한 인지적 왜곡의 특징은 다음과 같다(김혜숙 외, 2016).

첫째, 지나친 일반화로 어떤 사람이나 상황 및 사건을 본 후 그 일부를 보고 세상의 원리를 다 본 것처럼 해석하는 것이다.

둘째, 단정적으로 이름을 붙이는 것으로 사물이나 사건 또는 인물 등에 상투적인 이름을 붙여 세상의 현실을 바르게 보지 못한다.

셋째, 선택적으로 여과하는 경우로 다양한 경험 속에서 일부 부정적인 것 또는 긍정적인 것만 골라 선별적으로 인지하고, 관심을 두며 기억에 남겨 의사소통에 장애를 유발한다.

넷째, 이분법적인 사고로 대부분의 상황이나 사건에 선과 악, 흑과 백, 성공과 실패 등으로 양분하여 애매모호한 상황을 인정하지 않는다.

다섯째, 지나친 자기비난과 자책감을 갖는 경우로 자신이 하지 않은 잘못까지도 자기 탓으로 돌리면서 스스로 비난하고 자책한다.

여섯째, 모든 상황과 사건을 자기와 연관시키는 것으로 세상의 흐름이나 사건 및 현상 등에 모두 자기가 개입되어 있다고 여긴다.

일곱째, 지레짐작하는 경우로 무슨 일을 자기식대로 짐작해서 결론을 내려 객관적이고 신중한 검토 없이 상대방의 의도를 자기가 보는 대로 단정한다.

여덟째, 통제 오류의 경우로 자기 자신이 세상을 통제하는 전지전능인이라고 여기거나 아무것도 자기 뜻대로 되는 게 없다는 극도의 무기력감으로 인해 현실을 왜곡한다.

이러한 인지적 왜곡은 자기 자신을 수용할 수 있을 때에만 타인도 있는 그대로 수용할 수 있게 된다.

4) 실수

우리는 살면서 주의 부족, 경험 부족, 노력이나 연습 부족, 판단이나 계획의 잘못, 부적절한 감정 폭발, 성급함이나 꾸물거림, 건망증 등의 다양한 이유로 인해 실수를 하는 일이 생긴다. 그리고 그 실수에 대한 평가가 두려워 감추거나 변명하고 합리화까지 하게 되는 경우도 있다. 또한 실수할까 봐 새로운 시도를 피하거나 사람을 만나는 일에 소극적이고 위축되기도 한다.

실수는 사람의 가치나 존중감과는 무관하다. 사람은 완벽한 존재가 아니기에 누구나 실수할 수 있다는 것을 받아들여야 하는 것이다. 이것은 실수를 되풀이하라는 뜻이 아니다. 같은 실수를 반복하기 싫다면 실수의 원인을 찾고 노력해서 행동의 변화를 가져오도록 해야 하는 것이다. 어린아이가 넘어지는 것이 두려워 걸음마 연습을 하지 않는다면 어떻게 되겠는가? 따라서 실수는 완성을 위한 연습이라는 것을 인식하여야 한다.

5) 부적절한 감정

많은 사람이 자신의 감정을 정확하게 인식하지 못하거나 다른 사람에게 표현하는 것을 어려워한다. 감정을 좋고 나쁨이나 미성숙한 사람이 표현하는 유치한 것으로 생각한다거나 감정을 드러내면 손해를 본다고 생각한다. 상대방으로부터 무슨 말을 듣고 화가 났다면 화가 난 것은 상대방의 말에 대한 자신의 반응이지 상대방이 자신에게 화를 내라고 한 것은 아니다. 즉, 자신에게 대기하고 있던 감정이 외부 자극에 의해 표출된 것뿐이다. 그래서 같은 말이라도 사람마다 다르게 반응할 수 있는 것이다.

이러한 이유들로 감정을 표현하기보다는 숨기거나 억압하는 경우가 많으나 감정이 억압되면 오히려 여러 부정적인 일들이 생긴다. 위궤양, 두통, 고혈압 등 신체적 병리 현상뿐 아니라 자신의 감정을 숨기므로 상대방에게도 있는 그대로의 모습이 보여지지 않는다. 따라서 상대방도 있는 그대로의 모습으로 의사소통하기 힘들어진다. 감정을 잘 표현하면 상대방은 정말 내가 어떤 사람인지 알게 되고, 내가 좋아하고 싫어하는 것, 소중하게 여기는 것, 가치 있게 여기는 것 등을 알게 된다. 이러한 관계가 형성되었을 때 진정한 의사소통이 이루어지며 우리의 존재 의미를 파악할 수 있게 된다.

6. 효과적인 의사소통

의사소통은 사람이 살아가는데 매우 중요하나 이 의사소통을 효과적으로 한다는 것은 쉽지 않다. 효과적인 의사소통을 위해서는 편안한 마음으로 대화를 나눌 수 있는 환경이 마련되어야 한다. 그리고 서로 간에 관계를 가지려는 태도와 함께 상대를 위한 배려가 있어야 한다. 또 소통 과정에서 발생하는 변화에 대해 개방적이고 유연하게 대처할 수 있어야 한다.

하버마스(Habermas)는 의사소통 타당성에 대해 이해 가능성, 진리와 효율성, 정당성, 진솔성이 있어야 한다고 하였다(Habermas, 1979: 68; 1984: 329). 이는 타인과 소통함에 있어 부정적 감정을 가지고 대하지 않아야 함을 말해 준다.

집단에서도 마찬가지로 의사소통을 잘해야 한다. 집단 구성원끼리 서로 의사소통을 하지 않는 집단은 문제가 무엇인지 파악하는 데 어려움이 있고 해결 능력도 떨어진다. 따라서 학교, 기업, 단체 등과 같은 조직과 공동체에서도 의사소통은 매우 중요하다.

1) 효과적인 의사소통 원칙

효과적인 의사소통 과정은 명확하게 보내기와 정확하게 받아들이기의 두 가지 요소로 구성되어 있다. 명확하게 보내기 위해서 말하는 사람은 듣는 사람이 잘 알아들을 수 있도록 적절한 크기로 정확하게 말해야 한다. 그리고 말하는 사람은 듣는 사람에게 익숙한 말로 메시지를 보내야 한다. 말하는 사람은 듣는 사람이 여러 가지 메시지를 한꺼번에 전달받기보다 한 번에 한 가지의 메시지를 전달받을 때 보다 이해하기 쉽다는 것을 기억해야 한다.

효과적인 의사소통을 위한 원칙은 다음과 같다(이재열, 2009; Ellenson, 1982).

첫째, 감정 이입을 한다. 효과적인 의사소통을 위해서는 상대방의 입장에서 생각해 보는 태도, 온정과 이해의 감정을 전달하는 태도가 필수적이다. 감정 이입은 다른 사람의 기쁨을 함께 나누고 다른 사람의 슬픔 속에 들어가 그 사람과 공감하도록 돕는다. 결국 상대방과 더욱 친밀한 관계를 만들어 준다.

둘째, 피드백의 활용이다. 피드백은 상대방에게 그의 행동과 결과가 어떠한지에 대해 정보를 제공해 주는 것을 말한다. 또한 정보의 의미를 정정하거나 조정하며 내용을 명확히 하고 초점을 맞추어 주는 과정이다. 전달되는 내용이 명백하게 전달되고 있는지를 알아보기 위해 피드백을 통해 의사소통에서 발생할 수 있는 오해나 부정확성에서 기인된 문제를 해결할 수 있다.

셋째, 안정된 감정을 유지한다. 정서적으로 혼란 상태에 있으면 메시지를 왜곡하기 쉽고 전달하고자 하는 메시지를 명확하게 표현하지 못하게 된다. 이때는 심리적 안정을 찾을 때까지 의사소통을 보류하는 것이 바람직하다.

넷째, 경청의 자세를 갖는다. 의사소통은 한 사람이 말을 하고 다른 사람은 듣는 방식으로 이루어진다. 이때 단순히 상대방이 하는 말뿐 아니라 생각과 감정을 알아차리는 마음의 귀를 갖고 이야기를 귀 기울여 듣는 것이 중요하다.

다섯째, 장애물에 대해 인식한다. 말하는 이나 듣는 이는 자신의 과거 경험, 선입견, 신념, 가치관, 관심사가 스스로의 지각에 영향을 미친다는 사실을 인식하고 그러한 관점에서 메시지를 검토할 필요가 있다.

여섯째, 적절한 침묵과 반응의 사용이다. 상대방의 말을 주의 깊게 들어주면서 침묵을 지킴으로써 상대방이 계속 말할 수 있도록 한다. 침묵은 나와 상대방에게 말과 생각을 정리할 시간을 준다.

일곱째, 권력 사용과 타인 조종을 피한다. 권위자의 위치에 있는 사람들은 다른 사람에게 마음대로 행동할 수 있는 권리가 있다고 생각하기 쉽다. 권위자가 효과적인 의사소통을 하고 있다면 다른 사람을 통제하고 조작하는 데 힘을 사용하기보다는 최선의 결정에 도달하기 위해 다른 사람이 의견을 편안하게 말할 수 있는 분위기를 조성할 것이다.

여덟째, 인격 대 인격의 관계를 유지한다. 우리가 상대방을 한 인격체로 존중하고 진정으로 돕고 함께하고자 하는 마음을 전달한다면, 의사소통의 길은 쉽게 열리게 될 것이다. 이러한 느낌은 비폭력적이고 평화적인 대화가 가능하도록 할 것이며, 이는 두 사람의 관계에서 뿐만 아니라 더 큰 집단의 구성원 사이에서도 효과적인 의사소통을 가능하게 할 것이다.

아홉째, 상대방을 신뢰한다. 상대방을 신뢰한다는 것은 상대방에게 솔직하게 마음을 열어야 한다는 것을 말한다. 신뢰는 신뢰를 낳고 불신은 불신을 낳는다. 만약 상대방을 신뢰하는 마음으로 대한다면 자신도 그 보답으로 상대방으로부터 신뢰를 받게 된다. 또한 상대방을 신뢰한다는 것은 상대방에게 예의를 갖추고 그의 입장을 고려하면서 상대방의 관점을 인정하고 장점을 격려하며 강화해 주는 것을 말한다.

2) 개인적인 책임

의사소통에서 개인적인 책임이 중요한 이유는 스스로 자기 삶을 통제하고 자신의 욕구, 가치, 목표에 대해서도 스스로 결정하며 자신의 욕구를 충족시키기 위한 주도권을 가져야 하기 때문이다. 자신이 원하는 행동은 타인의 협력 없이 불가능하며 또한 자신의 삶을 완전히 통제할 수도 없지만, 자신의 성장과 변화를 위해 스스로 주도권을 가지고 노력해야 한다는 것이다. 현재와 미래의 목표를 향해 스스로 결정하고 노력해야 하는 것은 개인적인 책임인 것이다. 어떤 사람의 경우는 개인적인 책임이어야 되는 부분까지 환경이나 운명, 운수, 신의 섭리 등에 의해 결정되는 것이라고 생각하며 막연한 기대 속에 자신의 삶을 내맡기기도 한다. 그러나 자신이 타인과 나눈 대화 중 자신의 한 말에 대해서는 자신에게 책임이 있다. 그리고 효과적인 의사소통은 자신이 원하는 것을 잘 알고 상대방에게 자신의 욕구를 무례하지 않고 적절하며 정직하게 표현하는 것이다. 또 내적 통제력을 갖고 스스로를 통제함과 동시에 타인, 환경, 사회와도 균형과 조화를 유지할 수 있어야 할 것이다.

3) 자기표현 기술

자신의 가치관, 욕구, 소망이 무엇인지를 알고 생각과 감정을 다른 사람에게 적절히 말함으로써 욕구를 충족시키는 주도적인 행동을 자기표현 기술이라고 할 수 있다. 자기표현 기술은 다른 사람을 평가하거나 분석하는 것이 아니고 타인의 말과 행동에 대한 자신의 감정을 말로 표현하는 것이다. 이러한 자기표현의 장점은 다음과 같다.

첫째, 자신이 다른 사람에게 개방적이고 솔직하게 내가 누구이며 무엇을 생각하고 믿고 있는지를 나타낼 때 기분이 좋아진다. 이로 인해 자존감의 증진을 가져온다.

둘째, 타인에게 자기표현을 할 때 자신에게도 자기표현을 하게 되어 자기 자신의 생각이나 감정에 친밀해져서 자아인식의 증진을 가져온다.

셋째, 자신을 괴롭히는 것에 관해 행동하거나 말할 때 자신이 화내거나 좌절하는 일이 훨씬 감소하게 된다.

넷째, 자기표현은 자신이 누구이며, 자신의 생각과 감정, 좋아하는 것과 싫어하는 것 등에 관해 다른 사람들이 보다 정확하게 이해하도록 도와준다. 그리하여 자신에 대한 오해, 왜곡, 고정 관념을 감소시켜 준다.

다섯째, 자신의 욕구와 소망이 무엇인지 다른 사람들에게 알릴 때 오해와 갈등을 피할 수 있다. 그 결과 친밀한 관계가 형성된다.

여섯째, 자기표현은 자신의 중요한 욕구를 충족시킬 수 있는 기회를 크게 증가시킬 것이다.

그런가 하면 한편으로는 자기표현으로 인해 다른 사람들이 자신의 견해와 비교하여 차이 또는 가치의 충돌이 생길 수 있고, 자신의 견해와 다름으로 인해 거리감을 느낄 수도 있다(김진숙 외, 2017).

5장

의사소통 이론

1. 사티어의 의사소통 이론

대인관계에서 건강한 의사소통은 서로의 자존감을 높여 주며 좋은 대인관계를 형성할 수 있게 해 준다. 가족 안에서도 건강한 가족은 자존감을 높여 주는 의사소통을 한다. 자존감이 의사소통과 밀접한 관계가 있음을 연구하고 주장한 사티어(Satir, 1916~1988)는 미국의 심리학자로서 경험적 가족치료의 대표 인물이다. 그녀는 수많은 가족을 상담하는 과정에서 핵심적인 문제가 낮은 자존감과 가족 간의 부적절한 의사소통이라는 것을 깨닫고 의사소통 방식에 따른 이론을 주장하게 된 것이다.

자존감이 높은 사람은 자기에 대한 인식이 분명하고 자신을 긍정적으로 평가한다. 그리고 내적 일관성을 가지고 있기 때문에 외부 환경이나 다른 사람들의 평가에 크게 흔들리지 않는다. 그러나 자존감이 낮은 사람은 자기를 솔직하게 들어내기 두려워하고 외부 환경의 변화에 크게 영향을 받아 쉽게 좌절한다. 그리고 자기 잘못을 인정하기 힘들어 하고 항상 자기는 옳아야 한다고 생각하며 다른 사람을 용서하기 힘들어 한다(최세영, 한주빈, 오봉욱, 2017). 또 자신과 타인에 대해 비판적이고 완벽주의적인 태도를 가지며, 지나치게 어떤 것에 몰두한다거나 현실을 도피하려는 성향 등도 보인다.

사티어는 자신, 다른 사람(타인), 상황의 3가지 조건에서 사람들이 어떻게 소통하는지를 분석하고 이론을 정립하였다. 즉 조건에 따라 회유형, 비난형, 초이성형, 산만형, 일치형의 5가지 유형으로 나누고, 일치형은 기능적 의사소통으로 보았으며 그 외에는 역기능적 의사소통으로 분류하였다.

1) 역기능적 의사소통

사티어(Satir)는 긴장된 상황에서 사람들이 그 긴장을 처리하는 공통된 방법이 있음을 발견하고 개념을 발전시켰다. 역기능적 의사소통은 자기가치에 대해 확고하고 감사하는 감정을 가지지 못할 때 자신에 대한 존중감이 떨어지고 역기능적 의사소통을 하게 된다는 것이다(〈표 5-1〉 참고). 회유형, 비난형, 초이성형, 산만형의 4가지 의사소통 유형에서 공통적으로 나타나는 것은 표현하는 언어적 메시지와 비언어적 메시지의 의미가 일치하지 않는 형태, 즉 이중 메시지를 전달한다는 것이다(Satir, 1980).

이중 메시지를 사용하는 사람의 감정 상태는 첫째, 자존감이 낮으며 자신이 나쁜 사람이라고 느낀다. 둘째, 남의 감정을 상하게 하는 것을 두려워한다. 셋째, 다른 사람의 보복을 두려워한다. 넷째, 관계의 단절을 두려워한다. 다섯째, 남에게 짐이 되는 것을 원하지 않는다. 여섯째, 사람이나 상호 작용 자체에 어떤 중요성을 부여하지 않는다. 이러한 감정 상태를 가진 사람들은 자신이 이중 메시지를 전달하는 것을 느끼지 못하고 메시지를 받는 사람들은 두 가지 메시지에 부딪히게 되는 것이다. 메시지를 받는 사람의 반응은 다르게 나타나는데 말만 듣고 나머지는 무시하거나 비언어적 메시지로 주제를 바꾸고 잠든 척하는 등 전체 메시지를 무시하는 반응이 나타나므로 서로 간에 불신, 좌절, 거절로 자존심이 상하고 자기가치에 대해 의심하게 된다(이화자, 2002).

(1) 회유형

회유형은 사람이 살면서 생존의 위협을 느낄 때 반응하는 것으로 자신의 감정은 무시하고 다른 사람과 상황만은 존중되는 의사소통이다. 말하는 사람은 무슨 일이든 상대방의 기분을 맞추려고 애쓰며 상대방의 의견을 반대하지 않는다. 또한 자신의 가치나 감정은 무시하고 아무것도 할 수 없다고 생각하면서 자신을 인정해 줄 사람을 찾는다. 이 회유형 의사소통을 하는 사람은 항상 좋은 사람이어야 하므로 다른 사람의 느낌이나 의견은 존중한다. 그러나 상대방의 의견과 느낌에 동의해서가 아니라 내면적으로는 이를 부정하면서도 적절히 표현하지 못하고 겉으로 상대방의 비위를 맞추는 것이다.

이 회유형의 의사소통을 하는 사람이 자신에게 모든 책임을 돌리는 비난형의 사람과 살아가는 경우에는 '내가 조금만 더 잘했으면 이렇게 되지 않았을 텐데.'라며 자신에게 책임을 지우고 자책하는 경우가 많다.

또 회유형의 사람은 외형적으로는 다른 사람의 어려움을 잘 들어주고, 배려해 주는 사람이라고 느껴질 수 있지만, 감정을 적절하게 표현하지 못함으로 인해 스트레스를 받는다. 그러다가 어느 날 폭발해 버리거나 자신에게 만만한 상대에게 쌓인 감정을 쏟아붓기도 한다. 이 유형 사람들의 정서는 죄책감, 보호받고 싶어함, 억압된 분노, 변명하는 표현 등이다. 내적으로는 분리나 헤어짐의 두려움이 강하고 다른 사람에게 짐이 될까 항상 두려워한다.

회유형을 표현하는 특징적인 자세는 무릎을 꿇고 앉아 왼손은 구걸하듯이 내밀고 오른손은 심장에 얹는다. 목은 치켜 올리고 눈은 애원하듯이 쳐다본다. 이러한 자세는 '나는 당신을 위해 무엇이든지 하기 원한다. 만일 나의 마음을 안다면 나를 죽일 수는 없을 것이다.'라는 것을 과장하여 표현하는 것이다. 이러한 자세로 말할 때 목소리는 애처롭게 우는소리로 말하고, 자신의 생각이나 느낌과는 관계없이 모든 일에 "예"라고 대답한다.

이 유형의 사람은 다른 사람의 삶과 감정이 중요하듯 나 자신의 삶과 감정 역시 중요하다는 것을 기억하여야 한다. 다른 사람과 화목함이 중요하지만 자기 자신의 화목함은 더 중요함을 기억해야 한다. 그리고 만만한 대상에게 폭발하지 않도록 평소에 자신의 생각과 주장을 적절히 표현하여야 한다.

(2) 비난형

비난형은 회유형과 반대되는 유형으로 완고하고 독선적이며 명령적으로 군림하는 유형이다. 이 유형은 다른 사람이나 환경을 괴롭히고 비난한다. 비난하기 위해 다른 사람의 가치를 격하시키고, 자신과 상황에만 가치를 두어 무조건 자기의 생각이 옳다는 식의 흑백 논리가 강하다. 비난할 때의 사람은 적대적이고, 독재적이고, 잔소리가 많고 혹은 폭력적으로 보인다. 상대방을 쉽게 비난하므로 자기를 강하게 나타내려 하고 자신의 가치와 자존감을 회복하려 한다. 비난형의 사람들은 쉽게 흥분하며 다혈질적이며 혈압이 쉽게 오른다. 이성적인 사고와 합리적인 사고력이 부족하며 감정에 의존적이다. 상대방이 계속적으로 복종하고 회유적인 반응을 보이면 비난하는 태도는 더 강하게 된다.

비난형의 자세는 등을 똑바로 펴고 다른 사람을 손가락으로 가리킨다. 균형을 잡기 위해 한 쪽 발을 앞으로 하고, 한 쪽 손은 허리에 얹고, 다른 한 쪽 팔은 쭉 펴서 검지손가락으로 앞을 가리키며 서 있다. 눈썹을 올렸다 내렸다 하고 얼굴 근육은 긴장된다. 비난형은 남의 탓을 하고 분노를 자주 폭발하여 다른 사람들과 친밀한 관계 형성이 어렵다. 이 사람들은 남 탓만 할 뿐 아니라 자기 자신도 존중하지 못해 자신을 처벌하고 배척한다. 이러한 사람들은 외로움을 느끼게 되면 자주 울고, 다른 사람들만 아니었더라면 자기는 괜찮았을 거라고 주장한다. 이들은 혼자 있을 때만 우는데 이는 자기 자신이 연약하다는 사실을 인정하지 않기 때문이다. 이들은 폭력, 공격적인 폭행, 배우자 구타 등을 하고 인생을 살아가는 방법이 싸우는 것이라고 생각한다.

(3) 초이성형

초이성형 사람은 매사를 합리적 사고에 근거하여 따지고 지나치게 상황적으로 분석하여 자신이나 다른 사람을 과소평가하는 유형이다. 대부분 자료와 논리를 중요시하고 세상과 사람들을 신뢰하지 않는다. 또한 사교적이지 못하고 완벽하게 하려고 하며 남의 장점을 인정하지 않는다. 즉, "왜 일이 되지 않는지 따져 보자.", "공과 사를 명확하게 분별해야 한다.", "왜 일을 완벽하게 처리하지 못하는가?", "흥분하거나 서두르지 말고 다시 한 번 곰곰이 생각하고 말해 보자.", "개구리 올챙이 적 생각을 해야지, 자기가 언제부터 잘났다고 잘난 척을 해?" 등의 말을 많이 사용한다.

초이성형의 자세를 설명한다면 똑바로 움직이지 않고 서 있고, 사람들 앞에서 균형 있게 두 팔을 팔짱 끼고 있다. 입은 다물고 가능한 한 움직이지 않고 고정 자세를 취한다. 철두철미하고 냉담하며 무표정한 것이 얼굴에 나타난다. 말을 할 때 거드름을 피우며 길게 말하고 현명하고 침착한 것처럼 보인다(서혜석 외, 2017).

(4) 산만형

산만형 사람의 생존 유형은 일반적으로 즐거워하는 것이지만 익살맞은 것과 혼합된 것으로 혼란스럽다. 갈등과 문제 상황에서도 마치 아무런 문제가 없는 것처럼 장난을 걸고 바보 같은 짓을 하며 공연히 바쁜 듯이 다른 일에 몰두한다. 그리고 초점이 없는 말을 하고 위선적이며 문제 해결 능력이 결여되어 있다. 또 생각이 자주 바뀌고 동시에 여러 가지 행동을 하는데 자신, 다른 사람, 상황 모두를 무시한다.

산만형 유형을 사용하는 사람은 위협을 무시하고, 마치 위협이 존재하지 않는 것같이 행동하므로 주위를 혼란스럽게 한다. 다른 사람의 질문을 무시하며, 난처할 때 농담하고, 말할 때 딴청을 피우며, 화제를 자주 바꾸고 횡설수설하고, 호언장담을 잘한다. 어떤 주제에 주의 집중을 하지 못하고 질문을 받으면 상관없는 다른 이야기를 한다. 내면적으로는 아무도 나를 걱정해 주지 않으며 나를 받아들이는 곳이 없다고 생각하는데, 지속될 경우 무서운 고독감과 자신의 무가치함을 느끼게 된다.

〈표 5-1〉 역기능적 의사소통 유형별 특징

구분	회유형	비난형	초이성형	산만형
언어적 표현	"제가 잘못했어요." "난 오로지 널 위해서 산다." "당신이 없으면 큰일이에요."	"모든 게 네 잘못이다." "넌 제대로 하는 게 없다." "문제가 뭐냐?"	주어를 생략함(규칙과 옳은 것만 언급), 추상적이고 긴 설명	초점이 없는 대화, 주제가 바뀜. "그대로 놔둬라(내버려둬라)."
정서 반응	구걸하는 느낌, 자신 없는 목소리와 자세	내가 대장이다라는 마음	냉담한 마음, 조용하고 경직된 자세	혼란스러움, 마음은 콩밭에 있음
행동	변명, 양보, 우는소리, 순교적, 모든 것 제공	공격적, 명령적, 약점 발견	권위적, 원칙주의, 의도적, 조작적	계속해서 움직이고 비스듬히 앉음, 주의 산만함, 부산함, 공연히 끼어들어 주의를 끎
내적 경험	"난 아무 가치도 없어!"	"난 외로운 실패자다." "난 세상의 피해자다."	"나는 외롭고 상처받기 쉽다." 감정의 동요와 통제의 상실이 두려움	"이곳은 내가 설자리가 아니다(무가치)." "아무것도 상관하지 않겠다(무관심)."
심리 상태	신경과민, 우울증, 자기 연민, 자살 경향	과대망상, 일탈적 성향	강박적, 긴장되고 반사회적, 사회적 고립	혼돈, 어색함, 정신병적 경향성
신체적 증상	소화기관 장애, 변비, 편두통	혈액순환장애, 고혈압, 관절염, 근육통, 천식	심장과 근육의 경직, 건조성, 암, 임파, 점액 질환	신경계통장애, 편두통, 위장장애, 메스꺼움, 변비, 당뇨
초점	자기를 무시, 상황과 타인을 중시	타인은 무시, 자기와 상황은 중시	자기와 타인 무시, 상황만 중시	자기, 타인, 상황을 모두 무시
강점 (자원)	배려와 민감성	강한 자기주장	지적 능력과 논리성	낙천성, 창의력
치료 목표	① 자기지각하기, 자신의 욕구, 감정, 경계선, 책임의 인식 ② 주장 훈련 ③ 분노 조절 훈련	① 인지적 왜곡의 교정 ② 자기 감정의 통찰과 감정 조절 ③ 정확한 규칙의 설정 ④ 경청 훈련	① 비언어적 표현에 대한 통찰력 ② 신체 이완 훈련 ③ 공감 훈련	① 감수성 훈련-감정의 인식, 신체 접촉 ② 주의 집중하기-명상, 정관(관조) ③ 주장 훈련

2) 기능적 의사소통 : 일치형

일치형의 의사소통은 적응적이며 효율적인 의사소통 방식으로 자존감이 높은 사람이 사용한다. 언어적, 비언어적으로 일치한 형태로 자기 자신이 중심이 되어 다른 사람과 관계를 맺고 접촉하며 자신, 다른 사람, 상황을 모두 고려하여 반응한다. 이 유형은 주체적으로 다른 사람과 접촉을 하는데, 이는 직접적으로 사람과 연결되어 관계를 맺는 것을 의미한다. 일치형은 다음과 같은 여러 가지 속성을 가지고 있다.

(1) 일치형 의사소통의 속성

① 자기의 독특성을 인정한다.
② 개인 간의 에너지가 자연스럽게 순환된다.
③ 개성적인 특질을 존중한다.
④ 자신과 다른 사람들을 기꺼이 신뢰한다.
⑤ 모험을 하려고 하며 상처받는 것을 기꺼이 감수한다.
⑥ 자신의 내적, 외적 자원들을 활용한다.
⑦ 친밀성에 대해 개방적이다.
⑧ 나 자신이 되는 것과 다른 사람 수용에 자유롭다.
⑨ 자기 자신과 다른 사람들을 사랑한다.
⑩ 변화에 융통성이 있고 개방적이다.

(2) 일치형 의사소통의 과정

사람들은 좀 더 성숙하기 위해 새로운 경험을 통한 학습과 의도적인 연습이 필요하지만 대부분의 행동들은 자동적으로 나온다. 그러므로 자동적으로 나오는 것을 검토하고 자기 자신에게 귀를 기울여 오래된 모습이나 극복 방법, 오래되고 친숙한 감정들을 발견할 수 있게 된다. 이렇게 자신의 경험과 과거와 현재를 지각하고 수용하는 데서부터 일치형 의사소통은 시작된다. 또 자기 자신뿐 아니라 타인의 상황을 지각하며 타인에게 충분한 관심을 주어 신체적 메시지도 자각함과 동시에 자신의 방어기제와 규칙들을 아는 것이 일치형 의사소통에 도움을 준다. 일치형 의사소통의 과정은 단계적으로 다음과 같은 작업이 필요하다.

① 제1단계 작업 : 처음 1단계에서는 자신의 감정을 수용하고 다른 사람들을 인정하며, 감정들을 다룬다. 만약 화가 나거나 마음이 상한 것을 느낀다면 그 감정을 인정하고 수용하는 것이다. 그리고 감정을 나눈 다음에야 새로운 정보로 자신과 다른 사람에 대해 다르게 느낄 수 있다.

② 제2단계 작업 : 2단계에서는 인식을 변화시키고 나서 자기존중을 재확인하는 것이다. 자기존중 재확인은 인식과 해석을 하게 한다. 인식을 변화시키고 우리가 다른 사람에게 투사하고 충족하지 못한 기대에서 벗어났을 때, 내면의 경험과 조화를 이루고 자기 자신과의 의사소통을 유지하게 된다.

③ 제3단계 작업 : 3단계는 영적 혹은 우주적인 삶의 힘이라고 하는 힘과 조화를 이루어 나가는 것이다. 이는 사람 내면의 생명력을 인정하는 사티어(Satir)의 철학이 반영되어 있는 단계이다. 우리가 우주적인 요인과 연결될 때 새로운 우주적인 의식과 세상의 평화를 성취할 수 있다는 것이다. 한편 이 3단계의 작업은 지나치게 사람의 능력을 과대평가한다는 비판을 받기도 한다(변영인, 2006).

(3) 일치형의 치료자

사티어(Satir)는 치료자가 내담자를 인간으로서 동등한 가치를 인정하면서 접촉하도록 격려해야 한다고 하였다. 이것은 양측의 힘을 다 포함하는 것이며, 각 사람들의 내면의 힘에 대한 인식을 강화시켜 준다. 또 모방의 중요성을 강조하고 치료자가 일치형의 소통을 통해 내담자의 성장 기회를 최대화하는 것이다. 훈련을 중요시한 사티어는 치료자들이 일치적이 되고 일치적으로 의사소통하는 것을 돕기 위해 노력하였다. 훈련을 받은 치료자들은 깊은 수준에서 내담자들에게 능력을 주게 되고 의사소통뿐 아니라 존재의 상태를 반영하게 된다는 것이다. 사티어가 제시한 치료자의 일치적 의사소통에서 주요한 단계들은 다음과 같다.

① 반응하는 유형은 선택이라는 것을 지각하고 수용한다.
② 현재 내면에 진행되고 있는 모든 수준(기대, 인식, 감정)에 접촉한다.
③ 우리가 말하는 것, 신체적 메시지 혹은 활동을 인정한다.
④ "나" 메시지를 가지고 반응한다(예: "나는 나이고, 나는 느끼고, 나는 듣는다." 등).
⑤ 말하고 행동하는 것의 소유주임을 분명하게 전달한다.
⑥ 판단보다는 설명적인 언어로 다른 사람이 말하고 행동하는 것을 보고 듣는 동시에 내면에서 일어나고 있는 것을 함께 나눈다.
⑦ 어떤 사람과 접촉할 때 우리가 선택한 물리적 거리 등에 주의를 기울인다. 그 사람의 눈높이 수준과 편안한 거리를 조정한다.

사티어의 의사소통 유형 검사지 자가 진단법(〈표 5-2〉 참고)과 일치형 학습에 중요한 의사소통의 구성 요소(〈표 5-3〉 참고)를 살펴보면 다음과 같다.

다음을 읽고 자신에게 해당된다고 생각하는 문항의 하얀색 바탕 칸에 ∨ 표시를 하시오.

〈표 5-2〉 사티어의 의사소통 유형 검사지 자가 진단법

문 항	A	B	C	D	E
1. 나는 상대방이 불편하게 보이면 비위를 맞추려고 한다.					
2. 나는 일이 잘못되었을 때 자주 상대방의 탓으로 돌린다.					
3. 나는 무슨 일이든지 조목조목 따지는 편이다.					
4. 나는 생각이 자주 바뀌고 동시에 여러 가지 행동을 하는 편이다.					
5. 나는 타인의 평가에 구애받지 않고 내 의견을 말한다.					
6. 나는 관계가 잘못되었을 때 자주 내 탓으로 돌린다.					
7. 나는 다른 사람의 의견을 무시하고 내 의견을 주장하는 편이다.					
8. 나는 이성적이고 차분하며 냉정하게 생각한다.					
9. 나는 다른 사람들로부터 정신이 없다거나 산만하다는 소리를 듣는다.					
10. 나는 부정적인 감정도 솔직하게 표현한다.					
11. 나는 지나치게 남을 의식해서 나의 생각이나 감정을 표현하는 것을 두려워한다.					
12. 나는 내 의견이 받아들여지지 않으면 화가 나서 언성을 높인다.					
13. 나는 나의 견해를 분명하게 표현하기 위해 객관적인 자료를 자주 인용한다.					
14. 나는 상황에 적절하지 못한 말이나 행동을 자주 하고 딴전을 피우는 편이다.					
15. 나는 다른 사람이 내게 부탁을 할 때 내가 원하지 않으면 거절한다.					
16. 나는 사람들의 얼굴 표정, 감정, 말투에 신경을 많이 쓴다.					
17. 나는 타인의 결점이나 잘못을 잘 찾아내어 비판한다.					
18. 나는 실수하지 않으려고 애를 쓰는 편이다.					
19. 나는 곤란하거나 난처할 때는 농담이나 유머로 그 상황을 바꾸려 하는 편이다.					
20. 나는 나 자신에 대해 편안하게 느낀다.					
21. 나는 타인을 배려하고 잘 돌보아 주는 편이다.					
22. 나는 명령적이고 지시적인 말투를 자주 사용하는 편이기 때문에 상대가 공격받았다는 느낌을 받을 때가 있다.					

문 항	A	B	C	D	E
23. 나는 불편한 상황을 그대로 넘기지 못하고 시시비비를 따지는 편이다.					
24. 나는 불편한 상황에서는 안절부절 못하거나 가만히 있지를 못한다.					
25. 나는 모험하는 것을 두려워하지 않는다.					
26. 나는 다른 사람이 나를 싫어할까 두려워서 위축되거나 불안을 느낄 때가 많다.					
27. 나는 사소한 일에도 잘 흥분하거나 화를 낸다.					
28. 나는 현명하고 침착하지만 냉정하다는 말을 자주 듣는다.					
29. 나는 한 주제에 집중하기보다는 화제를 자주 바꾼다.					
30. 나는 다양한 경험에 개방적이다.					
31. 나는 타인의 요청을 거절하지 못하는 편이다.					
32. 나는 자주 근육이 긴장되고 몸이 뻣뻣하며 혈압이 오르는 것을 느끼곤 한다.					
33. 나는 나의 감정을 표현하는 것이 힘들고 혼자인 느낌이 들 때가 많다.					
34. 나는 분위기가 침체되거나 지루해지면 분위기를 바꾸려 한다.					
35. 나는 나만의 독특한 개성을 존중한다.					
36. 나는 나 자신이 가치 없는 것 같아 우울하게 느껴질 때가 많다.					
37. 나는 타인으로부터 비판적이거나 융통성이 없다는 말을 듣기도 한다.					
38. 나는 목소리가 단조롭고 무표정하며 경직된 자세를 취하는 편이다.					
39. 나는 불안하면 호흡이 고르지 못하고 머리가 어지러운 경험을 하기도 한다.					
40. 나는 누가 나의 의견에 반대해도 감정이 상하지 않는다.					
합계					

출처: 김종운(2017).

• 채점

하얀색 바탕에 표시된 개수를 세어 표의 하단에 기입한다. 유형별로 합산하여 가장 높은 점수가 나온 것이 개인의 의사소통 유형이 된다.

A: 회유형 B: 비난형 C: 초이성형 D: 산만형 E: 일치형

〈표 5-3〉 일치형 학습에 중요한 의사소통의 구성 요소

신념	• 모든 사람은 창조적 생명력의 표현들이다. • 모든 사람은 성장할 수 있다. • 모든 사람은 친밀해질 수 있다. • 모든 사람은 유능해질 수 있다. • 모든 사람은 의미를 이해할 수 있고 의미를 만들 수 있다. • 모든 사람은 자신의 두 발로 설 수 있다. • 모든 사람은 선택자가 될 수 있다.
위치	• 눈높이 수준에서 얼굴을 대면한다. • 팔이 닫는 거리에서 상대방의 눈을 본다.
시행	• 모든 감각(시각, 음성, 냄새, 만짐, 맛, 관능성)을 동원하여 의식적으로 자각한다.
의미 부여	• 똑똑하게 말한 것을 분명하게 이해한다. • 의도하는 의미를 이해한다. • 추상적인 것을 구체화하여 가려져 있는 것을 분명하게 한다. • 숨겨져 있는 것을 명백하게 한다. • 일반적인 것을 구체화하고 너, 나, 여기, 현재 등 특정한 상황과의 연관성을 분명하게 한다.
나눔	• 정신 영역에서 경험한 것을 보고한다. • 노출하는 것이 아니라 알리는 것이다.

2. 번의 교류분석 이론

교류분석(Transactional Analysis: TA)은 2장 자아분석에서 살펴보았듯이 번(Berne, 1910~1970)에 의해 탄생되었다. 이 이론은 사람이 어떻게 다른 사람과 상호 작용을 하고 어떻게 자신과 상호 작용하는가에 대한 유형을 이해하게 한다. 번은 2차 세계 대전 때 정신과 군의관으로 근무하는 동안 많은 임상 경험을 하며 기존 정신분석 이론의 한계를 경험하였다. 그리고 10여 년에 걸친 연구 끝에 교류분석 이론이 나오게 되었다. 교류분석은 '사람은 다른 사람과 어떻게 하나가 되는 좋은 관계를 맺을 것인가?' 또한 '다른 사람과 어떻게 효과적으로 교류할 것인가?',

'다른 사람의 갈등을 어떻게 도와줄 수 있을 것인가?'라는 질문에 대한 답을 찾아가는 훈련이라고 할 수 있다(우재현, 1995; Berne, 1963; Stewart & Joines, 1987). 여기서는 의사소통과 관련된 교류분석 이론에 대해 살펴보겠다.

1) 자아 상태와 특징

(1) 부모자아(P)

출생에서부터 5년간 부모의 행동이나 태도로부터 영향을 받아 형성된 부모자아(P)는 부모의 말과 행동을 모방하고 학습하고 또 내면화된 결과를 나타내는 것이다. 부모의 목소리, 자세, 몸짓 등을 닮고 도덕과 질서를 지키도록 하는 특징을 나타낸다(〈표 5-4〉 참고).

(2) 어른자아(A)

어른자아(A)는 부모자아와 아동자아의 자료를 검토하여 편견이나 독선 그리고 아동자아 상태에 의한 비현실적인 부적응 행동이나 망상을 조절하는 역할을 한다. 또한 이성적, 현실적, 객관적, 논리적, 합리적인 특징을 나타낸다(〈표 5-4〉 참고).

(3) 아동자아(C)

아동자아(C)는 주로 5세 이전에 형성되며 어린 시절 자주 했던 사고나 감정, 행동을 재연하는 것으로 충동적, 자발적, 직관적, 본능적, 순응적, 폐쇄적, 의존적, 자기중심적인 특징을 나타낸다(〈표 5-4〉 참고).

〈표 5-4〉 자아 상태와 특징

부모 자아	언어적 단어	~해야 한다, ~해서는 안 된다, 항상, 결코, 좋다, 나쁘다, 아름답다, 귀엽다, 실수(틀림)가 있다, 괘씸한(무례한), 해 봐라, 두려워하지 말아라, 자! 해 봐, 걱정하지 말고, 너를 돌봐 줄 테니 등
	행동적 자세의 단서	손가락질해서 비난한다, 등을 돌린다, 접촉해서 위로한다, 탁자를 친다, 눈을 위로 향한다, 발을 쿵쿵 거리고 양손을 쥐고 참는다, 팔짱을 끼고 턱을 잡아당긴다, 얼굴을 위로 향해 훑어본다 등
	목소리의 단서	징벌적, 비난적, 격려적, 지지적, 동정적, 조소적 등
	얼굴 표정상의 단서	몹시 불쾌한 얼굴, 이마에 주름을 잡는다, 거만한 미소, 애정적 등
어른 자아	언어적 단어	육하원칙(언제, 어디서, 누가, 무엇을, 어떻게, 왜), 이것은 실증되어 있지 않은 의견이다, 이것을 시도해 보겠습니까?, 원인을 조사해 보자, 통계에 의하면 회의는 토요일 10시입니다 등
	행동적 자세의 단서	똑바로 굳어지지 않는 자세, 수준 있는 안목에 의한 접촉, 손가락으로 뭔가를 나타낸다, 피드백을 한다, 관심을 보인다 등
	목소리의 단서	여유 있는 정서를 구김 없이 명쾌하게, 적절(에두르지 않고 솔직함), 자신의 정보를 찾거나 준다 등
	얼굴 표정상의 단서	사려 깊다, 주의 깊게 관찰한다, 질문하는 듯이 생생하다, 지금 여기에서의 반응, 기민한 눈빛, 자신에 찬 얼굴 모습 등
아동 자아	언어적 단어	와!, 어머 깜짝이야!, 도와주세요, 당신이 나를 울렸어요, 그는 틀렸어, 내 쪽이 저 사람보다 나아요, 집에 돌아가고 싶다, 노는 편이에요 등
	행동적 자세의 단서	의기소침, 낙담한다, 짜증을 부리다, 신나서 마음이 들뜬 모양, 깡충깡충 뛰어다니다, 거북해 하듯, 머뭇머뭇하다, 손톱을 깨물다 등
	목소리의 단서	어리광스러운 대화 방식, 허가를 구한다, 입이 걸게 욕을 하다, 못살게 굴다, 큰소리로 웃다, 흥분 상태에서 재빨리 큰 소리로 말하다 등
	얼굴 표정상의 단서	뿌루퉁한 얼굴을 하다, 타인에게 눈을 치거뜨다, 내려 뜬 눈, 망연해 하다, 기뻐하다, 악의가 없고 순진한, 눈을 크게 뜬 얼굴 표정, 침울 등

출처: 서혜석, 김영혜, 강희양, 이난(2017).

2) 기능분석

부모, 어른, 아동의 3가지 자아 상태가 특정 현상이나 현실적인 실제 장면에서 어떻게 나타나고 있으며 어떠한 기능을 하고 있는가를 보는 것이 기능분석이다(Stewart & Joines, 2010). 기능분석은 부모, 어른, 아동을 더욱 기능적으로 세분화하여 부모자아를 비판적 부모(CP)와 양육적 부모(NP)로, 아동자아를 자유로운 아동(FC)과 순응하는 아동(AC)으로 분류한다. 그러나 어른자아는 현재에 반응하는 객관적이고 논리적인 기능을 나타내기 때문에 나누지 않는다.

3) 교류분석

타인과 교류를 할 때에는 어떤 자아 상태로 메시지를 보내는가, 또 상대방은 어떤 자아 상태에 있는가에 따라 기대하는 반응도 다르다. 그래서 교류분석은 타인과 나누는 의사소통의 유형을 발견하여 개선함으로써 좋은 관계를 맺을 수 있는 방안을 제시해 준다. 자극과 반응이 어떻게 오는가에 따라 상보적 교류(complementary transaction), 교차적 교류(crossed transaction), 이면적 교류(ulterior transaction)로 나뉜다.

(1) 상보적 교류

발신된 메시지나 자극이 예상했던 자아 상태로부터 기대했던 응답이나 반응을 듣는 교류로, 항상 자극과 반응 사이에 평행한 관계가 유지된다. 이러할 때 서로 말이 통하여 대화가 된다. 말로 표현된 메시지와 함께 몸짓, 얼굴 표정, 자세, 소리의 상태 등 비언어적 성격도 포함된다.

(2) 교차적 교류

상대방으로부터 특정한 반응을 기대하고 시작한 교류에 대해 예상 외의 반응이 되돌아오는 경우를 말한다. 말을 건 사람은 상대에게 기대했던 반응을 얻지 못하면 혼란스러워 하거나 실망스러워 한다. 그래서 대화의 단절, 무시, 침묵, 화제의 전환, 싸움 등이 되어버리는 경우가 많아 대인관계와 의사소통에 어려움을 겪는다.

(3) 이면적 교류

한 가지 자극을 통해 두 가지 사실을 동시에 전달하는 이차원적인 복잡한 교류방법으로 속임수가 내재해 있고 혼란이나 정신적 질환의 원인이 된다. 두 사람 사이에 표면적인 사회적 메시지와 숨겨진 심리적 메시지가 있어 상당히 주의를 기울이지 않으면 이해하기 어렵고, 내면적인 메시지가 게임이나 부정적인 결과를 초래하는 경우가 많다.

3. 하버마스의 의사소통 행위 이론

하버마스(Habermas, 1929~)는 독일의 뒤셀도르프(Düsseldorf)에서 태어난 철학자이자 사회학자, 심리학자, 정치학자이다. 대표적인 저서 『의사소통 행위 이론(*The Theory of Communicative Action*)』(1981)은 바른 인식과 이성, 민주주의 사회 구현에 대해 고민하던 중 '의사소통의 합리성'에서 그 답을 찾았다. 그는 모든 인식은 우리의 '언어' 속에 들어 있으며, 인식을 자유롭게 하기 위해서는 언어가 자유로워야 한다고 하였다. 그리고 개인이 사회적 발언을 자유롭게 할 수 있는 것, 나아가 '자유로운 공론(公論)'이 곧 민주주의의 조건이라고 생각하였다. 그의 이러한 사고는 '의사소통 행위 이론'이 근간이 된다. 그는 또 합리적인 의사소통의 공간, 체계적인 토론이 형성될 수 있는 '공론 장'이 확대되는 과정을 역사 발전이라고 보았다. 즉 정치적 의사소통 과정에서 한 행위자가 다른 행위자의 발언을 억압하거나 자신의 의견을 일방적으로 강요해서는 안 되고 개방적이고 자유로운 의사소통의 조건이 확보되어야 한다는 것이다(오수미, 2015).

하버마스의 이론에서 의사소통적 행위는 포괄적 행위 개념으로서 목적 합리적 행위, 도덕적 행위, 심미적 행위를 포괄하는 상위 개념이 된다. 의사소통 행위 이론을 통한 의견 형성 과정은 시민으로서의 역할, 자각과 실천의 동기를 제공하고 공론 장을 통해 직접적인 의견 형성의 기회를 시민에게 부여해야 한다고 하였다. 따라서 하버마스의 의사소통 행위 이론은 정책 수립, 갈등 조정 및 해결, 사회복지 서비스 실현 등 다양한 상황에서 적용할 수 있는 이론이다.

1) 의사소통 행위 이론의 배경

의사소통 행위 이론은 세계를 생활 세계와 체계로 나뉜다고 보고 각 세계에서의 행위자들이 합리적이라고 생각하는 각각의 행위 근거와 이 두 세계에서의 갈등을 조정하고 조화를 이루는 것이라고 생각하였다. 그리고 행위자들이 일반적인 '합리성'을 근거로 행위한다고 보고, 시대별로 생활 방식의 합리성이 어떤 기준을 토대로 확립되었는지를 살펴보았다. 그 내용은 다음과 같다.

고대의 사람들은 자연과 인간을 연결시킬 수 있는 주술사나 친족 체계로 구성된 족장 등에 의존하여 주문에 따라 행위해 왔다(Habermas, 1987: 100). 그러나 이러한 주술적-물활론적 속성을 가진 고대의 합리성은 사람들 사이의 불평등과 이에 따르는 재화의 불평등한 분배 문제를 야기하게 되었다. 그리하여 고대의 신화적 세계상은 곧 탈주술화가 되어 중세의 '신에 대한 믿음'으로 대체되었다(Habermas, 1987a: 316). 따라서 중세의 세계상은 '탈주술화' 과정이라 볼 수 있다. 중세의 사람들은 눈에 보이지 않는 형이상학적 존재인 신에 대한 믿음, 즉 종교의 교리를 토대로 행위해 왔고, 근대에는 '과학'이 합리성의 기준이 되어 과학적 실험과 같이 인간이 실제로 경험할 수 있는 것, 경험한 것만이 바람직한 것으로 인정받았다. 또한 인간 이성의 산물인 '제도'나 '법' 등이 인간 행위의 기준으로 자리 잡게 되었다(Habermas, 1987a: 34-36).

하버마스의 의사소통 행위 이론은 이와 같이 서구 사회에서 제기된 '합리주의'에 대한 비판을 토대로 제시된 것으로, 목적론적 행위 중심의 사회 과학이 언어를 매개로 하는 상호 작용론으로 전환하였음을 의미하는 것이라 할 수 있다(Benhabib, 1986).

2) 의사소통의 합리성

(1) 합리성의 개념

하버마스(Habermas)는 합리성 문제와 가장 긴밀하게 연관되어 있는 학문을 사회학이라고 보았다. 그리고 합리성의 개념을 사회학적으로 풀어내려 시도하였다. 즉 어떠한 표현이 합리적이려면 '비판 가능성'과 '근거 제시 가능성'이라는 조건을 충족시켜야 한다고 본 것이다. 또한 하버마스는 서구의 근대 사회가 지나치게 성취 지향적 합리성에 치우쳐 있는 것을 비판하면서, 의사소통적 합리성에 기반하여 행위하는 행위자들이 어느 한 세계상에 치우지지 않고 세계를 이해해야 할 것을 주장하였다(Habermas, 1987a: 130-133). 그는 의사소통적 합리성은 성취 지향적 합리성에 비해 더 넓은 의미를 지니고 있어서, 논증적 대화를 통해 여러 참여자가 주관적인 자신들의 견해를 극복하고 이성에 따라 객관적인 합의 사항을 도출한다고 하였다. 그리고 하버마스는 합리적인 의사소통을 위해서 객관 세계, 사회 세계, 주관 세계를 막론하고 보편적인 조건들을 '이상적 토론 상황(Ideal Speech Situation)'이라고 명명하였다(Habermas, 1979: 68).

(2) 행위 이론

하버마스(Habermas)의 행위 유형은 성취 지향적 행위와 이해 지향적 행위 혹은 의사소통적 행위로 나누고, 세부적으로 행위 상황과 행위 태도를 고려하여 3가지 즉, 도구적 행위, 전략적 행위, 의사소통적 행위로 나누었다(〈표 5-5〉 참고).

① 성취 지향적 행위 : 행위자가 목적에 맞추어 규정된 목표에 도달하고자 하며, 주어진 상황에서 적절한 것으로 보이는 수단을 선택한다. 그리고 예상할 수 있는 다른 행위 결과들을 성공의 부대 조건으로 계산하는 행위를 의미한다. 도구적 행위와 전략적 행위가 이 범주에 속한다(김기덕, 2006: 123; 한상우, 2010: 322; Habermas, 1987a: 423).

② 의사소통적(이해 지향적) 행위 : 행위자들의 행위 계획이 개인의 이해관계가 아닌 행위자들 간의 상호 이해를 통해 조정되는 경우를 의미한다. 여기서 상호 이해란 '언어 및 행위 능력이 있는 주체들 사이에 합의를 이루는 과정'을 의미한다. 따라서 의사소통적 행위는 다른 행위자들과의 상호 작용을 전제로 한 사회적 행위일 수밖에 없다(김기덕, 2006: 123; 박종대, 2001: 189; Habermas, 1987a: 423-424).

〈표 5-5〉 의사소통적 행위 유형

행위 태도 / 행위 상황	성취 지향적 (Action Oriented to Success)	이해 지향적 (Action Oriented to Understanding)
비사회적	도구적 행위 (Instrumental Action)	
사회적	전략적 행위 (Strategic Action)	의사소통적 행위 (Communicative Action)

출처: Habermas(1987).

(3) 타당성 주장

의사소통적 행위에서 상호 이해는 행위자들의 행위 조정을 위한 필수조건으로 어떤 발언 내용에 대해 합리적 동기에 따라 찬성할 수 있게 하는 것을 목표로 한다(Habermas, 1987a: 425). 이러한 동의가 이루어지기 위한 비판 가능한 타당성에는 사실성(truth), 정당성(rightness), 진정성(truthfullness)이 있다(김천기, 2010: 85; 박종대, 2001: 189; 이상우, 2010: 315). 이 타당성 기준에 따라 의사소통 행위자들의 주장은 수용되기도 하고 또 비판을 받기도 한다. 즉 말하는 사람이 제기하는 주장이 3가지 비판 가능한 타당성에 대해 서로 받아들여질 때 그 발언을 합리적이라 한다(Habermas, 1987a: 104-107).

3) 생활 세계와 체계

(1) 생활 세계

생활 세계는 의사소통적 행위 이론을 사회 이론에 연결시키는 중요 개념으로 의사소통 행위자들의 행위 지평이자 배경이다. 또 문화적으로 전승된 배경지식을 의미하기도 한다(박인철, 2009: 8; Habermas, 1987b: 196, 219).

의사소통 행위자들은 공동의 상황 정의를 위해 객관 세계, 사회 세계, 주관 세계라는 3가지 세계를 해석의 틀로 사용하게 된다. 이 3가지 타당성 주장을 토대로 상호 주관적으로 타당하다고 여겨지는 공통의 상황 정의가 이루어지는 것이다.

이처럼 의사소통적 행위자들은 생활 세계라는 행위 지평을 토대로 행위한다. 그러나 이 행위자들이 당면한 상황들이 생활 세계로부터 항상 주어지는 것은 아니고 가변적이며 그 경계가 분명하지 않다. 즉, 이전에는 당연하게 여겨졌던 것들이 더 이상 당연하게 여겨지지 않고 확실성을 상실하게 된다는 것이다.

생활 세계는 문화적 전승, 사회 통합, 교육을 담당하는 영역이 전문적으로 다루는 행위 체계들로 전문화되며 근대 자연 과학, 법학, 교육학 등이 등장하였다. 그러나 이러한 생활 세계의 합리화는 의미 상실, 아노미, 소외라는 장애 현상과 같은 병리 현상들을 야기하기도 한다(Habermas, 1987: 236-238).

한편 생활 세계의 상징적 구조 자체를 유지하기 위해서는 물질적 기초가 반드시 유지되어야 한다. 이를 위해서는 여러 사람의 행위는 합목적적으로 조정되어야 한다. 그리고 재화와 서비스가 동원될 필요가 있다. 따라서 물질적 재생산은 성취 지향적 합리성에 따라 진행된다. 이러한 과정에서 체계가 등장하게 된다(오수미, 2015: 27; 최재식, 1999: 199).

(2) 체계 이론

생활 세계의 물질적 기초를 유지하기 위해서는 의사소통적 합리성을 기반으로 한 성취 지향적 합리적 메커니즘이 요구된다. 그리하여 체계는 전통과 규범보다는 법, 형식, 절차 등을 중요시한다. 생활 세계의 합리화가 법과 도덕의 발달을 가져왔고, 법과 도덕의 국가는 조세 수입을 통해 생산과 연결되므로 국가 체계가 화폐 매체에 의해 행위를 조절하는 하부 체계인 경제 체계에 종속되기도 한다. 즉, 권력이 화폐에 동화되는 것이다.

(3) 생활 세계의 식민화

화폐나 권력과 같은 조절 매체들은 언어 매체를 단순화시키고 이를 대신하여 행위자들이 성취 지향적 합리성에 따라 행위하며 일반적인 전략 방식에 따라 행위를 결정하도록 만든다. 즉 행위 조절 매체가 언어에서 권력이나 화폐와 같은 매체로 전환되어 의사소통의 비용과 위험을 경감시키고 결정이 조건화되는 '생활 세계의 기술화'가 나타나게 된다(조영아, 2014: 153-154; 윤형식, 2013; Habermas, 1987b: 287-288). 그리고 생활 세계는 행위자들의 의사소통을 서서히 제한하고 의사소통 구조를 은밀하게 장악함으로 의사소통을 통한 행위 조정 방식을 배제한다. 이를 생활 세계에 대한 체계의 '식민화'라고 한다(조영아, 2014: 153-154; 김천기, 2010: 83; Habermas, 1987b: 292-293, 307).

생활 세계에 대한 체계의 식민화는 삶의 방식, 즉 '생활 형식들의 문법'에 관한 문제를 둘러싼 갈등을 의미한다. 이에 하버마스는 생활 세계와 체계의 화해와 조정을 위해 새로운 대안으로 '공론 장(Public Sphere)'을 제시한다. 공론 장은 생활 세계 행위자들이 '의사소통의 망을 통해서 생활 세계에 뿌리를 두고 있는 의사소통 구조'이다(마상훈, 2015: 117).

(4) 공론 장

우리가 사는 세상은 여러 사람과 함께 살아가면서 필연적으로 갈등 상황이 발생하며, 의사소통의 합리성에 준하여 해결점을 타진하고자 한다(이윤진, 2017). 갈등을 해결하고자 하는 과정에는 저항이 있게 된다. 대규모 기술 프로젝트에 의해 자신들의 생활 환경이 위협받는 것에 대한 중산층의 저항, 학부모의 저항, 납세 저항, 자치 운동 등을 예로 볼 수 있다. 그리고 방어 운동 또한 그 예인데, 녹색 문제의 해결을 위한 생태·평화 운동이나 현대 사회의 성장주의를 비판하는 청년 운동과 대안 운동 등이 있다. 공론 장은 이러한 갈등 상황에서 의사소통의 장으로 기능한다. 즉 공중의 문화 재생산에 시민들로 이루어진 공중이 여론을 통해 사회 통합에 참여하게 되는 것이다.

본래 예술을 논하는 공론 장이었지만 오늘날의 공론 장은 그 영향력이 점차 확대되어 공권력을 공공의 비판적 논의 대상으로 만들었다. 그리하여 공개성의 원칙에 따라 의회, 사법부, 행정부가 여론에 의해 통제되고 있는 것이다. 위와 같은 대부분의 부르주아 공론 장에 참여하기 위해서는 재산과 교양이라는 자질을 갖추어야 한다. 하지만 상대적으로 이러한 자질을 갖추기 어려운 노동자 계급은 자연스레 공론 장에서 배제되었다. 따라서 공중에 의해 도출된 결과가 반드시 공동 이익, 혹은 일반 이익을 대변한다고는 볼 수 없는 것이다.

한편으로는 국가가 매체를 이용해 여론에 개입하고 여론을 조작함으로 공론 장은 공중에 의한 비판적 기능을 상실하고 공개성은 훼손되었다. 결국 공론 장의 탈정치화는 시민들의 정치적 무관심과 정치적 공론 장의 붕괴를 가져오게 되는 것이다(장명학, 2003: 6; Habermas, 1990: 293–325). 따라서 하버마스는 정치적 공론 장을 회복하여 시민들에게 정치적 목소리를 되돌려 주어야 한다고 하였다.

4) 하버마스의 의사소통 행위 이론에 기반한 분석 틀

생활 세계의 행위자들은 생활 세계 내의 행위자들 간에 의사소통으로 상호 이해와 협의 가운데 공동의 상황 정의를 도출하는 것을 목표로 한다. 이것은 생활 세계의 행위자들이 의사소통적 합리성 즉, 사실성, 정당성, 진정성에 기반하여 행위하는 것을 의미한다. 이것은 주장하고자 하는 바가 객관 세계에 실재하는지, 그리고 사회 세계에서 정당한 것으로 받아들여지는지와 행위자의 주관 세계가 있는 그대로 왜곡 없이 표현되느냐에 관한 것이다. 이러한 3가지 타당성을 토대로 공동의 상황 정의가 이루어지면 생활 세계의 행위자들은 의사소통적 행위를 하고, 이 과정을 통해 또 새로운 상황이 발생하면 이를 기존의 상황과 연결시킴으로써 생활 세계는 자기 보존을 가능하게 한다([그림 5-1] 참고).

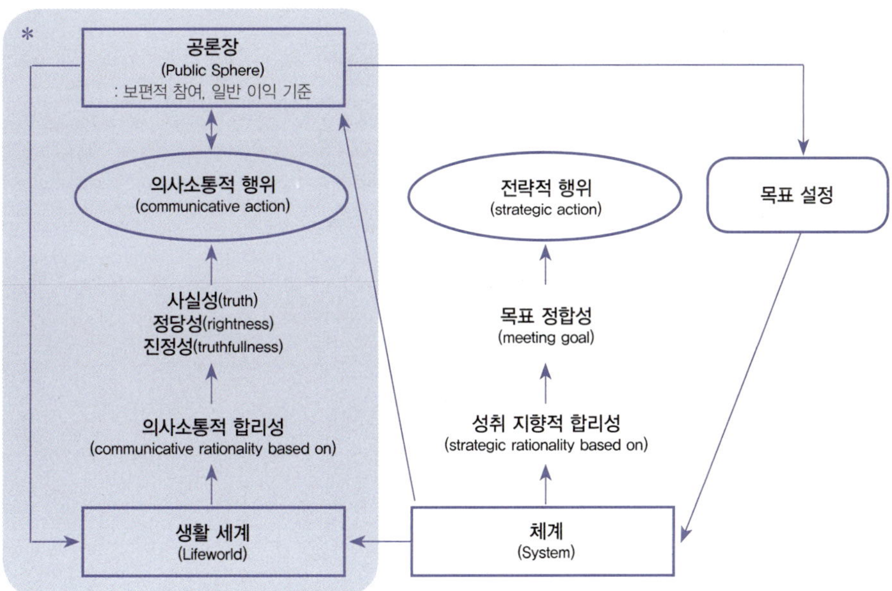

[그림 5-1] 하버마스의 의사소통 행위 이론에 기반한 분석 틀

출처: Habermas(1987); Habermas(1990); Stewart(2013), 재인용.
주: * 표기 영역은 생활 세계 영역을 의미함

6장

의사소통 기술 이해

1. 의사소통과 태도

의사소통을 보다 더 효과적으로 하기 위해서는 의사소통에 필요한 기술들을 습득하고 이에 따른 노력이 필요하다. 우리가 다른 사람과 의사소통을 할 때 영향을 미치는 감정과 태도는 말의 내용보다 억양과 몸짓에서 더 많이 나타나고 있다. 따라서 의사소통을 잘한다는 것은 말뿐 아니라 태도가 중요한 것이다. 여기에 대해 메라비언(Mehrabian, 1972:1981)은 3가지 기본 법칙을 말하였다. 즉, 말(Verbal: words), 억양(Vocal: tone of voice), 몸짓(Visual: body language) 등 '3V'로 대화를 나눌 때 듣는 사람은 말하는 사람의 몸짓에서 55%, 음성에서 38%, 대화 내용에서 7% 정도를 참고한다고 하였다.

1) 언어적 메시지 : 말의 내용

의사소통에서 메시지의 내용은 약 7%밖에 되지 않지만 의사소통의 핵심이라고 할 수 있다. 언어적 메시지로 자신의 사상, 가치관, 태도 등을 반영하며 세상을 보는 관점이 긍정적인가 혹은 부정적인가에 따라 같은 내용이라도 전달하는 메시지는 달라지는 것이다.

2) 기본적인 태도

(1) SOLER

훌륭한 청취자는 대화를 나누는 동안 긴장을 풀고 적당하게 가까이 앉아 상대방의 말에 집중한다. 그러나 90cm보다 가까이 앉는 상황은 불안을 증가시킬 수 있기에 지양해야 한다. 기본적인 자세는 'SOLER'로 요약할 수 있다.

① ㄱ자로 앉기(Squarely) : 자신의 어깨가 상대방의 어깨와 90°로 L-위치에서 마주 보고 앉는다.

② 열린 자세(Open posture) : 웅크리고 있는 것이 아니라 어깨를 편 자세로 다른 사람에게 당신이 방어적이 아니라 열려 있다는 것을 나타낸다.

③ 앞으로 약간 기대기(Lean forward) : 상대방 쪽으로 약간 자세를 기울이는 것은 그 사람 말에 관심을 가지고 듣고 있으며 함께하고 있다는 것을 강조하는 메시지를 전달한다.

④ 시선 맞추기(Eye contact) : 응시하는 것이 아니라 부드럽게 시선을 마주치는 것은 상대방에게 관심이 있다는 것을 나타낸다.

⑤ 편안한 자세(Relax) : 긴장이 풀린 상태로 상대방을 대하면 상대방도 긴장을 풀 수 있게 된다.

(2) 따뜻한 대화 분위기

따뜻한 대화 분위기는 의사소통을 원활하게 하는 중요한 요소로 부드러운 말투, 미소 짓기, 반기는 제스처, 상대가 편안한 적절한 거리를 유지하는 것이다.

2. 경청 기술

1) 경청하기

다른 사람과 의사소통을 잘한다는 것은 다른 사람의 말에 귀를 잘 기울일 줄 안다는 것일 수 있다. 자신의 신념과 관심사는 뒤로 하고 상대방의 시각으로 바라보고 상대방의 관점에서 들으려고 노력하는 것이다.

경청한다는 것은 적극적으로 듣는 것, 적극적으로 참여하는 과정으로 상대방이 말을 할 때 가만히 앉아서 침묵으로 일관하며 열심히 듣는 것만을 의미하지는 않는다. 상대방이 전달하고자 하는 메시지를 완전히 이해하며 들을 수 있도록 때로는 대화를 개시하고 적절히 호응하며, 시의적절하게 간단명료한 질문을 하고 피드백을 주는 것이다(〈표 6-1〉 참고).

〈표 6-1〉 바람직한 경청 태도

바람직한 경청 태도	바람직하지 않은 경청 태도
1. 무언가 도움이 될 만한 것을 찾는다.	1. 흥미 없는 주제로 여긴다.
2. 전달자의 용모보다 메시지에 신경을 쓴다.	2. 전달자의 말솜씨, 용모 등에 신경 쓴다.
3. 판단하기에 앞서 말을 끝까지 듣는다.	3. 넘겨짚고 반박을 준비한다.
4. 중심 생각, 원리, 개념에 귀 기울인다.	4. 사실에만 귀 기울인다.
5. 2~3분간 들은 후 정리한다.	5. 들은 것은 모두 적으려고 애쓴다.
6. 듣는 동안 긴장을 풀지 않는다.	6. 메시지 전달자에 집중하는 척만 한다.
7. 주의 산만한 요인을 해결하려고 한다.	7. 주의 산만한 요인을 모른 척한다.
8. 어려운 내용을 듣기 위해 학습한다.	8. 어려운 내용은 피한다.
9. 자신에게 크게 신경 쓰이는 표현 장벽을 잘 알고 있다.	9. 신경 쓰이는 표현에 영향을 받는다.
10. 생각의 속도를 유리하게 이용한다. 요점 정리, 메신저 전달자의 증거 식별, 다음 발화 예측 등이 그 예이다.	10. 말의 속도(분당 100~300개 단어)와 생각의 속도(분당 800개 단어 처리)의 차이를 허비한다.

효과적인 듣기 기술을 향상시키기 위해서는 올바른 듣기 태도를 형성하는 것이 중요한 역할을 한다(구현정, 전영옥, 2007). 효과적인 경청을 위한 기술은 다음과 같다.

① 메시지 수신자는 이해하지 못한 부분에 대해 질문을 하고 피드백을 준다. 주요한 내용을 다시 확인함으로써 정확하게 의미를 이해하는 것으로 피드백을 할 때는 즉각적이며 정직하게 또 친절하게 해 주어야 한다(예: '잠깐만요, 제가 방금 말씀하신 부분을 잘 듣지 못해서 그런데 죄송하지만 다시 말씀해 주시겠어요?').

② 판단을 유보한다. 사람들은 전체 내용을 이해하기 전에 순간적인 인상으로 판단하는 경향이 있다. 그러나 '틀렸다, 나쁘다, 잘못됐다'와 같이 부정적인 판단의 말은 상대방에게 상처를 주고 방어적이 되게 하며 서로의 의사소통에 걸림돌이 될 수 있다. 따라서 판단은 주의하여야 한다.

③ 느긋한 메시지 수신자가 된다. 느긋하게 듣는다는 것은 상대방이 자신의 이야기를 충분히 표현할 수 있는 기회를 제공해 준다. 그래서 느낌과 의견, 요구를 이해할 수 있도록 여유를 가지고 주의를 집중해서 듣는 것이다.

④ 자기중심적인 단정을 피한다. 사람은 서로 다르기에 같은 현상을 보고도 다른 의견이나 생각 및 관점을 가질 수 있다. 그러므로 자기중심적인 관점에서 벗어나 상대방의 관점을 이해하도록 노력해야 한다.

⑤ 자극적인 단어에 대한 감정적인 반응을 피한다. 상대방이 부정적으로 화를 내서나 자극적으로 경솔하게 말하는 데는 그 이유가 있다. 모든 사람을 좋아할 필요는 없지만 나 자신도 상처 있는 사람인 것처럼 상대방도 힘든 과정을 겪는다는 것을 인식하면 감정적인 반응을 피할 수 있을 것이다.

⑥ 듣는 자세를 바르게 하여 경청한다. 말하는 사람과 눈을 맞추고 몸은 약간 기울인 자세로 적극적으로 경청하는 기술은 상대방의 말을 지지하고 강화하는 역할을 한다.

⑦ 주의가 산만하지 않게 자신을 통제한다. 다른 생각을 하거나 수시로 시계를 보거나 다른 주변 환경 등에 한눈을 파는 것은 상대방에 대한 예의가 아니고 의사소통에도 걸림돌이 된다.
⑧ 전달자가 암시하는 언어적 및 비언어적 실마리에 주목한다. 말하는 사람의 목소리나 얼굴 표정, 몸짓은 전달자가 하는 말 이면에 내포하고 있는 의미를 제공하는 것이므로 이해하고 주목해야 한다.
⑨ 자신의 언어로 바꾸어 듣는다. 상대방의 말에 대해 '그러니까 네 말은…' 또는 '내가 들은 것을 다시 말하자면…', ' 바꾸어 말하자면…' 등을 사용하여 자신의 언어로 바꿔 진술하면서 이해한 바를 확인한다.
⑩ 의사소통에 참여했을 때 상대방이 어떤 위치에서 어떤 자세로 말하는지 기억한다. 상대방이 전달하는 메시지를 잘 들으려면 상대방의 언어와 목소리, 얼굴 표정 그리고 자세를 통해 전체적으로 듣는 연습을 해야 한다.

2) 반영하기

반영은 상대방이 말한 내용과 느낌을 그대로 재진술하는 것으로 상대방을 이해하고 수용한다는 것을 보여 주는 방법이다.

(1) 내용 반영 : 재진술

상대방이 한 말을 듣는 사람의 말로 간결하게 요약하는 것이다. 이것은 듣는 사람이 상대방의 말을 이해하고 있다는 것을 보여 주는 데 도움을 준다.

(2) 느낌 반영 : 공감

느낌의 반영은 말하는 사람이 전달하고자 하는 감정을 간결하게 진술하는 것이다. 말하는 내용에만 집중함으로 정서적인 부분을 간과하지 않도록 노력해야 한다.

설명하고 있는 사건에 대한 메시지 전달자의 개인적인 반응은 대화의 중요한 부분이다. 말하는 사람의 느낌을 반영하는 것은 그들이 스스로의 감정을 이해하는 데 도움이 된다.

그리고 느낌과 감정은 다양한 방법으로 표현할 수 있다. 즉 '기분이 좋다, 침울하다, 화가 난다, 억울하다, 절망스럽다, 기쁘다, 행복하다, 포기하고 싶다.' 등과 같이 간단하게 표현할 수도 있고, '절벽 아래로 떨어지는 느낌이다, 내팽개쳐진 느낌이다, 덫에 걸린 것 같다, 뜬구름 위에 앉아 있는 느낌이다.' 등과 같이 세부적으로 표현할 수도 있다. 느낌을 반영하는 표현이 인지적인 측면에서 그치지 않기 위해서는 많은 연습이 필요하다.

(3) 의미 반영

대화 내용 중 경험에서 나오는 생각과 느낌 또는 의미를 묶는 것으로 가장 효과적인 듣기 기술이다. 한 예로 "난 정말 부모님 때문에 미치겠어요. 부모님은 제가 학교 성적도 전 과목 A를 받고 집안일도 돕고 아르바이트도 하길 원해요."라고 말할 때 "넌 지금 부모님이 지나치게 큰 기대를 하고 계시고, 그런 부모님의 요구가 합당치 않다고 생각하는구나."라고 반영하는 것이다.

(4) 요약적 반영

요약적 반영이란 대화의 핵심 주제와 느낌을 간략하게 재진술하는 것이다. 단순히 내용이나 감정을 반영하기도 하지만 생각, 내용, 감정, 의미 등을 결합한 반영 형태를 종종 취한다. 요약적 반영은 대화의 한 부분이 끝날 때 지금껏 한 말을 요약하여 결론을 짓거나 다음 주제로 자연스럽게 이어질 수 있도록 이끈다. 또 상대방이 한 말을 요약함으로써 그 대화를 확실히 이해했는지 점검하는 역할을 한다.

3. 의사 표현 기술

1) 의사 표현

(1) 의사 표현 메시지의 종류

① 관찰 : 개인의 추측이나 의견은 배제하고 감각기관을 통해 개인이 보고, 듣고, 읽고, 경험한 것을 자신에게 전달하는 객관적인 사실을 표현하는 것이다.

② 생각 : 개인이 관찰한 것을 종합하여 그에 대한 의견, 믿음, 이론과 같은 주관적인 추론을 표현하는 것으로 여기에는 좋고 나쁨, 옳고 그름, 다르다고 여기는 것 등 자신의 주관적인 가치 판단이 포함되기도 한다.

③ 감정 : 감정은 오감이 아닌 다른 방식으로 느끼는 것으로 기쁨, 노여움, 슬픔, 즐거움 등이다. 이는 관찰한 사실이나 생각 또는 의견과는 다르다. 예를 들어 "내가 노력한 대가가 고작 이 정도밖에 되지 않다니 너무 화가 난다."라고 표현하는 것이다. "나는 네가 보수적이라고 느껴."라는 표현은 감정 표현이 아니다. 그래서 "나는 네가 좀 보수적이라고 생각해."라고 표현하는 것이다.

④ 요구 : 사람들은 서로 다르기 때문에 표현하지 않으면 서로의 생각을 알아채기 어렵다. 그래서 요구를 표현하는 것은 원만한 관계를 위해 필수적이다. 먼저 상대방의 사정이 괜찮은지 확인하며 원하는 것을 구체적으로 분명하게 표현한다. 이때 기간, 비용, 순서 등을 명확하게 제시하면 상대방이 받아들이기 쉽다. 그리고 거절을 당해도 싫은 내색을 하지 말아야 한다.

(2) 나-전달법

나-전달법(I-message)은 나를 주어로 하여 상대방의 구체적인 행동과 그 영향을 비난적이지 않은 방법으로 전달하는 것이다. 문제 행동의 책임을 묻는 대신 최종 결정권을 상대방에게 남겨 두기 때문에 감정이 실린 강한 어조로 표현을 하더라도 방어적이지 않다. 즉 문제가 되는 특정 행동에 대한 구체적이고 분명한 묘사를 하고 다음에 그 행동으로 인해 내가 경험하는 감정과 그 행동이 내게 미치는 명백한 영향을 말하는 것이다. 경우에 따라서는 상대방이 불쾌감을 느끼지 않도록 하면서 그 행동에 영향을 줄 수 있도록 자신의 요구나 바람을 솔직하게 첨가하여 전달할 수도 있다. 예를 들어 이렇게 표현할 수 있다. ⓐ 나는 네가 오늘 약속 시간보다 30분이나 늦었을 때(구체적인 행동), ⓑ 정말 난감하고 당황했어, ⓒ 나 혼자 기다린 것도 아니고 여러 사람들이 스케줄을 재조정해야 했거든(명백한 영향), ⓓ 나는 네가 여러 가지 준비하느라 시간이 촉박했다는 건 이해하지만 기다리는 다른 사람들의 시간도 똑같이 중요하다는 걸 고려해서 약속을 지켜줬으면 좋겠어(나의 요구).

이러한 나-전달법을 그 표현법에 따라 다음과 같이 구분할 수도 있다.

① 자기개방적 표현 : 자기개방적 나-전달법은 자신의 생각, 감정, 의견, 기호, 혐오 등을 다른 사람에게 알리는 가장 기본적인 형태이다. 다른 사람이 나의 경험에 동조한다고 느껴질 때 쉽게 이루어진다. 그러나 상대방의 반대나 저항의 위험이 있을 때는 평가나 비판을 받을까 봐 자신을 표현하는 것이 훨씬 어렵고 불안하다.

② 주도적 표현 : 다른 사람의 비수용적 요구에는 '아니오', 수용적 요구에는 '예'라고 말할 때 사용하는 것으로 자신에게 책임이 없는 것처럼 하는 것이 아니라 개인적 책임감을 가지고 자신의 행동을 자기가 선택하는 것이어야 한다. 그리고 자기표현에 대해 결정하는 이유가 자신의 중요한 욕구와 가치관을 바탕으로 표현하여야 다른 사람이 자신을 이해하는 데 도움이 된다.

③ 예방적 표현 : 자신의 욕구를 충족시키기 위해서 다른 사람의 협조가 필요하다는 것을 알리는 나-전달법으로 미래에 일어날지도 모르는 갈등을 예방하는 방법이다. 그래서 '나는 ~을 원한다.' 또는 '나는 ~이 필요하다.'는 자기표현과 함께 '왜냐하면~' 하고 자기표현의 이유를 말하는 것이다.

④ 직면적 표현 : 자신이 다른 사람의 행동을 수용할 수 없을 때 사용하는 것으로 자신의 욕구를 충족시키는데 다른 사람의 행동이 방해가 된다는 것을 알

리는 것이다. 그래서 자신에게 문제가 되는 행동을 먼저 진술하고 그 행동이 자신에게 어떤 영향을 미치는지 진술한다. 그리고 그 행동 및 영향으로 인해 자신은 어떤 감정을 갖게 되는지를 말하는 방법이다.

(3) 너-전달법

너-전달법(You-message)은 나-전달법과 달리 상대방에게 문제를 돌리고 책임을 묻는 듯한 대화법으로 상대방의 기분을 상하게 하거나 방어적이 되도록 만든다. 상대방을 위해서 솔직하게 표현하는 것이라고 할 수 있으나 이렇게 너-전달법으로는 상대방을 변화시키기 어렵다. 예를 들어 ⓐ 넌 좀 솔직해질 필요가 있어, ⓑ 너 약속 시간 꼭 지켜라, ⓒ 밤 늦게까지 돌아다니지 말고 일찍 좀 들어와라, ⓓ 야(너)! 제발 늦지 좀 마라, ⓔ 넌 어쩜 그렇게 네 멋대로 행동하니, ⓕ 늦으면 늦는다고 전화 좀 해라, ⓖ 넌 이 상황에 그 말을 해야 되겠니 등의 표현들이다.

2) 효과적인 의사 표현

의사소통을 하는 데에 있어서 갈등이나 감정적인 어려움이 생길 수밖에 없는데, 이런 상황이 발생하였을 때 비난하는 습관, 흑백 논리로 판단하는 습관을 버리고 자신의 감정을 살펴 이를 받아들이고 솔직하게 표현하여야 한다. 흑백 논리 사고의 가장 큰 위험은 자신을 상대방의 반응에 대해 지나치게 민감하게 반응하도록 하여 정체성을 불안정하게 하는 것이다. 정체성을 잘 유지하기 위해서는 자신의 정체성 요소를 인식하고 다각화하며 상대방의 반응을 지배하려 하지 않아야 한다. 그리고 상대방의 반응에 대비하고 지금으로부터 3달 후, 10년 후를 상상해 본다(최세영 외, 2017).

(1) 목적, 역할 및 기대의 명료화

사람들 간에 좀 더 효과적으로 의사소통을 하기 위해서는 그 목적이 무엇인지, 서로의 역할은 무엇인지 그리고 의사소통을 통하여 얻고자 기대하는 것이 무엇인지를 먼저 밝히는 것이다. 서로 처음 만난 자리에서의 의사소통은 대상의 특성과 경험 내용에 따라 다를 수 있지만 조금 걱정스럽고, 불편하고 모호한 상태에서 이루어진다. 따라서 의사소통의 목적을 분명히 하고 자신의 역할과 상대방에 대한 기대감을 확실히 해야 불편감을 줄일 수 있다(서혜석 외, 2017).

(2) 질문

질문은 목적, 역할, 대화 내용을 명료화하거나 경험이나 정보를 나눌 때 또는 반응을 확인할 때, 집단 상호 작용을 촉진할 때 등 다양한 장면에서 사용할 수 있다. 그러나 "왜?"라는 질문은 자신의 행동을 설명하도록 요구하며 상대방을 방어적으로 만들 수도 있다. 개방형 질문은 더 정교한 정보를 얻어 내기 위해 자유롭고 개방적으로 표현하도록 돕는다. 반면에 닫힌 질문은 "어느 동네에 사세요?", "어느 학교에 다니세요?" 등과 같이 짧은 답을 유도하고 짧은 시간에 특수하고 중요한 정보를 얻을 수 있게 한다.

(3) 초점 맞추기

초점 맞추기는 어떤 부분을 강조하거나 집중적으로 다룰 때 사용하는 기술로 특별히 고려해야 할 핵심적인 내용을 선택하여 해결해 나가는 방법이다.

(4) 부분화

부분화는 초점을 맞춘 영역이 복잡하고 큰 경우 범위를 좁혀 좀 더 집중적으로 다룰 때 사용할 수 있는 기술이다. 다시 말해 토론의 과정에서 큰 문제이거나 관심사 또는 복잡한 현상들을 서로 간에 감당할 수 있을 정도로 작고 구체적으로 나누도록 하는 것이다. 부분화는 긴급하게 우선적으로 다루어야 할 명백하고 직접적인 문제와 밀접하게 연관된다. 문제를 대표하는 부분 소통에 대한 묘사, 대화의 초대, 두려움을 극복하고 처리해 낼 수 있다고 여겨지는 부분을 기준으로 다룰 수 있다.

예를 들어 "지금까지 두 분이 말씀하신 서로에 대한 불신감, 문화 차이, 성격 차이 등 심각한 문제라고 여기는 부분들을 모두 다루기에는 시간이 부족합니다. 우선 관심이 가는 영역을 골라 그 부분을 집중적으로 다루면 좋을 것 같네요."라고 부분화시키는 것이다.

(5) 정보 제공 또는 교육

효과적인 의사소통을 위해서는 개인 또는 집단의 목적 및 현재 상황과 관련 있는 정보를 적절하게 제공하는 기술이 필요하다. 다양한 지역사회 프로그램이나 서비스에 대한 정보를 제공하는 것을 예로 들 수 있다. 그러나 정보 제공은 그 정보의 수용, 거부에 대해 자유롭게 선택할 수 있는 여건에서 이루어져야 하며 객관적인 사실과 주관적인 의견을 분명하게 구분지어야 한다.

(6) 자기개방

적절한 자기개방은 의사소통을 원활하게 하는 데 중요하게 사용된다. 이는 의사소통의 목적과 관련이 있다. 상대방에게 도움이 될 것이라고 판단할 때 적절하게 개인적인 감정과 경험을 노출시켜 함께 나눌 수 있다.

(7) 재구성

재구성은 문제나 상황을 새로운 방식으로 보도록 하는 것을 돕는 방법이다. 정해진 구조에서 불편한 느낌을 인식할 때 사용한다. 이때 현재의 의사소통 구조를 바꿈으로써 효과적으로 대화를 이끌어 나갈 수 있다. 집단적 의사소통 과정에서는 집단원들이 의견을 나누고 스스로 특정 상황에 적합한 선택을 할 수 있음을 인식한다. 그리고 좀 더 긍정적으로 의사소통 패턴을 재구성할 수 있다.

(8) 직면

직면은 생각이나 감정 또는 행동을 나타내는 데 있어서 상호 간에 일치하지 않는 모순점이 있을 때 사용할 수 있는 기술이다. 상대방의 언행에서 모순을 직면할 때에는 온정과 관심을 가지고 직면해야 한다. 또한 직면 전후로 충분히 공감하고 지지하는 의사소통이 이루어지는 것이 바람직하다. 지지한 만큼 직면할 수 있다(이만홍, 황지연, 2007).

(9) 상황에 따른 의사 표현

① 상대방의 잘못을 지적할 때

상대방이 알 수 있도록 확실하게 지적한다. 상대방을 지적하기 전 상대방과의 관계를 고려해야 한다. 힘이나 입장의 차이가 클수록 저항이 적다. 지금 당장 꾸짖고 있는 내용에만 한정해야지 이것저것 함께 꾸짖으면 효과가 없다. 그리고 꾸짖은 후에는 뒤처리를 잊지 말아야 한다.

② 상대방을 칭찬할 때

칭찬은 상대방을 기분 좋게 만들지만 자칫 잘못하면 아부로 여겨질 수 있으므로 칭찬도 센스 있게 해야 한다. 예를 들면, 본인이 중요하게 여기는 것을 칭찬한다.

③ 상대방의 요구를 거절해야 할 때

먼저 사과한 다음에 응해 줄 수 없는 이유를 설명한다. 불가능하다고 여겨질 때는 모호한 태도를 보이는 것보다 단호하게 거절하는 것이 좋다. 정색을 하고 "안 된다."라고 딱 부러지게 말을 하면 상대가 감정을 갖게 되고 자칫하면 관계가 나빠질 수 있으므로 주의해야 한다.

④ 상대방에게 명령해야 할 때

"○○을 이렇게 해라." 식으로 강압적으로 말하기보다는 "○○을 이렇게 해 주는 것이 어떻겠습니까?" 식으로 부드럽게 표현한다.

⑤ 상대방에게 충고해야 할 때

사람들은 자신의 존재와 능력을 인정해 주고 칭찬해 주는 사람에게 마음을 열게 된다. 자신에게 부정적이거나 거부 반응을 보이는 사람에게는 결코 타협적이거나 우호적일 수 없다는 사실을 잊어서는 안 된다. 충고는 마지막 방법이다.

⑥ 상대방을 질책해야 할 때

질책할 때에는 샌드위치 화법을 쓴다. 먼저 칭찬의 말을 하고 질책의 말을 한다. 그다음에 격려의 말을 하는 것이다. 혹 비난을 하고 싶은 생각이 들 경우 비난하거나 야유하는 말은 결국 자신에게 다시 돌아온다는 것을 잊지 말아야 한다.

3) 설득력 있는 의사 표현

설득이란 상대방의 태도나 신념 또는 가치관을 자신이 원하는 방향과 일치시키거나 행동으로 옮기는 행위이다. 서로 공감대가 형성되면 말하는 사람이 행동이나 내용으로 듣는 사람의 적극적인 상상을 유도하여 교감을 이루고 설득하기 쉬워진다.

설득을 위해서는 논거의 명확성, 추론의 논리성, 견해의 공정성 등이 필요하다. 논거의 명확성은 주장하는 바가 뚜렷해야 하는 것으로 목적은 논리를 갖추는 것이다. 상대의 이해를 촉진시키고 자신이 말하는 내용에 동의를 얻기 위해서는 또 논리적이어야 한다. 그리고 추론의 논리성은 추론한 것이 논리정연해야 함을 뜻하는 것으로 추론 시 단정은 피해야 한다. 정확한 자료 없이 핵심적인 사항을 임의대로 해석해서 규정하는 것은 매우 위험한 일이다. 추론이나 단정에서 생기는 폐단을 막으려면 구체적인 사례를 들어 사실만 정확하게 전달하고 그것에 대한 판단은 상대방이 하도록 해야 한다.

(1) 신념 변화를 위한 설득

신념은 어떤 사건이나 일에 대해 개인들이 마음속에 참과 거짓 또는 옳고 그름을 믿는 것이다. 따라서 신념을 변화시키기 위한 설득은 어떤 사실에 대한 청중의 기존 신념을 더욱 강화하거나 바꾸거나 또는 새로운 신념을 위해 어떤 사실이 '참' 또는 '거짓'임을 입증하여 믿게 하는 말하기 방법이다.

개인이 가지고 있는 신념을 변화시키기 위해서는 말하는 이가 어떤 사실이 '참이다' 또는 '거짓이다'라는 주장을 먼저 하고 여러 자료를 동원하여 입증하면 된다.

(2) 태도 변화를 위한 설득

올포트(Alport, 1937)에 의하면 태도란 태도 대상과 상황에 관련된 사람의 반응에 직접적이거나 역동적인 영향력을 준다. 또 태도는 심적이고 생리적인 준비 상태로 경험을 통해 조직화된 것이라고 하였다. 사전적 의미로는 어떤 일이나 상황에 직면했을 때 가지는 입장이나 자세를 말한다.

태도를 변화시킨다는 것은 신념의 변화와 마찬가지로 말하는 사람이 듣는 사람의 태도 변화를 위해 주장을 펼치고 입증할 수 있는 증거들을 내세운다.

(3) 행동 변화를 위한 설득

행동의 변화를 위해서는 행동하는 사람이 그 행동에 대한 신념이나 태도를 가지고 있어야 한다. 개인의 행동이란 사람이 가지고 있는 신념이나 태도에 의해 결정되기 때문이다. 행동의 변화를 위해 설득할 때는 말하는 사람이 상대에게 행동 지침 등을 제시하여 좋은 생각을 실행에 옮기겠다는 믿음을 이끌어 내야 한다. 아무리 좋은 생각이라 하더라도 선뜻 실행에 옮기기란 쉽지 않다. 따라서 행동의 변화를 이끌어 내기 위해서는 공감을 했는지에 대한 정확한 파악과 행동으로 옮기지 못하는 이유를 알아서 그에 대한 해결책을 제시해 주어야 한다.

4) 갈등 해결 방법

자신의 욕구와 다른 사람의 욕구가 충돌할 때 서로 갈등을 일으키는데 사람의 욕구가 서로 다른 것, 또 이로 인해 갈등이 생기는 것은 당연한 일이다. 대부분의 갈등은 욕구를 충족시키기 위해 선택한 해결책에 대한 갈등으로 두 사람 사이의 욕구 자체에 대한 갈등은 아니다. 따라서 갈등을 어떻게 해결하느냐에 따라 앞으로 관계에 영향을 미치게 된다.

(1) 갈등 해결 방법의 유형

① 권위주의적 갈등 해결법 : 힘을 사용하여 상대방에게 해결책을 제시하는 것으로 힘이 약한 사람은 해결책을 받아들일 수밖에 없지만 권위자에게 화가 날 것이다. 그래서 원망과 적대감을 나타내게 된다.

② 허용적 갈등 해결법 : 힘을 가진 사람이 힘을 포기하고 상대방의 요구에 따르는 것이다. 같은 힘을 가진 경우에 힘을 포기한 사람은 무력감과 함께 상대방에게 미움을 갖게 된다.

③ 민주적 갈등 해결법 : 두 사람은 서로의 욕구를 충족시키는 방향으로 문제를 해결하기 때문에 서로 존중하는 마음이 생기고 상대방의 욕구에 관심을 갖게 된다. 장점은 두 사람 간의 관계에 손상이 없다.

(2) 가치 충돌 해결 방법

사람들은 다른 사람들과 좋은 관계를 유지하고 싶어 한다. 그래서 생활하는 가운데 자신의 행동이 중요한 사람에게 구체적이고 분명한 영향을 끼친다는 사실을 알게 되면 기꺼이 서로 수용할 수 있는 해결책으로 문제를 해결하거나 행동을 수정하고자 한다. 그러나 자신의 행동이 다른 사람에게 분명히 나쁜 영향을 주지 않는다고 느끼면 자신의 행동을 수정하거나 협상하려 하지 않을 것이다. 이것은 가치관의 충돌이라고 할 수 있다. 가치관의 충돌 시 가장 먼저 해야 할 일은 자신과 상대방의 실제적인 차이를 이해하는 것이다. 나-전달법과 반영적 경청은 이 차이를 이해하는데 가장 좋은 도구이다. 그런 다음 그 차이를 받아들일 것인지 아니면 그 차이를 해결할 것인지를 선택해야 한다(Linda, 1987).

가치관 충돌을 해결하려는 시도는 관계에 미치는 위험이 크다. 그러므로 스스로에게 '서로 간의 관계가 악화되는 대가를 치르더라도 서로의 가치관을 바꾸는 것이 중요한가?'를 질문해 보아야 하며, 서로 간의 가치관 차이를 수용하는 마음을 가져야 한다. 가치 충돌의 해결 방법은 다음과 같다.

① 자기수정 : 상대방과의 가치관 차이를 수용할 수 없다면 자신의 가치관을 재검토한다. 그리고 상대방의 가치관에 맞출 것인지 생각하고 시험한 후 상대방의 가치관을 수용하여 자신의 가치관을 변화시키는 것이다.

② 모방 학습 : 상대방의 가치관에 영향을 주는 방법으로 자신이 상대방에게 수용되길 원하는 가치관을 본보기로 보여 주는 것이다. 모델링은 자신의 가치관과 행동이 일치해야 하고, 가치관을 시범으로 보여 줄 때에는 확고하고 분명해야 한다. 때와 상황이 바뀌더라도 일관성 있게 해야 효과적으로 영향을 줄 수 있다.

③ 상담 : 상대방의 가치관에 영향을 줄 수 있는 방법으로 자신이 강화 혹은 약화시키고자 하는 가치관과 관련된 이점과 정보를 제공하는 것이다. 효과적인 상담자가 되려면 많은 자료를 준비하여 설득력 있는 제시를 하여야 하며 상대방의 질문과 반대에도 반영적 경청을 하여야 한다. 유능한 상담자는 지나친 잔소리꾼이 되거나 서로 간의 관계를 약화시키지 않도록 주의를 게을리 하지 않아야 한다(김진숙 외, 2017).

3부

다양한 대인관계와 의사소통

7장

가족관계와 의사소통

1. 가족의 의미

가족은 라틴어의 Familia, Famulus가 그 어원으로 Familia는 '재산 또는 노예'를 말하고 Famulus는 '집에 속하는 사람'을 의미한다. 그래서 가족은 일차 집단임과 동시에 같은 장소에서 공동생활을 영위하는 동거 집단, 혈족관계로 결합된 애정적 집단이다. 또한 경제생활과 공동의 재산을 공유하는 집단이며 언어, 가치관, 생활 양식, 태도, 관습을 익히고 습득하는 문화 집단이다. 그렇기에 가족은 사람의 성장과 발달에 가장 근원이 되고 운명적 집단이며 동시에 인격적이고 세속적인 집단이 된다.

올슨과 디프레인(Olson & Defrain, 2003)은 가족을 애정과 친밀감, 가치관, 의사소통과 자원을 나누는 집단으로 보고 가족 간의 정서적, 관계적 측면을 강조하여 정의하였다. 한편 오늘날에는 급속한 사회 변화 속에서 다양한 가족의 모습이 생겨나고 있다. 한부모 가족, 조부모 가족, 재혼 가족, 외동이 가족, 무자녀 가족, 기러기 가족, 입양 가족, 분거 가족 등 다양한 가족 형태가 있다. 따라서 현대적인 가족 정의는 다양한 가족 등장으로 인한 사회 변화를 반영해야 하는 문제를 가지고 있다(김정옥 외, 2015).

가족은 개인과 사회의 중간에서 대내외적 기능을 수행하는 집단으로 사회 변화와 밀접한 관련을 보이고 있다. 즉 사회 변화에 민감하게 반응하여 긴장과 갈등, 위기와 스트레스, 나아가 해체를 경험하기도 하지만, 동시에 어느 정도의 변화와 충격에도 끄떡도 하지 않는 강력한 관성을 지니고 있다. 그런가 하면 사회 변화에 미처 적응하지 못하거나 그에 앞서 변화하여 그 속도와 방향의 불일치로 인한 지체 현상을 보이기도 한다(함인희, 1995).

1) 가족의 특징

가족은 적어도 두 사람 이상이 모여서 생활하는 사회 집단으로 각종 사회 단체, 국가, 친척 등과 같은 사회 집단의 일종이나 이들과는 구분되는 특징들이 있다.

첫째, 가족은 일차적 집단이다. 쿨리(Cooley, 1911)는 개인들 간의 접촉 방식에 따라 감정적인 유대로 묶여진 사람들을 지칭하는 말로 일차적 집단과 이차적 집단으로 구분하였다. 가족은 일차적 집단으로 각 개인 상호 간에 친밀한 관계를 유지함으로써 일체감을 갖는다. 그 관계는 대면적이고 친밀하며 항구적으로 지속되고 구성원들은 하나의 공통된 전체 속에 융합되어 '우리'라는 강한 일체감을 유지한다. 이에 비해 이차적 집단은 공적인 성격을 띠는 사람들의 모임을 지칭하는 말로서 특정한 실용적 목적을 위해 모이는 경우가 많다.

둘째, 가족은 공동 사회 집단이다. 이에 대해 퇴니스(Tönnies, 1887)는 구성원 상호 간에 사랑과 이해로 결합되어 분열되지 않는 본질적인 결합의 관계를 가지는 공동 사회(Gemeinschaft)라고 하였다. 이는 가족원 간의 상호 신뢰를 바탕으로 정서·감정적 기초로 성립되는 관계이다.

셋째, 가족은 폐쇄적 집단이다. 가족 구성원이 되기 위해 어떤 자격이나 포기가 용이하지 않는 점에서 폐쇄적 집단이다.

넷째, 가족은 형식적인 집단이며 가족관계는 비형식적이다. 결혼의 법적 절차에 의해 부부관계가 성립되고 남편·아버지, 또는 아내·어머니로서의 지위가 자연히 규정되며 그 지위에 따른 역할이 기대된다. 동시에 가족 구성원 간 관계는 인간적인 감정으로 연결되어 어떠한 형식에도 얽매이지 않는 자유로운 사회 집단이다.

다섯째, 가족은 상호 관계적 규칙을 지니는 집단이다. 양육, 보호, 그 외의 모든 활동에 상호 관계적 규칙을 지니는데, 예를 들어 자녀를 양육하는데 일률적인 규칙을 적용할 수는 없음을 의미한다.

여섯째, 가족은 공동 목표를 추구한다. 자녀들에게 새로운 가족을 형성하고 개인의 정체감을 구축할 수 있도록 도와준다. 그리고 자원, 가치관, 친밀감을 공유하면서 삶의 질을 향상시키는 일 등 공동 목표를 추구한다.

일곱째, 가족은 매우 이질적인 성원들로 이루어진 집단이다. 남자와 여자, 성인과 아동 및 노인, 성장 배경이 같은 사람과 다른 사람들로 구성되어 있다(김정옥 외, 2015).

2) 가족의 기능

가족의 기능은 가족이 수행하는 역할, 행위로서의 가족 행동을 의미한다. 이러한 가족 행동의 결과는 가족원의 욕구 충족과 사회의 유지 존속에 영향을 준다.

① 성 및 애정 기능 : 일반적으로 결혼한 부부는 합법적으로 성과 애정이 인정되는 유일한 관계이며, 결혼은 남녀 간의 성적 욕구를 충족시키는 합법적인 제도로 인정받는다. 그래서 사회 질서 유지와 가족의 보호를 위해 부부 간의 성 관계를 제외한 모든 성행위를 규제하고 있다. 가족은 구성원들에게 사랑과 이해 및 안전을 보장해 주고 수용적이며 친절하고 애정이 넘치는 분위기에서 함께 생활한다.

② 자녀 출산의 기능 : 부부 간의 성생활의 결과로 자녀를 출산하는 생식의 기능은 가족만이 갖는 유일한 기능이다. 가족의 생식 기능은 그 사회의 구성원을 충원하여 유지·발전시키고 인류의 영구 존속을 가능케 한다.

③ 자녀 양육 및 사회화의 기능 : 가족은 자녀에게 사회생활 적응에 필요한 지식과 기술을 가르치며 건전한 사회인이 되도록 전인 교육을 담당한다.

④ 경제적 기능 : 대내적으로 생산과 소비의 기능을 하고 대외적으로는 노동력 제공과 분업에 참여하여 국가 경제에 기여한다. 이를 통해 개인은 생활을 보장받고 경제 질서를 유지한다.

⑤ 정서적 안정 및 휴식과 성격 형성의 기능 : 가족이 구성원에게 정서적 안정과 지지, 안식처로서의 기능을 수행할 때 가족원들은 유대감, 친밀감, 행복감이라는 개인의 욕구를 충족하게 된다. 오늘날 고도의 도시화, 산업화, 대중화의 상황 아래에서 개인은 육체적 피로뿐 아니라 불안과 긴장 속에 살게 된다. 이에 대해 하루의 피로를 풀고 서로에게 위안을 받는 가족의 기능은 노동력 재생산에 기여를 하는 것이다. 또한 부모와의 상호 작용을 통해 한 사람의 성격이 형성된다. 때로는 갈등의 원천이 될 수 있고 더 큰 괴로움을 주는 장소가 될 수 있기에 현대 가정에서 더욱 강조되는 기능이라 할 수 있다.

⑥ 사회적 지위 부여의 기능 : 가족은 인간이 최초로 태어난 곳이며 그 가족 내에서 사회적 지위를 부여받는다. 개인은 일생 동안 부모가 영위하는 가정에서 방위 가족의 경험과 자신이 결혼하여 이룰 생식 가족의 경험을 하게 된다. 또한 아들이나 딸, 형제자매의 역할을 수행하고 이 역할은 일생을 통하여 계속된다. 결혼으로 가족이 형성되면 남편, 아내라는 새로운 가족 역할이 부과되고 사회로부터 성인의 지위를 획득하게 된다.

⑦ 보호적 기능 : 보호적 기능은 질병과 상해와 같은 외적 위험으로부터 가족 구성원과 그 재산을 보호하는 것이다.

2. 가족의 유형

가족의 유형은 다양하게 분류할 수 있는데, 가족 구성원의 크기, 구성원 간의 유대관계, 의사소통 및 애정 교환 구조의 형태에 따라 유형화해 볼 수 있다(권석만, 2004).

1) 가족 구성원 크기에 따른 구분

가족 구성원 크기에 따라 핵가족, 확대 가족 그리고 수정된 핵가족과 수정된 확대 가족으로 구분할 수 있다.

핵가족은 가족 구성원의 최소한의 단위로 부부와 그 자녀로 이루어지는 가족이다. 그리고 확대 가족은 흔히 대가족이라고 부르며 조부모까지 포함된 3대 이상의 구성원으로 이루어진 가족이다. 수정된 핵가족은 외형상으로는 한 울타리 안에 살지만 실제로는 별개의 주거 공간을 마련하여 독립된 생활 양식을 유지하는 형태이다. 즉 한 건물의 아래위층에 살지만 식사는 각자 따로 해결하는 것과 같은 형태를 취하는 것이다. 반면에 수정된 확대 가족은 노부모와 자녀 가족이 각기 별개의 가구를 마련하여 근거리에 살면서도 마치 한 집에 사는 것처럼 왕래가 빈번한 경우이다.

2) 가족 구성원 응집력에 따른 구분

(1) 분산형 가족

분산형 가족은 응집력이 가장 약한 형태로 의사소통과 애정 교환이 매우 제한적으로 이루어지는 가정이다. 가족이 함께 모일 기회가 적고 서로에 대한 애정과 관심이 적은 경우이다. 구성원 각자가 가정 밖에 생활 영역을 마련하며 가정 밖에서의 대인관계를 통하여 정서적 지지와 애정을 공급받는 경우가 많다. 현대 사회의 가정이 이러한 특징을 많이 보인다. 아빠는 직장 업무로 늦게 퇴근하고 엄마 또한 직장이나 기타 사회 활동으로 부재중이며 자녀는 학교나 학원 과외, 또는 친구들을 핑계로 가족이 함께할 여유가 없는 경우이다.

(2) 분리형 가족

분리형 가족은 가족 구성원이 두 개 이상의 하위 집단으로 구성·분리되어 있는 경우이다. 한 지붕 두 가족 또는 세 가족처럼 아빠와 딸 혹은 엄마와 아들은 친밀한 관계가 형성되어 있으나 나머지 구성원 간의 응집은 약하다. 하위 집단 내에서는 유대가 돈독하지만 하위 집단 간에는 교류가 없거나 적대시하는 경우가 많다.

(3) 응집형 가족

응집형 가족은 바람직한 가정의 형태로 가족 구성원 모두가 서로에 대해 깊은 관심과 애정을 소유하고 있으며, 긴밀한 의사소통과 애정 교환이 이루어져 한 가족이라는 일체감을 지닌다(최세영, 한주빈, 오봉욱, 2017).

3) 새로운 가족 유형

최근 들어 생활풍속의 변화와 성 역할에 대한 의식의 변화, 여성의 취업 증가로 가족의 역할 및 형태가 변화하고 있다. 부부가 각기 직업을 갖고 사회적 활동을 하는 '부부 취업형 가족', 가족 내에서의 역할을 부부가 공평하게 분담하는 '역할 공유형 가족', 전통적인 가족에서의 남편과 아내의 역할이 뒤바뀐 '역할 전환형 가족' 등이 있다. 그리고 이혼, 별거, 사별 및 재혼의 증가로 인하여 한부모 가족, 조부모 가족, 계부모 가족, 재혼 가족 등이 증가하고 있다. 그런가 하면 결혼은 하지 않고 아이만 갖는 '싱글맘 가족', 자녀 교육을 위해 부부가 떨어져 한 부모만 자녀와 생활하는 '기러기 가족' 등 사회 전반의 급속한 변화로 인해 다양한 형태의 새로운 가족 유형이 늘어나고 있다. 따라서 새로운 가족 유형에 대한 사회 전반의 유연한 인식 전환과 함께 새로운 가족 유형의 특성과 문제점에 따른 제도적인 지원 및 정책 또한 마련되어야 할 것이다.

3. 부부관계와 의사소통

부부관계는 서로 다른 가정에서 자란 두 사람이 결혼을 통하여 맺게 되는 비혈연적 관계로 매우 밀접하고 지속성 있는 전인격적 관계이다. 부부는 인생에 있어서 가장 중요한 동반자로 그 관계는 화목한 가족관계의 뼈대이며, 한 개인의 행복을 결정하는 가장 중요한 대인관계다(권석만, 2004).

결혼 생활은 지금까지 자라 온 환경이나 경험이 다른 두 남녀가 공동생활로 수많은 결정과 적응의 어려움에 직면하게 된다. 특히 결혼 초기의 긴장과 갈등은 사회적, 경제적, 종교적, 교육적 배경이 서로 유사하지 않을 경우에 더 심하다. 배경들을 서로 공유하고 있다 하더라도 결혼 생활은 긴장과 갈등이 존재할 수밖에 없으며, 가치관 차이와 경제적 어려움은 부부 상호 간의 정서적 안정을 해치고 상호의존의 느낌을 더욱 감소시킨다. 이뿐만 아니라 부부 각자의 부모들의 요구도 결혼 생활의 어려움을 증가시킨다(김태련, 장휘숙, 1996).

1) 부부관계의 특성

가족의 기본은 부부로부터 시작된다. 그러므로 부부관계가 건강해야 그 가족이 건강하게 세워질 수 있다. 건강한 가족 안에서 양육되고 성장한 자녀는 결국 사회의 일원으로서 건강한 사회를 만들어 갈 수 있게 된다. 이렇게 중요한 역할을 하는 부부관계의 특성은 다음과 같다.

첫째, 부부는 각자 서로 다른 환경에서 성장하고 만남으로 이루어졌기에 두 사람의 서로 다른 역사와 가치관을 병합하여야 한다. 부부는 각자의 생각과 감정, 생활 습관을 병합하면서 모든 영역에서 협의를 이루어 나가야 하는 관계이다.

둘째, 부부관계는 자발적임과 동시에 법적 근거를 가지고 있다. 서로 간에 자발적인 선택과 결정에 의해 이루어지지만 법적으로 묶어져 있는 관계이므로 자의적으로 탈퇴할 수 없는 관계이다.

셋째, 부부는 촌수가 없는 한몸의 관계이다. 가족관계에서 다른 가족은 모두 촌수가 존재하지만 부부관계는 무촌으로 좋을 때는 완전한 하나를 이룰 수 있으나 관계가 깨지면 상관이 없어지는 양면성을 가지고 있다.

넷째, 부부관계는 과거와 현재와 미래를 공유하는 관계이다. 현재의 삶은 과거의 추억과 미래의 목표를 하나로 공유해 나갈 때 질적으로 향상되고 발전해 나갈 수 있다.

2) 부부관계의 중요성과 적응

부부관계는 한 가정의 행복과 불행을 나누는 잣대가 될 수 있으므로 다음과 같은 관계의 중요성을 알고 잘 적응해 나가야 한다.

첫째, 부부관계는 행복한 삶을 위해 다른 어떤 관계보다 우선되어야 한다. 부부관계보다 자녀와의 관계를 우선시한다거나, 자녀의 교육을 위해 부부가 떨어져 살게 되면 부부관계가 소원해질 수 있다. 행복한 부부 사이에서 건강한 자녀를 양육할 수 있으므로 무엇보다 부부관계를 우선시하여야 한다.

둘째, 부부관계는 사회 전체에 영향을 미친다. 가정이 사회 공동체의 기본이 되므로 건강한 부부관계는 건강한 사회의 기초를 제공하게 되는 것이다. 부부관계가 건강하지 못하면 가정이 깨질 수 있고 이로 인해 자녀 문제, 청소년 문제, 이혼 문제 등 사회의 다양한 병적 문제를 야기할 수 있다.

셋째, 부부관계는 자녀의 심리적, 정서적, 행동적 특성에 영향을 준다. 부부관계가 건강하여 밝고 행복한 분위기를 만들 때, 이 환경에서 자란 자녀는 심리·정서적으로 안정되어 건강하게 성장하게 된다. 반면에 부부관계가 불안정하여 자녀를 등한시하게 되면 자녀는 분노의 감정과 부정적 정서를 갖게 된다. 이로 인해 이 자녀는 사회생활에도 부적응적인 양상을 보일 수 있다.

이처럼 행복한 부부관계를 이룬다는 것은 매우 중요하지만 모든 일이 저절로 이루어지지는 않는다. 복잡하고 다양한 여러 상황 가운데서 적응을 위한 수많은 노력을 통해 만들어지는 것이다. 즉 경제적 문제, 종교, 애정 표현 방법, 친구관계, 성관계, 생활 철학, 도덕과 관습에 관한 처신, 자신 또는 상대방의 부모를 대하는 방식 등 수없이 많은 문제들을 대할 때 서로 간의 의견 차이를 이해하고 수용하며 조화시켜 나가야 한다.

3) 부부관계에 영향을 미치는 요인

성공적인 부부관계를 위해서는 많은 요인들이 영향을 미친다. 지난 30년간 결혼 만족과 관련된 메타 분석 결과에 의하면, 결혼 생활 만족도에 영향을 미치는 요인으로 의사소통, 갈등 해결 방법, 분노 및 스트레스 조절, 부부의 성(性), 원 가족과의 관계, 역할 분담 및 자녀 양육 등이 있다(김희진, 2004). 또 다른 연구에서는 우울, 자존감, 갈등 대처 방법이 여성의 부부관계 만족도 변화에 통계적으로 유의하였고, 남성의 경우는 자존감과 갈등 대처 방법만이 유의한 것으로 나타났다(박병선, 배성우, 2011). 그리고 서미아(2014)는 중년기 부부 적응에 영향을 주는 요인으로 의사소통 부족으로 인한 부부 갈등, 긍정 감정, 가사 분담 및 자녀 양육과 관련한 성 역할 태도, 부부 상호 간의 애정 표현이 영향을 미친다고 하였다.

남인순과 박영신(2015)은 중년 여성의 부부 갈등 요인에 대해 연구하였는데 대표적 원인은 성격 차이, 시댁과의 갈등, 이해관계 부족이라고 하였다.

한편 최규련(2015)은 부부관계에 영향을 미치는 결혼 전후 요인에 대해 설명하였는데 이에 대해 살펴보면 다음과 같다.

(1) 결혼 전 요인

결혼 전 요인은 첫째, 각자가 살아온 가족 배경이 중요한 영향을 미친다. 부모의 부부 생활은 자녀에게 모델로 작용하는 것이다.

둘째, 결혼하는 사람의 연령과 성숙도에 따른 영향이다. 결혼 연령이 너무 낮으면 부모 됨의 준비 부족, 원하는 직업을 갖지 못함으로써 오는 적은 수입, 정서적 미성숙, 자아인식의 결핍, 개인적 발달의 성취 부족, 경우에 따라서는 교육 기회의 제한과 그에 따른 교육 수준의 저하 등으로 결혼 생활에 어려움을 겪게 된다.

셋째, 결혼 전 교제 기간으로 인한 영향이다. 교제 기간이 충분하면 서로에 대한 성격이나 생활 습관 등 여러 가지 파악할 기회가 많을 뿐 아니라, 서로에 대한 기대와 목표를 공유하고 있으므로 갈등 유발 가능성이 낮아진다. 그리고 갈등이 생겨도 효과적인 의사소통을 통해 더 원만하게 해결할 가능성이 높다.

넷째, 서로에 대한 충분한 이해와 순수한 사랑의 동기이다. 어떤 조건 때문이 아니라 순수한 사랑이 동기가 되고, 공통된 흥미와 목표가 결혼 동기로 작용했을 때 성공적인 결혼 생활을 이루게 된다.

다섯째, 혼전 임신 여부로 인한 영향이다. 준비되지 않은 혼전 임신일 경우는 결혼에 대한 강요와 압박감, 덫에 걸린 것 같은 후회감, 결혼 생활 준비 부족, 교육이나 직업 계획 차질 등 부정적인 영향으로 더 어려움을 겪을 수 있다.

여섯째, 결혼에 대한 부모의 동의 문제이다. 부모의 동의를 받고 결혼한 부부는 결혼 생활 중 어려움에 직면하였을 때 부모로부터 격려와 지지를 받을 수 있다. 그러나 부모 동의 없이 결혼하고 어려움이 생기게 되면 이것이 오히려 부부관계의 악화를 가져오는 부정적 위협 요인이 된다. 따라서 부모의 동의를 받았을 때 더 행복하고 성공적인 결혼 생활을 할 수 있게 되는 것이다.

(2) 결혼 후 요인

결혼 후 요인은 첫째, 부부의 태도와 관련된 것으로 부부 중 한 사람이 일방적이거나 지배적이고 경쟁적이며 비하하는 태도를 보이면 결혼 생활이 실패할 가능성이 높다.

둘째, 부부 간의 관심사나 흥미의 유사성이다. 부부 간에 공통된 취미를 갖거나 관심사가 일치할 때 함께할 기회가 많아지고 서로를 이해하고 공감할 가능성이 높기 때문이다. 교육 수준, 사회경제적 지위, 성장 지역, 종교 등의 문화적 배경이 유사하면 가치관, 역할 기대, 일상적 상호 작용의 측면에서 일치감이 높아 갈등 요인이 감소한다. 또한 가족, 자녀, 사랑, 종교, 철학 등에 공통된 관심을 두는 경우가 돈, 명예, 향락 등에 관심 두는 부부보다 결혼 생활에 성공 가능성이 높다.

셋째, 안정적인 친인척 관계이다. 시집 식구와의 조화로운 관계는 아내의 임무처럼 되었는데, 남편도 처가 식구와 좋은 관계를 맺는 노력이 필요하다. 친인척 관계가 좋으면 더 안정되고 성공적인 부부관계가 되기 때문이다.

넷째, 경제적인 요소로 비교적 안정되고 적절한 수입이 제공되면 부부 간의 갈등이 줄어들고 성공적인 결혼 생활로 이어질 확률이 높다. 반면에 수입이 불충분하고 불안정할 때는 부부 간의 갈등과 불화가 많아지고 결혼 생활 실패의 원인이 되기도 한다.

다섯째, 종교 활동에 함께 참여하는 부부가 더 성공적인 결혼 생활을 하는 것으로 알려졌다. 종교는 부부관계의 성공에 기여하는 가치와 일치되고 함께할 기회가 많아짐으로 부부 공통의 활동과 동료감을 증가시키기 때문이다.

4) 부부 간 의사소통

부부 간은 어떤 대인관계보다 친밀한 관계여야 한다. 부부 간 친밀한 관계의 행동적 표현은 언어적, 비언어적 의사소통으로 나타난다. 너무 친밀하기 때문에 객관적인 판단이 결여될 수도 있으며, 소통의 장애가 발생하기도 한다. 많은 연구에서 부부 의사소통은 성공적인 결혼과 관계가 있고 부부 간의 의사소통의 실패는 불행하거나 실패한 결혼 생활에서 거의 공통적으로 나타나는 현상으로 볼 수 있다(유옥, 조숙, 2014). 또한 부부 간의 의사소통은 결혼 만족도와도 높은 상관관계가 있다(Gottman, 1993; Heavy, Christensen, & Malamuth, 1995; 박태영, 1998; Robert, 2000; Belkin & Goodman, 1980; 김희진, 2004). 또 부부 간의 의사소통에는 일반적인 차이가 있는데, 남편은 아내의 이야기를 차분히 들어주지 못하고 대화를 지배하며 중단시키고 주제를 바꾸는 경향이 있다. 남편에게 대화는 문제 해결책을 나누는 방법으로 객관적 사실과 정보를 주고받고 아내의 이야기에 답을 주려고 한다. 반면 아내는 개인적 관계를 위한 감정적인 지지와 공감을 얻기 위해 주관적인 대화를 하게 되므로 구체적인 경험을 상세하게 이야기하게 된다. 따라서 아내는 남편에게 많은 이야기를 하고 싶어 하고 남편이 잘 경청해 주기를 원하나 자기표현 기술의 부족으로 인해 대화 부족을 더 많이 경험하게 되는 것이다. 이렇게 남편과 아내는 대화 특성이 다르므로 서로 대화를 하는 방법을 이해하고 인정하는 것이 필요하다. 그리고 서로 간의 부족한 점을 보완해 주고 긍정적인 대화를 할 수 있도록 노력해야 할 것이다.

(1) 부부 간 의사소통의 장애 요인

부부 간의 의사소통에 장애가 되는 것은 말을 하지 않아도 모든 것을 알 수 있고 알아야 한다고 생각하는 것이다.

채프먼(Chapman, 1938~)은 『다섯 가지 사랑의 언어(*The 5 Love Languages: The Secret to Love That Lasts*)』(2004)에서 결혼 생활 중 사랑을 표현하는 데 그 의미 전달이 잘 안 되는 것은 서로 다른 사랑의 언어를 사용하는 것을 간과하기 때문이라고 하였다. 그가 말한 5가지 사랑의 언어에는 '인정하는 말', '함께하는 시간', '선물', '봉사', '스킨십'이 있다. 부부 간에 자신이 좋아하는 사랑의 언어를 배우자가 알고 배우자가 좋아하는 것을 자신이 알고 있을 때 서로의 의사는 소통하게 된다는 것이다. 그런데 자신이 좋아하는 언어만 사용하고 상대방이 좋아하는 언어를 사용하지 못한다면 부부 간의 깊은 의사소통이 이루어지지 않고 두 사람 간에는 불만이 쌓이고 갈등이 생긴다는 것이다.

한편 선행 연구에 의하면 우리나라 부부들의 의사소통 방식은 결혼 만족도의 상호성과 관계가 높았다. 즉 부부의 자존감, 갈등 상황 중 갈등 무시 행동, 갈등 시 사용하는 의사소통 방식과 갈등 대처 행동은 자신뿐 아니라 상대방의 결혼 만족도에까지도 영향을 준다는 것이다(박영화, 고재홍, 2005).

스티넷 등(Stinnett et al., 1984)이 말한 부부 간 의사소통 장애 요인은 다음과 같이 정리할 수 있다.

① 부부 간의 문화적 차이가 있다. 부부 개인은 성장하면서 경험한 사회경제적, 지역적, 종교적 환경 등에 따라 자신의 독특한 가치관이나 행동 유형을 습득하게 된다. 따라서 다른 문화와 환경에서 성장한 두 사람의 결혼은 여러 측면에서 차이를 나타내게 되는데 의사소통 유형에서도 차이를 나타낸다.

② 남녀에 대한 사회문화적 기대가 다르므로 성 역할에 대한 학습에 있어서도 차이가 난다. 요즘은 많은 변화가 있기는 하나 전통적으로 남성은 노선석, 공격적, 적극적, 성취 지향적인 특성을 기대하는 반면 여성은 수동적, 의존적, 애정적, 정서적인 특성을 기대해 왔다. 이렇게 성 역할이 내면화된 남녀의 행동 유형은 부부관계에서도 나타나 부인은 남편에게 표현적, 지지적 행동을 요구하나 남편들은 표현하기를 어색해 한다.

③ 간접적인 의사소통은 의도하는 바를 확실하게 표현하지 않고 암시만을 보내 수신자로 하여금 참뜻을 파악하기 힘들게 한다.

④ 언어 사용의 차이는 같은 단어의 의미가 다르게 사용되어 의사소통에 장애가 발생한다. 그리고 같은 말이라도 표현되는 억양에 따라 의미를 달리 받아들일 수도 있다.

⑤ 지나친 일반화나 불확실한 가정이 의사소통을 곤란하게 한다. “모든 사람은 다 똑같을 것이다.” 또는 “인간에 관한 어떤 사실들은 모든 사람에게 다 적용될 것이다.” 등의 왜곡된 일반화는 의사소통에 장애가 된다. 또 부부 간에는 감정과 태도를 반드시 같이해야 한다거나 과거에 일어난 일이나 현재에 일어난 일은 변화될 수 없다고 하는 것, 자신은 정확하게 검토하지 않고 배우자의 생각과 감정을 안다고 생각하는 것 등도 의사소통에 장애가 된다.

⑥ 선택적 인지는 경직된 태도로 다른 사람의 행동을 받아들일 때 일어난다. 이전에 습득된 주관적 생각을 고집하고 변화를 거부하며 이미 가지고 있는 견해와 반대되는 사실에 대해서도 인정하지 않으려 한다. 부정적인 면이나 견해를 강조하는 선택적 인지는 의사소통뿐만 아니라 대인관계를 불만스럽게 만든다.

⑦ 모순적 의사소통은 한 사람에 의하여 내용이 다른 두 가지 이상의 메시지가 보내지거나 언어적 메시지와 비언어적 메시지가 서로 다를 때 발생한다. 이와 같이 역기능적 이중 구속 메시지가 계속될 때 혼란스러워지며 더 나아가서는 병리적인 현상까지 야기할 수 있다.

⑧ 혼자 말하는 독백은 자신만이 상대방에게 말하고 상대방에게는 생각이나 감정을 나타낼 수 있는 기회를 주지 않기 때문에 좋은 방법이 아니다.

⑨ 방어적 의사소통은 일반적으로 다른 사람으로부터 위협을 느낄 때 취하는 행동이다. 방어적인 행동은 상대 배우자를 이해하려고 하기보다 자기를 보호하려고 하며 상대방의 이야기에도 방어적 청취를 하게 된다. 방어적일수록 상대방의 감정, 요구, 의도를 덜 정확하게 인지하게 되는데, 이는 의사소통의 장애 요인이 된다(최세영 외, 2017, 재인용).

(2) 부부 간 성공적 의사소통

부부 간에 독단적이고 방어적인 의사소통은 관계를 악화시키지만 성실하고 지지적인 의사소통은 관계를 촉진시킨다. 부부 간의 성공적인 의사소통을 위한 방법들은 다음과 같다.

① 긍정적 마음을 가져라 : 상호 간의 인성, 신뢰, 존중, 이해를 토대로 부부 간에 긍정적인 마음을 가지고 소통해야 한다.

② 상호 간에 존중하라 : 부부 간에 상호 존중을 솔직하게 표현하면 위협을 느끼지 않으므로 방어적 의사소통도 감소하게 된다. 배우자를 존경하는 마음이 있으면 비록 의견이 어긋나고 모욕적인 말을 하더라도 상대방에게 화를 내는 일은 적어진다.

③ 공통의 준거 틀을 가져라 : 비슷한 문화적 배경을 가진 부부는 경험, 생각, 태도 등이 비슷하기 때문에 준거 틀이 유사하여 의사소통이 더 잘된다. 그러나 과거의 생활 경험이 다르면 같은 사건에 대해서도 견해가 다를 수 있는데 서로의 준거 틀을 이해하면 불일치를 극복할 수 있다.

④ 경청하라 : 잘 들어준다는 것은 상대방의 말과 함께 감정도 듣는 것으로 아무리 강조해도 부족하지 않다. 이는 상대방의 메시지에 대하여 흥미를 가지고 있으며 존중하는 것을 나타낸다. 그러므로 상대방은 자신의 생각이나 감정을 더 잘 표현하게 된다.

⑤ 메시지의 의미를 확인하라 : 불명확한 메시지에 대한 부정확한 해석은 오해와 갈등의 원인이 됨으로 의사소통의 내용 및 방법에 대한 의사소통, 즉 재확인을 하여 그 의미를 정확하게 파악하여야 한다.

⑥ 공감하라 : 잘 경청하는 방법 중 하나인 공감은 부부 간 사소한 일에서도 배우자의 감정, 분위기, 요구에 대한 이해를 높여 준다. 공감의 정도가 높아지면 언어적 의사소통 없이도 배우자의 내적 감정 상태를 알 수 있다.

⑦ 상대방의 감정을 알고 있다는 것을 알려라 : 감정이 언제나 논리적이지는 않다. 배우자가 자신의 감정 상태, 특히 부정적 감정 상태를 알려 준다면 부정적 감정은 해소될 수 있을 것이다.

⑧ 자신의 의견을 분명히 말하라 : 상대방의 기분을 상하지 않게 한다는 명분 아래 말하는 것을 피하는 것을 삼가야 한다. 이는 상대방을 공격하는 것이 아니라 자신의 감정을 표현하는 것으로 직접적으로 표현해야 한다.

⑨ 자기노출을 하라 : 상황에 따라 적당한 자기노출을 하여야 하는데 표현 방법에 유의하여 부정적 감정도 긍정적으로 표현할 수 있어야 한다(Stinnett et al., 1984).

4. 부모-자녀 관계와 의사소통

부모와 자녀의 관계는 대인관계에서 가장 혈연적인 관계이다. 이로 인한 본능적 애착이 강한 관계로서 독특한 양상을 나타냄과 동시에 사회적 관계이기도 하다. 자녀가 태어나 처음으로 사회적 관계를 맺는 가정 환경은 자녀가 어떤 사람으로 성장하는가를 결정하는 중요한 변수가 된다(김정옥 외, 2015; 최혜경, 2015; 엄태완, 2008; 송혜경, 2001). 해가 갈수록 사회적 연장자에게 무조건적 순종을 요구하던 풍조는 줄어들고 있다. 그러나 부모와 의사소통 중에 자녀의 말은 종종 말대꾸로 취급되며 무시되거나 거부당하고 있다. 따라서 부모와의 의사소통을 개방적으로 형성 및 유지할 수 있는 구체적인 방안의 연구와 지속적인 관심 그리고 가정 문화의 재조성이 필요하다. 가정 내에서 이루어지는 개방적인 의사소통이야 말로 올바른 대인관계를 형성할 수 있도록 돕는 기초가 되기 때문이다.

1) 부모-자녀 관계의 특징

부모-자녀 관계는 부부관계와 아울러 가족관계의 중요한 영역으로 부부관계뿐 아니라 자녀와도 조화로운 관계를 유지하여야 한다. 부모가 자녀에게 관심을 보이고 충분한 시간을 함께 보내며 필요한 때에는 기꺼이 지원할 때 자녀는 부모가 자신을 돌보고 있음을 느낀다. 이것은 형제-자매 관계, 높은 자존감, 학업적 성공 그리고 적절한 도덕적 발달과도 관계가 있다(Rice, 1979).

(1) 혈연적인 관계

가장 일차적이며 가장 본능적인 애착이 강한 관계이다. 선택의 여지없이 숙명적으로 주어지는 관계로서 싫든 좋든 평생을 유지해야 하는 관계이다.

(2) 수직적이고 충족적인 관계

부모와 자녀는 20~40여 년의 나이 차이와 함께 능력과 경험에 현저한 차이가 있다. 그러므로 자녀는 일방적으로 부모를 따르고 의존해야 한다. 부모 역시 어린 자녀를 일방적으로 보호하고 양육해야 하는 지배적인 위치에 있다. 이런 점에서 서로 불평등한 자격과 위치에서 일방적인 상호 작용이 일어나는 수직적인 관계이다.

(3) 인격 형성에 중요한 관계

부모와의 관계는 자녀의 입장에서는 최초로 맺는 대인관계로 부모의 양육을 통해 자녀는 성격을 형성해 간다. 또 부모의 입장에서 자녀는 사랑의 결실이자 자신의 피를 물려받은 분신과 같은 존재이다. 따라서 거의 본능적이고 무조건적인 애정으로 자녀를 보호하고 양육한다.

(4) 교육의 장

자녀는 부모를 통해 사회의 기본적인 적응 기술을 배운다. 그리고 부모는 자녀들에게 사회의 도덕적 규범과 가치를 가르친다. 즉 가장 기본적인 사회화 과정이 부모와 자녀의 관계 속에서 일어난다. 따라서 부모는 자녀가 닮아 가는 동일시의 대상이며 인생의 모델이 된다.

(5) 세월에 따른 관계 속성 변화

자녀가 어릴 때는 일방적인 의존적 관계이지만 자녀가 성장해 가면서 의존적 관계에서 독립적 관계로 변화해 간다. 특히 자녀가 청소년기에 접어들면 자녀는 부모의 보호나 통제에서 벗어나려 하여 변화와 갈등이 초래된다. 그러다가 자녀가 성숙해 감에 따라 부모는 노쇠해 가며 오히려 부모가 자녀에게 의존하게 되고 자녀는 부모를 부양해야 하는 위치에 서게 된다(최세영 외, 2017).

2) 부모의 양육 태도와 가족의 상호 작용

부모-자녀 관계는 부모의 성장 환경에서의 경험과 성격뿐 아니라 현재의 부부관계 및 직장과 같은 사회적 환경에 의해서 영향을 받는다. 그리고 가족생활 주기에 따라 부모-자녀 관계도 변화한다. 자녀의 개인적 성장 발달과 함께 부모의 역할에 대한 인식도 변화하기 때문이다(정현숙 외, 2002).

세계 어떤 나라에도 뒤지지 않을 정도로 우리나라의 교육열은 높다. 반면에 가정에서 기르치고 보여 주어야 할 부모의 역할은 소홀히 하는 경향이 있다. 학교가 하지 못하는 부분을 감당해 주어야 할 부모의 역할이 있으며 부모의 양육 태도는 자녀에게 중요한 영향을 미친다.

(1) 부모의 양육 태도 유형

① 민주적인 부모(Democratic parenting) : 민주적인 양육 태도를 가진 부모는 분명한 규칙과 기대를 설정하고 이것에 대해 자녀들과 논의한다. 비록 자녀들의 관점을 이해한다 해도 부모의 기준을 강요하는데 이유와 권위를 사용한다. 심리적으로 건강하고 행복한 아이들이나 학교생활에 성공하는 아이들은 대체로 균형을 이룬 가족, 민주적인 부모 밑에서 성장하는 것으로 보고된다(Kouneski, 1996).

② 권위적인 부모(Authoritarian parenting) : 권위적인 부모는 상당히 엄격한 규칙과 기대감을 갖고 이것을 자녀들에게 강요한다. 이러한 부모들은 자녀들이 순종하기를 기대하고 요구한다. 가족이 결속되어 있는 정도가 아주 끈끈하게 밀착되어 있거나 구조화되거나 완강한 틀에서 융통성을 지니는 가족 체계에서 가능하다. 이러한 유형이 더욱 강력해지면 가족은 상당히 밀착되어 있는 불균형의 가족으로 변할 가능성이 높다. 이 유형은 자녀가 권위에 반항하는 청소년기일 때 문제가 많이 발생한다.

③ 허용적인 부모(Permissive parenting) : 이 유형에서 자녀들은 부모의 규준에 맞추어 행동하도록 강요받는 일이 드물며, 자녀들의 생각이 더 우선적으로 고려되는 경우가 많다. 따라서 혼란스럽게 밀착된 체계로 갈 가능성이 많아 자녀들이 심리적으로 건강하지 않을 수 있다.

④ 거절하는 부모(Rejecting parenting) : 부모가 거절하는 태도를 가질 때 자녀들이 어떻게 행동하는지에 관해 기대가 적거나 자녀의 욕구에 그다지 관심을 보이지 않게 된다. 자녀들은 부모로부터 사랑과 보호를 받고 있다는 느낌을 갖기 어렵고 미성숙하거나 심리적인 문제를 가질 수 있다.

⑤ 관여하지 않는 부모(Uninvolved parenting) : 이 유형의 부모는 자녀를 무시하거나 부모의 활동에 방해가 되지 않는 한 자녀의 기호대로 행동하도록 내버려두는 경향이 있다. 자녀들은 정서적 지지도 받지 못하고 일정한 규칙이나 기대도 부족한 상태로 방임되어 문제가 지속될 가능성이 높다(최세영 외, 2017).

(2) 부모의 바람직한 양육 태도

부모의 바람직한 양육 태도는 다음과 같다.

첫째, 부모의 행동 양식은 자녀에게 매우 큰 영향을 미친다. 심리학자들은 약 10개월쯤 된 아이의 옹알이는 부모가 사용하는 언어의 억양과 소리가 그대로 반영되고, 가정의 분위기는 물리적 환경보다 심리적 환경이 더 많이 영향을 미친다고 말한다. 특히 6세 이하 때에 부모는 아이의 거울로 작용되므로 부모는 자신들의 심리적 상처가 무엇인지 점검할 필요가 있다.

둘째, 부모는 화목한 삶의 모범을 보여야 한다. 부부의 화목은 가족 전체의 화목을 이끄는 열쇠가 된다. 화목한 가정생활이 영위될 때 자녀들은 심리적 안정감을 가지게 되는 것이다.

셋째, 애정적 분위기를 조성해야 한다. 애정이 결핍된 사람들에게서 나타나는 두드러진 특징 중 하나는 정서적으로 안정감이 없다는 것이다. 정서의 산소라고 불리는 애정은 일차적으로 가정에서부터 공급된다. 자녀를 맹목적인 사랑이나 감시가 아닌 이해와 절제된 사랑으로 대할 때 균형 있는 자녀로 성장할 것이다. 사랑은 받아 본 자만이 사랑을 줄 수 있다.

넷째, 자녀에 대한 부모의 지도는 일관성이 있어야 한다. 부모가 감정에 좌우되어 변화무쌍하거나 어머니는 항상 까다롭고 아버지는 느긋하여 갈피를 잡을 수 없다면 교육에 일관성이 없어진다. 아이가 잘못해서 어머니가 체벌하고 있는데 아버지는 무조건 괜찮다고 한다면 문제가 된다. 가정에서 올바른 가치관을 가지고 일관성 있게 지도하면 때로 자녀들이 엉뚱한 생각을 하거나 행동을 하다가도 되돌아오게 된다.

다섯째, 10대 자녀를 창의적으로 대해야 한다. 10대 자녀는 적은 양의 도파민(dopamine)을 지닌 뇌를 변화시키고 있다(Forbes et al., 2012). 그리하여 높은 비율의 위험 행동 즉 흡연, 음주, 위험한 운전, 약물 사용, 비행, 모험, 위험한 스포츠, 반항 행동, 성행위 등에 참여할 가능성이 높다(Becker, 2010). 또 신기성 추구(seeking novelty), 또래 영향, 유전 요인, 뇌 기능 등은 청소년의 취약성을 설명하는 요소이다. 따라서 부모와 10대 자녀 간의 갈등은 돈과 독립 문제 등으로 자주 일어나게 되어 양육자로서 이전과 다른 도전들을 제기한다(문은식 외, 2018).

10대 자녀와의 갈등을 줄이기 위한 제안들은 다음과 같은 것들이 있다.

① 부모가 자녀를 비난하기보다 좋아하는 것을 자녀가 할 수 있도록 하여 모범적인 행동을 한 것에 대해 인정해 준다.

② 부모는 자녀의 일부 행동을 무시하고 싶을지라도 필요시에는 직접 개입하여 다루어야 한다. 예를 들어 성행위 등에 따른 문제가 있다.

③ 10대 자녀가 어떤 문제에 직면했을 때 최대한 경청하고 자녀 대신에 결정하는 것을 피하며 정보를 제시한다. 예를 들어 어느 고등학교, 어느 대학에 응시할 것인지는 자녀가 결정할 일이다.

④ 높은 활동 수준(high activity levels)에 대하여 인내한다. 지속적으로 음악을 높은 소리로 듣고 오랜 시간 동안 친구와 통화하는 행동 등을 보일 수 있다.

⑤ 10대 자녀와 함께 레저 활동에 참여한다. 자녀와 함께 캠핑이나 여행하기, 영화 보기, 식사하기 등을 통해 그들이 의사소통하는 맥락과 환경을 허용한다.

3) 부모–자녀 간 의사소통

(1) 부모–자녀 간 의사소통 장애 요인

부모와 자녀는 상호 역할이 다르고 세대 차이로 인해 의사소통이 원만하지 못한 경우가 많다. 연구에 의하면, 부모–자녀 간 역기능적 의사소통은 청소년의 우울감과 자살 생각에 직접적인 영향을 미침과 동시에 우울감을 통해 자살 생각에 간접적인 영향도 미치는 것으로 나타났다(이근영, 최수찬, 공정석, 2011; 최혜경, 2015). 이처럼 중요한 부모–자녀 간 의사소통에 있어서 장애가 되는 요인들을 살펴보면 다음과 같다.

첫째, 부모가 자녀의 정서 상태나 능력을 고려하지 않고 원하는 것을 일방적으로 이야기하는 것이다. 자녀는 이에 대해 부모의 요구가 부당하다고 주관적으로 판단하며 부모를 비난만 하고 수용하지 않는 것이다.

둘째, 세대 차이로 인한 단어 사용의 차이가 있다. 세대 간에 달리 사용되는 단어나 그 의미를 정확하게 이해하지 못하면 오해가 빈번하게 일어난다.

셋째, 부모의 권위주의적이고 독단주의적 태도이다. 권위주의적 부모의 태도를 자녀는 자신이 무시당하는 것으로 생각하고 일방적인 지시로만 여기게 된다.

넷째, 자녀는 부모의 상태나 행위에 민감한 반응을 보인다. 부모의 감정이 나쁠 때는 좋은 결과를 기대하기 어렵다는 판단 아래 의사소통을 주저하게 된다.

다섯째, 부모의 부정적인 대화 방법이다. 협박, 비난, 욕설, 설교, 명령, 경고의 대화 유형은 자녀로 하여금 반발을 느끼게 하고 반항하게 만들어 원활한 의사소통이 이루어지지 않는다.

여섯째, 부모는 자녀들을 이해하지 못한다고 생각하는 자녀들의 편견이다. 부모는 자녀보다 연장자로서 생활 경험이 많으며 양육자이기 때문에 부모의 견해를 강력하게 피력하는 반면 자녀는 자기 자신을 부모에게 이해시키려고 하기보다는 부모는 자신을 이해하지 못한다고 단정 짓고 의사소통의 필요성을 부인하게 된다.

일곱째, 자녀의 자아 긍정성 결여이다. 자아 긍정성이 낮은 자녀는 부모와의 관계에서 위축되고 불안 의식이 유발되어 편안한 의사소통이 이루어질 수 없다(김순옥, 1993).

(2) 부모-자녀 간 효율적 의사소통 방법

① 적극적으로 경청하기 : 부모와 자녀 간의 대화에서 특히 중요한 것은 '경청'이다. 자녀의 이야기를 조용히 들어주는 태도는 '너의 생각이 어떤지 듣고 싶구나!', '너의 느낌을 받아 줄게.'라는 비언어적 메시지를 전달하게 되어 자녀의 생각과 마음을 알 수 있게 해 준다. 성급한 판단으로 자녀의 말을 끊어버리지

말고 자신의 문제를 충분히 설명할 수 있도록 기다리며 적극적으로 '경청'해 주는 것이다.

② 반응 보여 주기 : 부모는 자녀가 말을 할 때 맞장구치며 고개를 끄덕이거나 미소를 짓는 등의 비언어적 표현이나 "아, 그랬구나.", "정말?", "어머나!", "너무 화가 났겠다.", "정말 힘들었겠구나." 등의 언어로 반응을 보여 준다. 자녀의 이야기를 열심히 듣고 있다고 느낄 수 있도록 언어적 또는 비언어적 표현으로 반응할 필요가 있다.

③ 말과 감정을 공감해 주기 : 자녀가 말할 때 부모가 자신의 감정을 말로써 공감해 주면 자녀는 자신의 말을 부모가 진심으로 받아들인다고 느끼게 된다. 부모는 충고나 질문 등은 피하며 자녀의 말과 감정을 공감하기 위해 때론 자녀의 말을 그대로 반복해 준다. 예를 들면 자녀가 "친구들이 나를 미워해서 정말 화가 났어."라고 할 때 "친구들이 너를 미워한다고 느껴져서 정말 화났겠구나."라고 말해 주는 것이다.

④ 나-전달법으로 표현하기 : 나를 주어로 시작하여 어떤 상황에 대한 책임을 상대방에게 미루지 않고 자신의 느낌으로 전달함으로써 상대방에 대한 직접적인 공격을 피할 수 있다. 자녀에게 자신의 생각과 느낌의 원하는 바를 이야기하고 자녀의 생각과 느낌의 바라는 것을 들어준다. 이를 통해 부모는 자녀의 잘못된 행동을 비난하는 것이 아니라 잘못된 행동으로 인한 부모의 마음을 부드럽게 표현함으로써 자녀 스스로가 잘못된 행동의 문제점을 파악하고 수정해 나가는 효과를 얻을 수 있다.

⑤ 자신의 감정 알아차리기 : 부모가 자녀에게 화가 났을 때 대화에 있어 한 박자 쉬어 가는 것이 좋다. 이때 화를 통제하려면 자신의 감정이나 기분을 그대로 받아들여 주는 것이다.

5. 형제-자매 관계와 의사소통

형제-자매 관계는 가족 안에 둘 이상의 자녀가 형성하는 수평적 관계로 자녀의 사회화에 의미 있는 영향을 미친다. 혈연을 매개로 하기에 쉽게 분리되거나 변화되지 않으면서 가끔 경쟁자가 되거나 분열하여 갈등관계에 놓이기도 한다. 그러나 대부분의 경우 친구로서 또는 교사와 학습자로서 보호자와 의존자의 역할을 행함으로 깊은 유대관계를 형성한다. 그리고 개개인의 인성 발달에 영향을 미치고 결혼 이후에는 가족의 범위를 확산시키며 노년에 이르기까지 상호 의존할 수 있는 의미 있는 관계이다. 여기서는 형제-자매 관계의 특성과 함께 의사소통에 대해 살펴보겠다.

1) 형제-자매 관계의 특성

형제-자매 관계는 개인이 선택할 수 있는 것이 아니며 서로에 대한 정서적 규제나 속박은 없지만 상호 영향력은 매우 크다. 많은 시간을 함께 보내면서 유전자, 가족, 사회적 계층, 역사적 배경을 가장 많이 공유하는 존재인 동시에 가족관계 네트워크로 평생 연결되는 존재이기 때문이다(최세영 외, 2017).

형제-자매 관계는 가족관계의 한 하위 영역에 속하지만 부부관계나 부모-자녀 관계와는 다른 다음과 같은 특성을 지닌다.

첫째, 형제-자매 관계는 같은 부모의 피를 물려받은 혈연적 동료관계이다. 때문에 선택의 여지없이 부여된 관계이며 가입과 탈퇴가 불가능하고 부모의 유전자를 함께 물려받았기 때문에 여러 가지 유사성을 지닌다.

둘째, 형제-자매 관계는 수직적 요소와 수평적 요소가 복합된 대인관계이다. 형제자매는 나이 차이가 다양할 수 있지만 출생 서열에 따라 위계가 정해지는 수직적인 관계이다. 이렇게 불평등한 역할이 주어지는 위계적 관계이지만 대부분 나이 차이가 많지 않기 때문에 함께 커 가고 함께 늙어 가는 수평적 관계이다.

셋째, 형제-자매 관계는 의식주를 함께 나누며 가족과 함께 동고동락하는 운명

공동체이다. 가족의 일원으로서 변화를 함께 겪을 뿐 아니라 같은 부모 밑에서 성장하고 생활하는 공통적인 체험과 입장을 공유한다. 따라서 서로를 가장 잘 이해하고 공감할 수 있는 상대이기도 하다.

넷째, 형제-자매 관계는 인생에서 가장 오랜 기간 유지되는 관계이다. 출생과 더불어 관계가 시작되고 나이가 유사하기 때문에 거의 평생 동안 관계가 지속된다. 친구관계와는 달리 일차적인 관계이기에 혹시 불편한 관계라 하더라도 끊을 수 없는 관계이다.

다섯째, 형제-자매 관계에는 경쟁적인 요소가 있다. 부모로부터 공급받는 모든 것을 나누어 갖는 위치에 있어 부모는 흔히 자녀를 서로 비교하고 그러한 평가에 따라 애정과 물질적 보상을 달리해 준다. 따라서 형제-자매 관계는 서로 비교하며 우월의식과 열등의식을 느낄 수 있는 경쟁적인 요소가 내포되어 있다.

여섯째, 형제-자매 관계는 형제자매의 성별, 수, 나이 차이 등에 따라 매우 복잡하고 다양한 형태를 나타낸다. 또한 부모의 특성에 따라서 더욱 복잡한 양상을 띠는데 크게 형제관계, 오빠-여동생 관계, 자매관계, 누나-남동생 관계로 구분될 수 있다(권석만, 2004).

2) 형제-자매 간 갈등

형제-자매 간에는 같이 놀 기회가 많고 서로 즐기며 돕기도 하고 때로는 갈등을 일으키거나 싸우기도 한다. 애정이나 미움이 반복되어 쉽게 이를 조정하기도 하고 저항하기도 한다(김정옥 외, 2015). 형제-자매 간 갈등에는 다음과 같은 특징들이 있다.

(1) 부모의 양육 태도

형제-자매 간 갈등은 부모의 자녀 양육에 대한 태도, 즉 일관성과 관련된다. 부모가 일관성이 없을 때 형제자매는 싸움을 통해 원하는 바를 쟁취하기 쉽다. 그러나 부모가 명확한 규범에 따라 일관적으로 중재할 때 서로 간 갈등은 적어진다. 형제-자매 간 갈등이 많은 이유는 공간, 사물, 흥미 등의 일정한 한계 내에서 오래 같이 있기 때문이다. 밀접한 관계에서 세밀하게 관찰하고 불공평을 경험하게 되면 갈등을 느끼기 쉽다(최세영 외, 2017).

(2) 출생 순위적 위치

형제-자매 관계는 순위적 위치를 가지고 태어나며 자녀가 여러 명 출생함에 따라 그 지위나 위치에 변화를 맞게 된다. 예를 들어 첫째 자녀는 처음 혼자일 때는 외동 자녀로 취급받고, 동생이 태어나면 그 위치를 장 자녀로 바꾸어야 한다. 차 자녀도 동생이 없을 때는 막내 자녀이나 동생이 태어나면 중간 자녀로 옮겨진다. 장 자녀가 외동 자녀로서의 위치를 상실하는 시기가 부모의 애정에만 집중하지 않아도 될 정도로 터울이 크다면 별다른 문제가 생기지 않을 수 있다. 그러나 터울이 크지 않다면 위치 상실에 대항하기 위해 퇴행하거나 어른의 주의를 집중시키는 행동 기술을 개발하게 된다.

(3) 부모 대리자로서 훈육

장 자녀는 부모 대리자로서 때때로 동생을 훈육하는 역할을 맡는다. 흔히 동생에게 강제로 명령하고 업신여기는 역할로 자리 잡기 쉽다. 그래서 장 자녀는 주로 도구적 지도자로서 역할을 하고, 막내 자녀는 표현적 또는 정서적 지도자로서 행동하는 경향이 많다. 또한 장 자녀는 언어 능력이 높고 지배적이며 지능 면에서 종합력, 추상력, 판단력, 내적 집중력이 강하다. 반면에 동생들은 분석적이고 분화적이며 판단력이 부족하고 외향적이며 동조 현상이 많은 성향을 띤다(이영분 외, 2015).

3) 형제-자매 간 역할

(1) 놀이 및 공부 친구

형제-자매 간의 가장 큰 이점은 함께 지낼 수 있고 놀 수 있는 시간이 많다는 것이다. 혼자 노는 것보다 함께 노는 것이 더 창조적이고 재미있다. 이처럼 같이 놀고 서로의 필요를 인식하면서 강한 애착을 느끼고 미래의 사회적 상호 작용에 대한 준비를 하게 된다. 아동은 놀이를 통해 각자의 경험을 반영하고 해석하며 나름대로의 의미 있는 관계를 형성한다. 또 협동심과 지적 기술을 개발하는 데 형제-자매 간 놀이는 매우 효과적이다(김정옥 외, 2015).

(2) 교육자 및 학습자

형제-자매는 의식적 또는 무의식적으로 서로를 가르친다. 일반적으로 형이 동생을 가르치는 입장이 되고 행동으로 시범을 보이며 여러 강화 행동을 통해 동생의 행동을 조정한다. 어느 사회에서나 장 자녀는 어린 동생의 가장 좋은 교사가 된다. 장 자녀는 형제자매 중 가장 권위 있고 능숙하며 어린 동생들을 가르치는 것을 가장 큰 임무로 삼는다. 학습 과정 중에는 행동 촉진이라는 것이 있는데, 좋은 교사는 학생들이 자유롭게 학습하도록 그들의 주위 상황과 임무를 잘 배당하는 것이다. 그러므로 동생에게는 형이나 언니가 이런 촉진자 역할을 한다. 이는 마치 교사의 역할을 하는 것과 같다.

(3) 보호자 및 의존자

장 자녀는 자신의 동생을 괴롭히는 친구로부터 보호하게 되는데, 이때 동생은 형이나 언니에게 의지하게 된다. 따라서 동생이 형이나 언니에게 의존하는 정도는 매우 호의적이다.

(4) 적이나 경쟁자

형제-자매 간의 경쟁의식과 질투는 당연한 것이다. 형제들끼리의 갈등이 더 심각하나 자매들 역시 그 형식은 다를지라도 심각하게 싸우는 경우가 많다. 대부분의 장 자녀는 동생을 방해자로 느낀다. 부모들은 동생을 가지게 되면 장 자녀의 정서적 충격을 덜어 주기 위해 많은 노력을 한다. 하지만 장 자녀는 혼자일 때 받은 애정을 모두 빼앗기는 것 같아서 질투심을 느끼게 된다.

4) 형제-자매 간 의사소통 및 관계 증진

형제-자매 관계에 미치는 부모의 영향력은 매우 크기 때문에 부모의 역할 또한 중요하다. 형제-자매 간 의사소통 및 관계 증진을 위한 부모의 역할에 대해 살펴보면 다음과 같다.

첫째, 형제-자매 간 부정적 감정을 무시하지 말고 인정해 준다. 부모는 형제자매들이 서로에게 느끼는 부정적 감정을 인정해 주도록 한다. 그러나 이때 감정을 허용하는 것과 행동을 허용하는 것은 구분할 수 있어야 한다. 자녀들이 서로에게 해를 입히지 않고 자신들의 분노를 표현할 수 있는 방법을 가르쳐 주는 것이 필요하다.

둘째, 형제-자매 간 적개심(불만)을 창조적으로 표현할 수 있도록 유도한다.

셋째, 화가 나고 속상한 마음을 안전하게 표현하는 방법을 가르쳐 준다.

넷째, 서로 비교하면서 꾸짖지 말고 문제점을 정확히 지적해 준다.

다섯째, 칭찬을 할 때에도 비교하면서 칭찬하지 않는다.

여섯째, 성장한 형제-자매 간에는 양보하고 배려하는 의사소통이 이루어지는데, 이때 부모와의 갈등을 함부로 표현하지 않는 것도 중요하다.

6. 고부관계와 의사소통

시어머니와 며느리 간의 관계는 우리나라에서 가족 간 가장 힘든 관계 중의 하나이다. 전혀 다른 환경과 상황에 있던 남남이 상하로 만난 수직적 관계인 데다, 한 남자의 사랑을 쟁취하여야 하는 내면의 심리전이 있게 되면 더욱 어려워진다. 따라서 서로 존중하고 배려하는 마음이 가장 필요한 관계이다.

1) 고부 간 갈등

과거에는 며느리의 일방적인 수용과 인내로 표면화되지 않았던 문제가 현재는 점차 표면화되면서 고부 갈등은 더 심각해지기도 한다. 고부 간은 서로 전혀 다른 삶의 방식, 교육관, 환경 속에서 살던 사람들이 만나 가족관계를 형성함으로 서로 문화적 충돌이 있을 수 있다. 그런 데다 각자의 다른 기대치로 인해 작은 일에도 갈등이 유발된다. 그리고 고부 간 서로 애정을 뺏기고 쟁취하는 사람으로서 관계 문제와 함께 아들과 남편 역할의 입장에 선 남자의 처신, 즉 세 사람의 성격과 의사소통 방식, 심리적 건강성에 따라 갈등의 깊이는 달라진다. 이와 더불어 가족 탄력성과 원 가족과의 분화 정도가 갈등의 유의한 영향 변인으로 나타났다. 어려움에 처했을 때 자신이 이를 극복해 낼 수 있는 역량이 있는지, 가족 분화 정도가 영향을 미치고 있음을 인식하여야 한다(이선미, 2017). 이렇듯 고부 간 갈등이 발생하는 원인은 다양한데 여기서는 유영주 등(2013)이 제시한 5가지 갈등 요인에 대해 살펴보겠다.

(1) 권력 구조

고부 간에는 경제권, 가사 처리권, 대소사 주도권 및 자녀 양육권 등을 내포하는 주부권을 둘러싸고 갈등이 일어날 수 있다. 현대로 오면서 과거 절대적으로 권력을 행사하던 시어머니의 권한이 현저히 쇠퇴하고 며느리에 대해 의존적이고 협조적인 관계로 전환되고 있어 이러한 변화 가운데 고부 간의 갈등이 일어나고 있다.

(2) 역할 구조

전통적인 가족에서 며느리의 가장 큰 의무는 시부모 봉양과 자손의 출산이었다. 그러나 현대에 와서는 며느리로서의 역할보다 아내와 어머니로서의 역할에 더 큰 비중을 두는 경향이 있다. 따라서 여전히 며느리로서의 역할을 통해 받기를 원하는 시어머니는 불만을 느끼게 되고 이 가운데 갈등이 유발된다.

(3) 애정 구조

어머니의 아들에 대한 사랑은 절대적이라고 할 수 있다. 그런데 며느리를 맞이하게 되면 어머니에게 향하던 아들의 관심이 줄어들게 될 수밖에 없다. 어머니는 그 애정을 며느리에게 빼앗겼다고 생각하고 며느리를 경쟁자로 보게 된다. 아들에 대한 관계가 밀착되어 있다면 더욱 심할 수 있을 것이다. 남편보다 아들을 더 의지하고 사랑한 시어머니라면 며느리는 자신의 사랑을 뺏어 간 대상이 되는 것이다(배선희, 김순옥, 2001; Bryantetal, 2001).

(4) 세대 차이

시어머니와 며느리는 각기 다른 시대에 태어났으므로 생리적, 심리적, 사회적 특성이 다르고 생활 환경이 다르므로 의식이나 가치관에서도 차이가 있게 된다. 이로 인해 자녀 양육이나 가정 문제 등 다양한 갈등이 표출된다.

(5) 이해관계

나이가 들어 노쇠한 부모는 아들 부부에게 의존하게 되고 이것이 고부 갈등의 새로운 원인이 되고 있다. 과거에는 부모 부양이 당연시되었으나 오늘날은 어느 정도의 대가를 받을 수 있다고 생각할 때 시부모를 부양하려는 마음을 갖는 경향이 있다. 이러한 변화로 인해 이해관계에 따른 갈등이 유발된다.

2) 고부 간 갈등 해결 방안

(1) 고부 간 의사소통

고부 간의 갈등은 사회 구조적인 문제, 가족 시스템, 당사자 간의 문제 등 여러 가지 요인이 있겠지만, 먼저 시어머니와의 갈등 속에서 감정적인 반응이 아닌 명확한 의사소통이 필요하다.

① 칭찬하기 : 서로에게 단점이 있지만 어떻게 생각하는냐에 따라 받아들이는 태도가 달라진다. 서로 긍정적인 면을 보고 적극적으로 칭찬하는 시간을 통해 관계를 가깝게 할 수 있다.

② 역할 구분하기 : 시어머니와 함께 사는 경우는 서로의 역할에 대해 분명하게 구분을 지을 필요가 있다. 서로 좋아하는 일, 싫어하는 일, 잘하는 일에 대한 기준을 세워 분담하고 서로 협조의 대상이 되는 것이 필요하다.

③ 생각 표현하기 : 과거에는 무조건 참아야 한다는 사고가 지배적이었지만 적극적으로 자신의 의견을 말하고 소통하는 것이 좋다. 직신적인 표현보다는 나-전달법을 사용하도록 한다.

④ 서로 거리 유지하기 : 좋은 관계를 유지하려면 서로 거리를 유지하면서 조금은 어렵게 생각해야 한다. 시어머니의 지시적이고 일방적인 명령조는 며느리에게 큰 스트레스가 될 수 있고, 며느리가 시어머니에게 신중한 말과 행동을 하지 않는다면 예의가 없어 보일 것이다. 서로 어려울 수밖에 없음을 당연하게 여긴다면 덜 서운할 것이다(김은영, 2016).

(2) 개인적 노력

고부 간의 갈등을 해결하기 위해서는 당사자들의 개인적 노력뿐만 아니라 가족적 차원과 사회 구조적 차원에서 생각해 보아야 한다. 고부 간의 갈등을 해결하기 위해서는 다음과 같이 시어머니와 며느리 그리고 아들이 모두 노력하여야 한다.

첫째, 시어머니는 과거에 자신이 수행했던 며느리 역할과 같은 기대를 내려놓고 자신을 스스로 재사회화하는 자세가 필요하다. 성숙한 시어머니가 되도록 자신을 개발하는 노력이 필요하다.

둘째, 며느리 입장에서의 노력이다. 시댁과 시어머니에 대한 부정적인 선입관을 버리고 보다 긍정적 인식과 태도를 가져야 한다. 자신의 생활 방식에 따라 시어머니를 조정하기보다는 시어머니의 입장에서 이해하여야 한다.

셋째, 아들은 아내와 어머니 각각의 불만에 대해 공감하고 동시에 그들의 특성, 과거의 배경 등을 이해시켜 서로에 대한 오해와 마찰을 없애는 등 융통성을 지니고 중립적인 입장을 견지함으로써 고부관계를 원만하게 유도한다.

(3) 가족 전체의 노력

고부 갈등은 동거 시 더욱 심하다. 그리고 고부 갈등은 결혼 만족도에 영향을 미쳐 가족 전체의 삶의 질에까지 영향을 미치게 된다(김재경, 2013). 특히 시부모가 연로하거나 여건상 서로 독립된 세대를 유지할 수 없을 때 다음과 같은 가족 전체의 노력이 더욱 요구된다.

첫째, 서로 독립된 세대가 어렵다면 어느 정도 자유로운 생활을 영위하면서 살 수 있는 준 동거 형태를 생각할 수 있다. 즉 여건에 따라 부모와 자식 세대가 가까운 곳에 살면서 왕래하여 친밀감을 유지할 수 있는 수정 확대 가족이나, 한집에 같이 살더라도 각각 자신들의 공간을 유지할 수 있도록 위층과 아래층으로 생활 구분을 하는 수정 핵가족의 유형도 생각할 수 있다.

둘째, 동거 시 더욱 융통성 있는 가족 역할을 배분해야 한다. 동거하는 경우 무엇보다 가사 분담이 중요하다. 직장 생활 유무, 시간과 능력, 경험, 좋아하는 일, 싫어하는 일, 잘 하는 일 등 상황에 따라 적절하게 기준을 세워 일을 분담하고 서로 협조의 대상이 되게 한다.

셋째, 가족 전체가 서로 이해하고 도우려는 의식이 필요하다. 남편 등 전체 가족들이 협동과 의사소통을 통해 문제를 해결하려는 집단적 노력이 필요하다.

(4) 사회적 차원의 노력

고부 갈등의 문제는 가정 내에 한정된 문제가 아니라 많은 여성들이 당면한 문제이기도 하다. 따라서 다음과 같은 사회적 차원의 다양한 지원이 필요하다.

첫째, 노인을 위한 지역의 다양한 프로그램들에 고부관계 개선을 위한 실질적인 의사소통 기술과 방법 등을 소개하고 활성화하여 성숙된 인간관계를 맺을 수 있도록 지원한다.

둘째, 경로 효친 사상을 현대적 의미에서 교육시키고, 대중 매체 등에서도 건강한 고부관계의 모습을 제시하여 건강한 가족 문화가 정착하도록 하여야 한다.

8장

친구 및 이성관계와 의사소통

1. 친구관계와 의사소통

1) 친구의 의미

우리는 인생을 살면서 다양하고 많은 사람들을 만나게 되는데, 그 많은 모든 사람들과 의미 있는 관계를 맺고 살기는 힘들다. 그러나 사람들마다 그 정도가 다를지라도 소수의 사람들과는 더 잦은 만남과 친밀한 관계를 유지하게 된다. 이렇게 서로를 잘 알고, 마음과 뜻이 통하며 정을 느끼는 관계가 친구인 것이다. 이런 친구는 마음속에 의미 있고 소중한 존재가 된다.

(1) 친구의 정의

친구의 사전적 의미는 '오래도록 친하게 사귀어 온 사람'이라고 정의된다. 이러한 친구와 나누는 정다운 애정을 우정이라고 한다. 우정은 연인에게 느끼는 낭만적 사랑이나 가족에게 느끼는 가족애와는 구분된다. 데이비스와 토드(Davis & Todd,

1985)는 우정과 사랑에 관한 가설적 모델을 개발하였다. 그는 기본적으로 친구관계는 두 사람이 서로 호혜적 관계로 기쁨, 수용, 믿음, 존중, 상호 지원, 신뢰, 이해, 자발성 요소가 포함된다고 하였다. 즉 '함께 있으면 즐겁다.', '있는 그대로 수용한다.', '서로 깊게 신뢰한다.', '서로 존중한다.', '서로 도와주고 믿을 수 있다.', '서로 비밀이 없다.', '서로 이해할 수 있다.', '있는 그대로 내보일 수 있다.' 등이다.

우정과 사랑은 두 사람 관계의 특징으로 구분할 수 있다. 상대방에 대한 체험과 태도가 중요하다. 우정과 사랑은 매우 유사하며 많은 공통점을 지닌다(Davis & Todd, 1985). 그러나 낭만적 사랑에는 '열정'과 '보호'라는 요소가 추가되어 있다. 즉 열정은 '매혹적이다.', '성적 욕망을 느낀다.' 등의 경험을 의미하며, 보호는 '그대를 위해 무엇이든 할 수 있다.', '우리는 무조건 한편이다.'라는 태도를 의미하는 것이다. 낭만적 사랑을 경험하는 부부나 애인은 친구에 비해서 상대방을 훨씬 더 매혹적으로 느낄 뿐 아니라 '이 세상에 오직 하나뿐인 존재'라고 느끼는 정도가 더 강했다(김중술, 1994).

친구에 대한 규범적 정의는 없으나 친구는 어떠해야 한다는 생각은 개인의 주관적 신념으로 친구관계에 많은 영향을 미치게 된다.

(2) 친구의 특성

친구관계는 가족, 연인, 직장 동료와는 구분되는 것으로 다음과 같은 몇 가지 특성을 갖는다.

첫째, 대등한 위치의 대인관계이다. 나이나 출신 지역, 출신 학교나 학력 그리고 사회적 신분 등에 있어서 비슷한 사람과 맺는 친밀한 관계이다. 이러한 점이 친구관계가 상사와 부하 직원의 관계, 스승과 제자의 관계, 부모와 자녀의 관계와 구분되는 것이다.

둘째, 가장 순수한 인간 지향적인 관계이다. 상대방의 개인적 속성과 그에 대한 호감과 우정이 친구관계를 형성하는 중요한 요인이 되고, 인간적으로 좋을 뿐 아니라 만남이 즐겁고 유쾌하기 때문에 유지된다. 친구관계에서 얻게 되는 현실적인 이득은 이차적인 부속적 효과일 뿐이다.

셋째, 사람과의 관계 중 가장 자유롭고 편안한 관계가 친구관계이다. 대등한 위치에서 맺는 관계이기 때문에 관계를 맺고 푸는 것은 전적으로 개인의 자유이다. 자신을 가장 자유롭고 솔직하게 표현할 수 있는 관계이기에 친구 사이에는 자기 공개가 가장 심도 있고 광범위하게 이루어질 수 있다. 가족이나 직장 동료에게는 할 수 없는 이야기도 친구 사이에서는 허심탄회하게 할 수 있는 것이다.

넷째, 친구관계는 여러 가지 측면에서 유사점을 지닌 사람들이기 때문에 서로 공유할 삶의 영역이 넓다. 나이, 학력, 지식 수준, 사회적 신분 등에 있어서 유사한 사람들과 맺어지는 경향이 있고 삶의 체험이 유사하기 때문에 서로의 만남이 즐겁고 편안하다.

다섯째, 구속력이 적어 해체되기 쉽다. 가족이나 직장처럼 유지해야 할 외부적 강제 요인이 적기 때문에 관계의 해체가 어떤 대인관계보다 용이하다. 따라서 그 관계를 유지하기 위한 자발적이고 적극적인 노력을 기울이지 않으면 악화되고 해체되기 쉬운 관계이다(이위환, 김용주, 2015).

(3) 친구의 기능

친구는 인생을 사는데 중요한 요소임이 분명하다. 그렇다면 왜, 무엇 때문에 중요한지 우리의 삶에 어떤 기능을 하는지 살펴보겠다.

첫째, 친구는 중요한 정서적 공감자이며 지지자가 된다. 만나면 편안하고 힘이 되어 자신의 고통, 갈등, 고민 등을 털어놓을 수 있다. 친구와 이야기를 나누며 위로를 받고 힘을 얻게 되는 것이다. 자신이 약해지고 비난을 받을 때, 이해해 주고 지지해 주며 위로해 줄 사람이 있다는 것은 인생에 있어서 큰 힘이 된다.

둘째, 자기 자신과 자신의 삶을 평가하는 주요한 비교 준거가 되는 것이 친구이다. 우리는 타인과의 비교를 통해서 자신을 평가하게 되는데, 자신과 비슷한 사람과의 비교 자료가 더 신뢰할 만하다. 그래서 친구관계는 그 어떤 것보다 자신을 평가하는데 풍부한 정보와 자료를 제공하는 유익한 대상이 된다.

셋째, 친구관계는 가치관, 인생관, 종교관 등이 같을 때 서로 생각과 체험을 나누고 공유하게 된다. 공통의 화제, 관심사, 취미가 같은 사람들끼리 나누는 재미와 즐거움은 관계 유지에 중요한 원천이 된다. 대화를 통해 공감과 지지를 받기 때문에 자신의 사고방식과 신념에 대한 확인을 받게 되면서 만남이 갈수록 즐거워지는 것이다.

넷째, 친구는 안정된 소속감을 제공한다. 대부분의 친구관계는 집단을 이루게 되며, 이 친구 집단에 소속됨으로 긍정적 경험과 안정된 소속감을 얻게 되는 것이다. 결국 자기가치감과 안정감을 제공하는 준거 집단이 되는 것이다.

다섯째, 친구는 삶에 현실적인 도움을 준다. 살면서 곤경에 빠지거나 도움이 필요한 상황에서 도움을 요청할 수 있게 되고 도움이 되는 친구관계는 잘 유지될 수 있다. 여기에는 정서적이거나 물질적 도움뿐 아니라 지식과 정보 제공과 교환들이 포함된다. 사람과의 관계가 유지되는 데는 일방적인 것이 아니라 서로 형태는 다를지라도 주고받는 관계일 때 유지되는 것처럼 친구관계도 서로 균형 있게 도움을 주고받으므로 더욱 견고해진다.

따라서 친구관계가 해체되지 않고 유지되기 위해서는 이러한 기능과 역할이 있는 것을 알고 노력하여 관계가 심화될 수 있도록 하여야 할 것이다.

2) 친구관계 유형

(1) 우정의 강도

우정의 강도를 평가한다는 것은 쉽지 않으나 몇 가지 평가 기준이 있다.

첫째, 우정은 친구관계에서 경험하는 정서적 만족도에 비례한다. 이것은 친구 간에 경험하는 긍정적 감정과 부정적 감정의 비율과 강도에 따라 평가될 수 있다. 즐겁고 편안한 친구이면서 미래에도 정서적 만족도가 높을 것이라고 기대되는 친구는 그렇지 못한 친구보다 우정이 깊다고 할 수 있다.

둘째, 우정은 친구관계에 투자하는 물리적, 심리적 양에 비례한다. 친구와의 만남을 위해 많은 시간을 투자하고 심리적으로도 관심과 애정을 보일 뿐 아니라 필요에 따른 물질적 투자는 친구관계의 강도와 양에 비례한다.

셋째, 우정은 친구를 위해 미래에 투자할 수 있는 최대의 양에 비례한다. 친구가 곤경에 처해 있을 때나 도움을 요청할 때 보상이나 대가를 기대하지 않고 얼마나 도움을 줄 수 있는가이다. 우정은 친구에 대한 신뢰의 정도를 반영하며 자기희생의 정도에 따라 평가할 수 있다.

넷째, 우정의 강도는 친구관계 지속 기간이나 만남의 빈도로 평가될 수 있다. 오랜 기간 많은 만남을 가져왔다는 것은 그만큼 서로 간에 돈독함을 뜻한다고 할 수 있다.

(2) 형성 요인

학연, 지연, 혈연 등에 근거하여 상당 기간 만남이 상황적으로 주어진 상태에서 맺어진 관계를 일차적 친구라 한다. 이 일차적 친구는 어린 시절부터 지속된 경우가 많다. 그런데 이차적 친구관계는 관심사, 취미, 가치관 등의 공유로 맺어진 관계로 상황보다는 개인적 특성에 근거해서 맺어진 관계이다. 그래서 이차적 친구관계는 청소년기 이후에 형성되는 경우가 많다.

아리스토텔레스(Aristoteles)는 친구관계 형성 요인을 쾌락적 친구, 효용적 친구, 인격적 친구로 나눴다. 쾌락적 친구는 유흥, 취미, 여가처럼 즐거움과 쾌락을 위해 맺어진 친구이다. 그리고 효용적 친구는 물질적, 직업적, 사회적인 면에서 실리적 필요와 현실적 도움에 의해 맺어진 관계이다. 마지막으로 인격적 친구는 상대방의 덕성에 의해 맺어진 관계로 긍정적인 성격적 특징, 수용성, 신뢰성, 지혜로움, 성숙성 등 상대방의 인격적 가치와 존중 그리고 호감이 중요한 역할을 하는 관계이다.

(3) 기능

친구관계는 그 기능에 따라 연합적, 수혜적, 상호적인 친구관계로 구분해 볼 수 있다. 먼저 연합적 친구관계는 공간적 근접성, 유사성, 업무의 공유 등에 의해 맺어진 관계로 이사나 이직을 하면 종결된다. 그래서 정서적 유대나 깊은 관여가 부족하다. 다음으로 수혜적 친구관계는 한 사람이 상대방에게 주로 베푸는 역할을 하는 관계이다. 이는 선생과 제자, 고용주와 피고용인, 지도자와 추종자 등과 같이 사회적 지위나 역할에 있어 차이가 나는 경우가 많다. 마지막으로 상호적 친구관계는 동등한 위치에서 서로에 대한 상호적 이해와 신뢰에 근거한 친구관계이다. 이 관계는 상대방에 대한 깊은 정서적 유대와 헌신적 관여로 오랜 기간 지속된다.

(4) 제3의 관계

오프라인상에서 발생할 수 있는 모든 사람 사이의 관계를 인터넷 공간으로 가져온 소셜 네트워크 서비스(Social Network Services), 또는 소셜 네트워크 사이트(Social Network Sietes)를 줄여 사용하는 SNS는 서비스 사용자들 간에 관계를 맺거나 사이트 내 공통된 목적을 가진 사람들끼리 만남을 통해 인맥을 만들어 가고 있다. SNS는 개인 대 개인 간 관계 맺기를 통한 온라인 인맥 구축 서비스로 개인을 표현한다. 그리고 개인의 표현을 보다 빠르고 쉽게 해 주며 언제, 어디서나 접속하는 것을 통해 많은 사람들이 만날 수 있는 교류와 소통의 공간이 되고 있다. 또

즉시성, 공유성, 실시간성, 상호 작용성, 집단 지성의 특징을 가지고 양방향성을 활용해 정보나 의견을 교환하고 있다. 그래서 콘텐츠의 제작, 수정 등 일반적인 활동이 누구나 가능하며 활동을 통해 얻는 정보가 개방적이고 지속적으로 축적·발전됨으로 거대한 지성이 만들어지는 특징을 갖는다. 따라서 오늘날 제3의 대인관계가 보편화되었지만 이렇게 맺어진 친구가 현실의 친구를 대체할 수는 없을 것이다(김혜숙 외, 2016).

3) 친구관계 약화와 해체

친구관계는 구속력이 적어 쉽게 약화되고 해체될 수 있다. 아주 친하게 지냈던 친구와 멀어지고 소원하게 될 뿐 아니라 배신감으로 힘들어질 수도 있는데 무엇이 친구관계를 약화시키고 해체시키는지 살펴보겠다.

(1) 접촉과 관심의 감소

'눈에서 멀어지면 마음도 멀어진다.'는 말이 있다. 한자로는 去者日益疏(거자일익소), 또는 이를 줄여서 去者日疏(거자일소)라고 하는데, 사람의 속성 중의 하나인 이것은 친한 사람도 죽으면 볼 수 없어서 자꾸만 날이 갈수록 뇌리에서 사라져 간다는 뜻으로, 사랑하는 사이라도 멀리 떨어져 자주 볼 수 없으면 사이가 소원해진다는 의미로 많이 사용되고 있다. 서양 속담에도 '보이지 않으면 마음도 멀어진다(Out of sight, out of mind).'는 말이 있듯이 아무리 친했던 친구도 만남의 빈도가 뜸해지면 소원해지는 경우가 많다. 이사, 전학, 전근과 같이 물리적 거리가 멀어지거나 바쁜 일이나 업무로 인해 시간적 여유를 갖지 못하여 서로에 대한 관심과 만남의 횟수가 감소하게 된다. 친밀한 관계를 유지하기 위해서는 시간적, 물질적, 심리적 투자가 필요한데 그렇지 못하게 되면 서로에 대한 관심도 줄게 되면서 관계가 소원해지게 된다.

그리고 사회생활을 하면서 각기 직업 분야나 사회적 지위에 차이가 생기게 되면 서로에 대한 이질감이 증가되고 화제나 관심사의 공통 영역은 감소하게 된다. 이러한 사회적 요인이 또 친구관계를 약화시키는 요인으로 작용할 수 있다.

한편으로 친구에게 느끼는 호감 기준이 변화할 때 관계가 약화될 수 있다. 점차 나이를 먹고 사회적 기준이 상승함에 따라 사람을 평가하는 기준이 변화하면서 과거에 호감과 매력을 느꼈던 친구에게서 더 이상 그런 감정을 느끼기 어렵게 되어 새로운 친구를 찾게 되는 것이다.

로즈(Rose, 1984)가 대학생을 대상으로 연구한 결과를 보면, 동성 친구와의 관계 약화의 이유로 가장 주된 원인은 서로 자주 만나지 못하는 물리적 이별로 나타났고, 그 밖에 원인은 새로운 친구로 대체됨, 친구의 행동이나 성격에 대한 불만, 이성관계나 결혼관계의 방해와 간섭 등의 순으로 나타났다(권석만, 2004).

(2) 갈등 해결의 실패

사람과 사람의 만남은 나와 다른 타인과의 만남이기에 크고 작은 갈등이 있을 수밖에 없다. 이 갈등을 어떻게 대처했는지에 따라 상황이 달라지며, 갈등 그 자체가 문제가 아니라 갈등을 해결하려는 노력이 실패하는 경우이다. 갈등을 원만하게 해결하지 못하면 오히려 감정적 대립이 심해져 갈등이 확대되고 도저히 해결하기 어려운 상태로 커지면 친밀한 관계가 와해되는 것이다. 사람과의 관계에서 갈등은 해결 방식에 따라 관계가 촉진될 수도 있고 훼손될 수도 있는데, 갈등과 불만이 생겼을 때의 반응은 첫째, 정식으로 그 관계를 떠난다. 둘째, 상대방을 비판하고 문제를 무시하며 관계가 와해되도록 방치한다. 셋째, 문제를 토의하고 외부의 도움을 구하고 변화를 시도한다. 넷째, 기다리면서 개선을 희망한다. 이러한 반응은 문제가 생기기 전의 관계에 대한 만족도, 관계에 투자한 양과 가능한 대안의 질 등에 따라 달라진다. 일반적으로 만족도가 높고 관계에 투자한 양이 많으면 세 번째와 네 번째 반응 양식을 택하는 경향이 있다.

(3) 친구에 대한 실망

친한 친구 사이에는 서로에 대한 기대와 믿음이 존재하며, 이 기대를 잘 충족시키는 것이 친구관계 유지에 중요하다. 곤경에 처해 있을 때 자발적이고 신속한 도움을 기대하게 되는데 그러지 못했을 때 실망과 서운함을 느끼게 된다. 또는 곤경에 처한 친구가 무리한 부탁이나 요청을 한 경우 심리적 부담도 관계를 소원하게 만들 수 있다. 부담되는 돈을 빌려 달라고 하거나 재정적 보증을 요청할 때 그 요청에 응할 수 없으면 난처해지는 것이다. 무리한 요청을 한 친구가 부담스러울 수 있고 요청을 거절당한 친구는 실망과 배신감을 느낄 수 있다.

아가일과 핸더슨(Argyle & Henderson, 1984)은 친구에 대한 기대와 좌절이 우정을 약화시키는 주요한 요인이라고 보았다. 친구의 질투나 비판, 다른 사람과의 관계에 대한 인내 부족, 서로의 비밀을 누설함, 곤경에 처해 있을 때 자발적으로 도와주지 않음, 공개적으로 잔소리하거나 비난함, 신뢰나 긍정적 존중 및 정서적 지지를 보여 주지 않음 등이 친구에 대한 기대가 어긋나서 우정이 깨진 경우로 조사되었다. 이러한 실망과 배신은 분노와 적개심으로 발전되고 심하게는 적대적인 관계로 바뀌게 되는 경우도 생긴다.

(4) 투자와 보상의 불균형

사람과의 관계에는 거래적 교환관계의 속성이 있어 투자와 보상의 상대적 비교를 통해 이득을 얻는 관계는 지속되는 반면, 손해가 거듭되는 관계는 종결되는 경우가 많다.

친구관계를 유지하기 위해서는 여러 가지 측면에서 투자가 필요하다. 친구와 만나기 위해서 공부해야 할 시간을 축소해야 하고, 친구를 위로하기 위해 정서적 지지를 보내야 하고, 식사비와 때로는 선물을 하는 등 시간적, 물질적, 심리적 투자를 하게 된다. 그런데 이러한 투자에 비해 친구에게서 돌아오는 보상이 적을 경우 친구관계가 약화된다.

그럼에도 불구하고 다른 친구가 없을 때는 불만 상태에서 관계가 지속되나, 만족스러운 친구가 나타나면 투자할 수 있는 것은 제한되어 있기 때문에 기존의 친구에 대한 투자가 감소됨으로 관계는 약화된다.

(5) 이해관계의 대립

친구관계에 이해관계가 개입되면 갈등이 초래되기 쉽다. 함께 자취를 하거나 사업을 하는 경우 생활비나 사업 자금 등 재정적 분담 문제, 식사 준비나 사업 활동 등 업무 분담 문제 등으로 갈등이 생긴다. 또 제한된 자원을 두고 양보하기 힘든 상황이 발생할 수도 있다. 장학금이나 조교 자리를 놓고 경쟁한다든지, 애인을 놓고 경쟁해야 되는 경우처럼 이해관계가 얽힌 경쟁관계에 서게 되면 친구관계는 위기에 처하게 된다.

4) 건강한 친구관계와 의사소통

친구 사이는 오랜 기간 자주 만난다고 해서 모두 건강한 친구관계가 되는 것은 아니다. 서로 간에 노력이 있어야 건강한 친구관계로 발전해 갈 수 있는 것이다. 먼저 친구 연령에 따른 친구관계의 발전 과정을 살펴보겠다.

(1) 친구관계 발전 과정

① 삼각관계 형성기 : 태어나서부터 2세까지로 처음엔 엄마도 못 알아보던 아기가 다음엔 아빠와 관계를 형성해 가면서 삼각관계를 형성한다. 이 시기는 친구에 대한 개념이 없는 시기이다.

② 홀로 인식기 : 3~4세 시기는 옆에 다른 아이가 있어도 같이 놀려고 하지 않는다. 단지 옆에 있는 아이일 뿐으로 서로 상호 작용 없이 각자 장난감을 가지고 혼자 노는 시기이다.

③ 성 역할 놀이기 : 5~6세 시기에 친구는 '나를 재미있게 해 주고 내가 재미있게 해 줄 수 있는 아이'로 함께 놀이를 즐긴다. 이 시기는 놀이를 통해 성 역할을 인식하기 시작하며 주로 남자아이는 싸움놀이를 하고 여자아이는 공주놀이를 하면서 성 역할을 획득하기 시작한다.

④ 변덕스런 행동기 : 초등학교 저학년 시기로 이때는 기분에 따라 수시로 친구가 바뀐다. 그리고 남자아이나 여자아이 모두 이성 간에는 서로 관심을 갖지 않는다.

⑤ 단짝 친구기 : 초등학교 고학년이 되면 친한 친구 두세 명과 단짝의 관계를 형성한다. 남자아이는 남자아이들끼리 그리고 여자아이는 여자아이들끼리 유대를 강화하며 이성을 미워하기도 하고 질투하기도 하며 호기심을 갖기도 하는 등 다양한 모습을 보인다.

(2) 친구관계 발전 원리

친구는 지속적인 만남을 통해 교류를 하게 되는데 건강한 친구관계로 발전하기 위해서는 서로 간에 다음과 같은 노력을 해야 한다.

① 자기개방 : 대인관계에서 자신에 대한 정보를 적절히 공개하는 것은 매우 중요한 요인이다. 적당한 상황에서 적절한 수준으로 자기개방을 해 나갈 때 서로의 관계가 친밀해질 수 있다. 자기개방은 서로 상호 교환적이어야 하며 상대방이 공개한 수준 정도까지 균형을 이룬다. 상대방의 언어적, 비언어적 반응을 살펴 가며 하는 것이 좋다. 상대방은 피상적인 정보를 공개하였는데 한쪽이 깊은 수준의 가정 문제, 경제 상황 등을 공개한다면 준비되지 않는 상태에서 깊은 이야기를 들음으로 오히려 관계가 심화되는데 방해가 될 수 있다. 자기공개는 서로 친밀해질수록 자기개방 수준도 점차 깊어가는 것이다.

② 언어로 감정 표현하기 : 언어로서 상대방을 지지하고 공감한다는 진실된 마음을 표현할 때 관계는 더 친밀해질 것이다.

③ 사랑과 우정의 기교를 배워 표현하기 : 우정은 마음으로 하는 것이나 겉으로도 표현한다. 작고 사소한 친절로도 큰 힘을 발휘하며 성장하게 된다.

④ 상대방에게 언제나 빈 공간 두기 : 관계가 친밀해질수록 지나치게 간섭하거나 소유하려 들지 말고 다른 사람과의 우정도 허락하면서 있는 그대로 인정해야 한다.

⑤ 체험을 공유할 수 있는 활동 찾기 : 함께할 수 있는 활동을 찾아 즐거운 체험을 공유하면 우정도 깊어질 수 있다.

⑥ 현실적인 도움 교환하기 : 친구관계가 깊어지면 자신의 어려움과 힘든 상황도 나누게 된다. 이때 현실적인 어려움에 대해 균형을 이루어 도움을 주고받는 것이 필요하다. 어느 한쪽만 계속 도움을 받게 되면 자신이 심리적, 시간적으로 투자한 것에 비해 보상이 없다고 느껴지고 관계는 악화될 가능성이 높다.

⑦ 서로에 대한 믿음 갖기 : 서로에 대한 믿음이 쌓이지 않으면 서로 질투와 비판, 비밀 누설, 잔소리와 비난, 도움이 필요할 때 무관심한 태도 등 실망과 배신감으로 고통을 주면서 좋은 만남이 지속되지 못한다. 그리고 상대방에 대한 지나친 기대와 요구를 하는 경우 오히려 관계를 소원하게 할 수도 있다. 이런 경우는 적절히 대처할 수 있어야 한다(최세영, 한주빈, 오봉욱, 2017).

(3) 친구 간 의사소통 점검

친구관계가 잘 유지되기 위해서는 서로의 노력이 필요하다. 친구관계를 유지하고 발전시키기 위한 자기평가 항목은 다음과 같다(〈표 8-1〉 참고).

숫자 1부터 10까지의 각 문항에 대한 자신의 평가 점수를 찾아 숫자 위에 동그라미로 표시한 다음, 점수의 합과 평균을 구한다.

〈표 8-1〉 친구관계 유지·발전을 위한 자기평가

번호	문항	판정									
		부정적				보통		긍정적			
1	같이 무엇인가를 하며 지낸다.	1	2	3	4	5	6	7	8	9	10
2	무엇인가를 서로 나누어 쓴다.	1	2	3	4	5	6	7	8	9	10
3	서로의 느낌이나 의견을 솔직히 이야기한다.	1	2	3	4	5	6	7	8	9	10
4	우정이 지속될 수 있음을 믿는다.	1	2	3	4	5	6	7	8	9	10
5	나의 잘못을 솔직하게 시인한다.	1	2	3	4	5	6	7	8	9	10
6	친구를 무시하지 않는다.	1	2	3	4	5	6	7	8	9	10
7	친구의 이야기를 잘 들어준다.	1	2	3	4	5	6	7	8	9	10
8	친구의 심정을 알아준다.	1	2	3	4	5	6	7	8	9	10
9	친구의 좋은 점을 이야기해 준다.	1	2	3	4	5	6	7	8	9	10
10	친구와의 비밀 또는 약속을 지킨다.	1	2	3	4	5	6	7	8	9	10
총점 및 평균		총점 (　　　) 평균 (　　　)									

출처: 안선모(2005). 변함없는 친구 사귀기 비법. 참고.

2. 이성관계와 의사소통

오늘날은 이성 교제가 자연스러운 현상이 되었다. 또한 정보화 시대에서 인터넷 발달, 모바일 보급의 보편화는 오프라인에서의 교제만큼이나 활발한 온라인에서의 교제로 이성 교제의 변혁을 일으켰다(김정옥 외, 2015). 그러나 이성 간에 관계를 유지·증진시키거나 또는 관계가 해체되는 상황 가운데 건강하게 의사소통하는 것이 쉬운 일은 아니다. 관계가 지속되면서 내면의 상처로 인해 서로 간에 상처를 주고받거나 집착이 사랑으로 오해되기도 한다. 따라서 어떻게 의사소통을 해야 하는지 배우고 성숙한 관계 유지를 할 수 있도록 하여야 한다.

1) 사랑의 의미

사람과 사람 사이에서 경험하는 가장 행복하고 오묘한 감정은 사랑일 것이다. 가장 황홀하기도 하고 가장 고통스러운 체험이기도 한 이 사랑은 기쁨과 슬픔, 환희와 고통, 행복과 불행을 좌우하는 가장 중요한 요인이 되는 것이다.

국어사전에서는 사랑을 '누군가를 애틋하게 그리워하고 열렬히 좋아하는 마음', 또는 '아끼고 위하며 따뜻한 인정을 베푸는 일 또는 그런 마음'이라고 하였다. 사랑이란 수동적인 감정이 아닌 희생과 헌신이 결부된 능동적 성격을 가질 때 자기 자신 안에 있는 모든 것 즉 기쁨, 흥미, 이해, 지식, 유머, 슬픔 등이 상대방에게 주어지는 것이라고 할 수 있다. 그래서 사랑이란 주는 것이지 받는 것이 아니라고 할 수 있으며 서로에 대한 관심, 책임감, 존경, 지식의 기본 요소를 갖추고 있어야 하는 것이다. 슬프거나 기쁜 상황과 고통스러운 상황에 같이 참여하고, 상대방의 육체적 생존뿐 아니라 지속적인 성장과 발달에도 관심을 가지며 책임을 느끼는 것이다. 또 상대가 가진 개성과 독특성을 있는 그대로 인정하고 서로 성장하며 발전해 가야 한다. 그래서 사랑은 자신과 상대의 삶을 풍성하게 하며 서로를 보완하고 성숙시켜 주는 것이라고 할 수 있다.

사람은 누구나 사랑받고 사랑하기를 원하지만 사랑하는 방법을 배울 생각을 못하는 경우가 많다. 여기에 대해 프롬(Fromm, 1900~1980)은 그의 유명한 저서 『사랑의 기술(*The Art of Love*)』(1956)에서 그 이유를 다음과 같이 언급하였다.

첫째, 대부분의 사람들은 사랑을 '사랑하는 것이 아니라 사랑받는 것'이라고 생각하는데 이런 경우 어떻게 하면 사랑을 받을 수 있고 사랑스러워질 수 있는가가 중요하다. 그래서 사랑받기 위해 돈을 모으고 성공을 하고 옷치장을 하며 인기와 성적 매력을 추구한다.

둘째, 사랑이란 '능력'의 문제가 아니라 '대상'의 문제라고 가정하는데, 즉 신체적 매력, 가족적 배경, 재력, 학력들이 자신의 조건과 교환 가치가 있는 최상의 대상을 찾았을 때에만 사랑을 할 수 있다고 생각한다는 것이다.

셋째, 사랑을 시작하는 최초의 '경험'과 사랑관계 속에 머물러 있는 지속 상태를 혼동한다는 것이다. 그래서 성적 매력이나 결합에 의해 시작됐을 때 처음 만나 갑자기 가까워지고 일체감을 느끼는 것이 황홀하고 격앙된 경험일 수는 있으나 이러한 흥분들은 오래 지속될 수 없고 두 사람이 친숙해질수록 친밀감과 기적적인 면은 점점 줄어들다가 적대감, 실망감, 권태가 쌓여 간다는 것이다. 이런 경우는 그들이 만나기 전에 얼마나 외로웠는가를 입증할 뿐이라는 것이다(황문수 역, 2006).

따라서 진정한 사랑의 의미를 깨닫고 어떻게 사랑해야 되는가를 배우며 노력하지 않는다면 사랑의 관계 유지는 어려울 것이다.

2) 사랑의 이론적 모델

(1) 사랑의 삼각형 이론

스턴버그(Sternberg, 1986)는 사랑의 삼각형 이론이라는 구조적 모델을 제시하였다. 이 이론은 감정이나 생각뿐만 아니라 행동까지 포함한 다차원적 구조이다. 사랑하는 사람과 사랑을 하고 있다는 감정, 사랑을 하고 있다는 생각, 사랑하는 사람 사이의 행동과 관계 등 4가지 측면으로 사랑을 분류한다. 그리고 감정, 생각, 행동과 관련된 3가지 구성 요소를 중심으로 사랑의 현상을 통합하였다. 이 사랑의 삼각형 이론에 의하면 사랑은 친밀감, 열정, 책임감이라는 3가지 구성 요소로 설명할 수 있으며([그림 8-1] 참고), 이 3가지 요소의 조합에 따라 사랑의 유형이 만들어진다([그림 8-3] 참고).

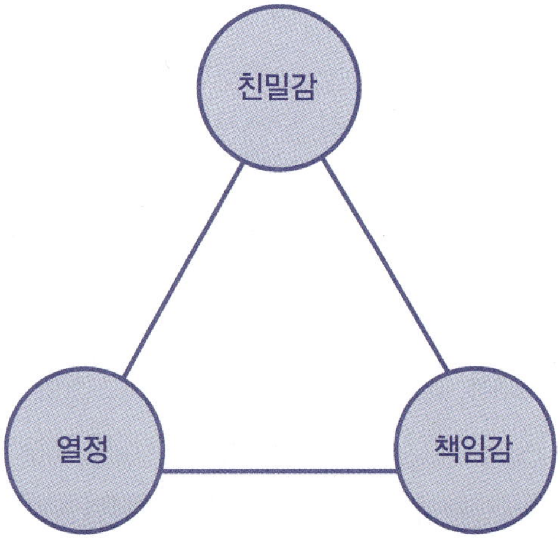

[그림 8-1] 스턴버그의 사랑의 3가지 구성 요소

① 친밀감 : 친밀감(intimacy)은 사랑하는 관계에서 가깝고 서로 연결되어 있고 결합되어 있다는 느낌으로 사랑하는 사이에서 경험하는 따뜻한 감정의 체험을 의미한다. 이것은 많은 만남과 함께 자신을 솔직하게 노출하려는 노력을 통해 연대감을 형성해 나가면서 서서히 발전해 간다. 그리고 친밀감은 부모와 형제자매, 친구 등 다른 친밀한 관계에서도 나타나는 요소로 다음과 같은 징표가 있다(Sternberg & Grajek, 1984).

- 사랑하는 사람이 잘 살 수 있기를 열망한다.
- 사랑하는 사람과 함께 행복을 경험한다.
- 사랑하는 사람에게 높은 존경심을 가진다.
- 필요할 때 사랑하는 사람에게 기댈 수 있다.

- 사랑하는 사람끼리 서로를 이해한다.
- 사랑하는 사람과 자신 및 자신의 소유물을 나눌 수 있다.
- 사랑하는 사람에게서 정서적인 지지를 받고 또 정서적인 지지를 해 준다.
- 사랑하는 사람과 친하게 의사소통을 한다.
- 자신의 삶에서 사랑하는 사람을 중요하게 여긴다.

② 열정 : 열정(passion)은 사랑하는 관계를 낭만, 신체적 매력, 성적인 몰입 등으로 이끄는 강렬한 욕망을 의미한다. 이 열정은 비교적 빠른 속도로 급상승하는 경향이 있다. 열정은 크게 욕망과 욕구로 나누어 볼 수 있고 성적 욕구가 대부분을 차지하고 있다. 그러나 자존감, 타인과의 친애 욕구, 타인에 대한 복종 욕구, 자아실현과 같은 욕구가 중요한 역할을 한다.

③ 책임감 : 책임감(commitment)은 앞으로 생길 수 있는 대가와 어려움에도 불구하고 누군가를 사랑하겠다는 단기적 측면의 '결정'과 그 사랑의 관계를 지속시키겠다는 장기적 측면인 '책임감'으로 이루어진다. 책임감은 이렇게 행동적 표현을 포함한 인지적 구성 요소인 생각을 의미한다. 그러나 결정과 책임감이 반드시 동시에 생기지 않으며 결정을 했다고 해서 반드시 그 사랑을 유지하겠다는 것을 의미하지는 않는다.

④ 사랑의 구성 요소 속성 : 친밀감은 처음에는 꾸준히 증가하다가 점차 느린 비율로 증가하며 마지막에는 감소한다. 그리고 열정은 빠른 증가 후에 습관화가 나타나며 출발점 이하로 떨어진 후에 다시 회복된다. 책임감은 일반적으로 서서히 증가하다가 관계가 장기화되면 그 수준이 대체로 감소하는 경향이 있다. 그러나 이 3가지 요소의 변화는 개인마다 다르게 나타나고 개인의 사랑 유형은 일생을 통해 변화할 수 있다. 친밀감과 책임감은 의식적인 조절이 가능한 반면에 열정은 거의 통제하기 어렵다. 사랑의 관계가 단기적일 때 이 열정은 매우 중요한 역할을 하지만 책임감은 거의 역할을 하지 못한다. 그러나 장기적인 관계에서는 친밀감과 책임감이 비교적 중요한 역할을 하게 된다.

(2) 사랑의 수레바퀴 이론

사랑의 수레바퀴 이론은 사랑의 발달 단계에 대한 이론이다. 사랑은 마치 수레바퀴가 굴러가듯 계속되는 과정으로 처음에는 친밀과 신뢰(rapport), 자기노출(self-revelation), 상호 의존(mutual dependency), 개인의 욕구 충족(personality need fulfillment)의 단계를 거치게 된다. 이 이론을 편 사람은 리스와 리(Reiss & Lee, 1988)이다. 전 단계는 다음 단계 이행에 영향을 미쳐 친밀감이 부족하면 자기노출을 덜 하고, 그러면 상호 의존도 약하게 되므로 두 사람이 원하는 욕구 충족도 이루어지지 않게 된다는 것이다.

첫 번째 단계인 친밀과 신뢰는 상호 간의 믿음과 존중을 바탕으로 생기는 감정이다. 서로 배경이 비슷하거나 종교, 취미, 가치관이 유사할 때 쉽게 생기나 유사성이 없을 때 상이한 점에 대해 흥미를 갖거나 가지지 못한 것에 대한 보완으로 상대를 가까이하고자 하는 욕구로 생길 수도 있다. 라포를 잘 이루는 사람은 다른 사람을 판단하지 않고 서로를 이해하기 위해 귀를 기울이는 경향이 높다(김진숙 외, 2017).

두 번째 단계인 자기노출은 자신에 관한 개인적인 정보를 드러내어 함께 나누는 과정을 말하는 것으로 자존감이 부족한 사람일수록 자기노출을 꺼리는 경향이 있으며 자신의 내부 불안이 많을수록 자기노출이 힘들다.

세 번째 단계인 상호 의존은 사랑하는 이들이 같이 있는 시간을 많이 보내면서 서로에 대한 의존도가 높아지게 된다.

네 번째 단계인 욕구 충족에서는 서로의 요구를 들어주고 같이 행동하는 데에 익숙해지면 혼자서 하는 것을 피하고 싶어 하며 무엇을 하더라도 상대방의 생각이나 입장에 많이 따르고 좌우되기도 한다.

3) 사랑의 유형

심리학자들은 사랑에 대해 연구를 해 왔는데 일반적으로 사랑의 유형은 에로스(eros)와 필리아(philia)와 아가페(agape) 3가지로 분류할 수 있다. 여기서 에로스란 생물학적인 남녀 간의 육체적 사랑을 말하며, 필리아는 인격적인 사람들의 정신적 사랑을 말한다. 캐나다의 사회학자 리(Lee, 1973)는 역사, 철학, 소설 등에서 연애를 묘사한 구절을 4,000개 이상 수집하고 이를 분석하였다. 이를 바탕으로 캐나다와 영국 청년들을 대상으로 하여 사람들이 생각하는 연애의 특징을 조사하였다. 그 결과 사랑을 몇 가지 유형으로 분류하여 색상환(色相環)과 같이 원형으로 배치한 다음 '사랑의 색채 이론'이라고 명명한 사랑의 유형론을 만들어 냈다. 그는 사랑을 색깔로 비유하여 기본색과 이차색이라는 틀을 통해 6가지로 나누고, 기본색에 해당하는 1차 유형과 이차색에 해당하는 2차 유형으로 분류하였다.

그리고 라스웰(Lassewell)과 랍슨즈(Lobsenz)는 이를 바탕으로 7가지로 분류하였고, 사랑의 삼각형 이론을 제시한 스턴버그(Sternberg)는 8가지로 분류하였다. 이에 대해 좀 더 살펴보겠다.

(1) 리의 분류 유형

리(Lee)가 분류한 사랑의 1차 유형(primary style)과 2차 유형(secondary style)의 6가지는 구체적으로 다음과 같다([그림 8-2] 참고).

① 1차 유형

- 낭만적 사랑(Eros) : 이 사랑은 에로스의 화살에 눈을 맞으면 즉시 사랑에 빠진다는 고대 그리스 신화에서 비롯된 말로 강한 정서적 감정이 특징이다. 첫눈에 반하거나 연인의 신체적인 매력에 끌림으로써 시작되어 성적인 욕구가 강렬한 정서적 상태로 상대방을 이상화하고 질투를 자주 동반하며 성적인 흥분과 관련된다. 이 유형의 사람들은 자신감이 강하고 자존심이 센 경우가 많다.

그 외의 특징으로는 첫째, 사랑하는 속도가 매우 빠르며 상대방에 대한 강력한 감정이 자신의 전체 생활을 지배한다. 둘째, 이성보다는 감정이 앞서고 오직 한 사람, 단 한 번의 사랑이라고 믿고 다른 사람에 대해서는 배타성이 강하다. 셋째, 상대방에게 모든 것을 요구하거나 기대하고, 숙명적이고 운명적인 만남임을 굳게 믿는다. 그래서 심한 심리적 고통을 겪는 경우가 많고 말이나 접촉을 통해 사랑을 표현하는 것을 좋아한다.

- 유희적 사랑(Ludus) : 유희적 사랑은 한 사람과 긴밀하고 지속적인 관계를 맺는 것을 원하지 않으며, 일종의 게임이나 오락으로 생각하고 한 사람의 파트너로 만족하지 못하는 경향이 있다. 그래서 쉽게 사랑하는 대상을 바꿀 수 있고 상대방에 대해서도 허용적이다. 스릴을 추구하기에 다양하고 노련한 취향과 매너를 보여 줄 수 있으나 지나치게 친밀해지는 것을 경계하고 사랑하는 사람과 헤어져도 심한 고통을 겪지 않는다. 이 유형의 사람들은 어린 시절 평범했지만 어른이 되어 종종 좌절을 경험한 사람이다.
- 우애적 사랑(Storge) : 우애적 사랑은 다른 사람과의 관계에 대한 지속적이고 깊은 애정이다. 친구의 우정, 존경, 신뢰, 이해, 안정성, 상대의 안녕에 대한 배려와 같은 개념으로 고대 그리스어 'storgay'에서 비롯되었다. 이 사랑은 오랜 기간의 관계에서 형성되어 친구로 사귀다가 연인으로 발전하는 경우이다. 열정보다는 친구로서 알아 가는 과정을 소중히 여기므로 서서히 발전해 가는 과정에 근거하며 상호 간의 신뢰감을 기반으로 사랑의 감정을 싹 틔운다. 애정 표현이 유난스럽지 않고 서로 떨어져 있어도 초초해 하지 않으며 비교적 덤덤한 관계를 유지한다. 그러나 결혼한 경우 이혼율은 낮은 편이다. 이 유형은 어린 시절 친구가 많고 격려해 주는 가족 분위기에서 자랐거나 안정적이고 우호적인 공동체에서 성장한 경우가 많다.

② 2차 유형

- 소유적 사랑(Mania) : 이 유형은 질투와 소유욕이 강하며 연인에 대한 사랑에 사로잡혀 있고 연인에게 의존적인 특징을 가지고 있다. 감정 기복이 심하고 상대방에게 사랑받고 있다는 것을 늘 확인받고 싶어 한다. 상대방에 대한 헌신에 보답을 받지 못하거나 배신당했을 때는 강한 분노감을 나타낸다. 그리고 상대방에게 버림받을까 봐 불안과 의심으로 마음을 졸이다 보니 오히려 상대방이 떠나게 되는 결과를 가져온다. 상대방에게 지나치게 집착하므로 관계로부터 오는 순수한 의미의 즐거움이 없다. 자신의 어린 시절이 불행한 것으로 회상하고 성인이 되어서도 외로워하며 자신의 일에 대해서도 만족하지 못한다.
- 논리적 사랑(Pragma) : 논리적이고 실용적이며 현실적인 사랑을 하는 유형으로 자신의 기준에 맞는 사람을 찾는 실용적인 사랑이다. 사랑에 대한 환상이나 낭만을 기대하지 않으며 자신의 처지와 조건에 어울리는 사람을 만나서 서로 아껴가며 오래도록 함께 살아가는 것을 목표로 삼는다. 따라서 자신에게 가장 잘 어울리는 배우자를 구하고 두 사람과의 관계가 잘 어울리는지에 관심이 있다. 상대방의 능력, 경제 수준, 학벌, 가정 환경, 성격, 외모, 종교 등을 고려하며 현실적이고 현명한 사랑을 추구하기 때문에 관계를 지속하기 어려운 대상은 처음부터 포기한다. 대체적으로 어린 시절과 현재의 삶이 비슷하다고 생각하며 자신이 노력만 하면 목적을 달성하고 성공도 할 수 있다고 생각하는 경향이 있는 사람들이다.
- 이타적 사랑(Agape) : 자신을 희생하고 헌신하기를 좋아하는 타인 중심적 특징을 가지고 아무런 조건 없이 사랑하는 이에게 사랑을 베푸는 것을 의무라고 생각하는 유형이다. 사랑은 마음이 아닌 머리가 더 많은 작용을 하며 감정이 아닌 의지의 표출이다. 이런 사랑을 하는 사람은 상대방이 자신보다 다른 누군가와 함께 있는 것이 낫고 행복하다고 생각하면 상대방을 위해 관계를 포기할 수도 있다.

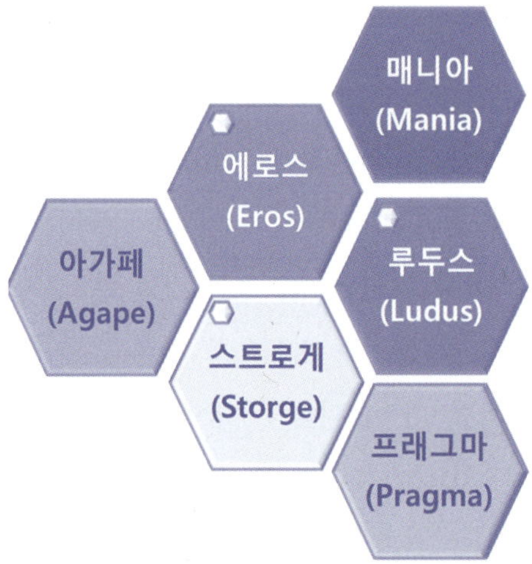

[그림 8-2] 리의 사랑의 유형

(2) 라스웰과 랍슨즈의 분류 유형

라스웰(Lassewell)과 랍슨즈(Lobsenz)는 리(Lee)의 1, 2차 분류인 6가지 유형에 성적인 사랑을 더 추가하였다. 이 성적인 사랑은 상대방을 성행위의 파트너로만 생각하는 유형의 사랑으로 인간의 원초적 본능에 초점이 맞춰져 있다. '사랑이 있는 사랑'이 아니라 '사랑이 없는 사랑'으로 불린다. 여기에서는 '사랑'이라는 용어가 두 가지 의미로 사용되고 있다. 앞의 '사랑'은 정서적인 의미의 사랑이고 뒤의 '사랑'은 성행위를 의미한다. 이러한 사랑을 하는 사람은 정신·정서적 황홀감보다는 육체적 쾌락을 중요시하기 때문에 상대방이 육체적 매력을 상실하거나 상대방에 대해 싫증을 느끼면 또 다른 성적인 쾌락을 위해 파트너를 바꾼다.

(3) 스턴버그의 분류 유형

스턴버그(Sternberg)는 사랑의 3가지 구성 요소인 친밀감, 열정, 책임감을 삼각형으로 하여 이 구성 요소가 어떻게 균형을 유지하며 사랑의 정도와 형태에 따라 질적으로 다른지를 분류하였다. 3개의 각이 같은 정삼각형은 이상적으로 균형을 이룬 사랑을 나타낸다. 스턴버그는 사랑에 대해 친밀감만 있는 사랑, 열정만 있는 도취된 사랑, 책임감만 있는 공허한 사랑, 친밀감과 열정이 결합한 낭만적 사랑, 책임감과 친밀감이 결합한 우애적 사랑, 열정과 책임감이 결합한 얼빠진 사랑, 사랑의 3요소가 모두 있는 완전한 사랑, 사랑의 3요소가 모두 결여된 사랑이 아닌 것 등 8가지 유형으로 분류하였다(〈표 8-2〉, [그림 8-3] 참고).

〈표 8-2〉 스턴버그의 사랑의 유형

속성	구성 요소		
	친밀감	열정	책임감
친밀감만 있는 사랑	○	×	×
도취된 사랑	×	○	×
공허한 사랑	×	×	○
낭만적 사랑	○	○	×
우애적 사랑	○	×	○
얼빠진 사랑	×	○	○
완전한 사랑	○	○	○
사랑이 아닌 것	×	×	×

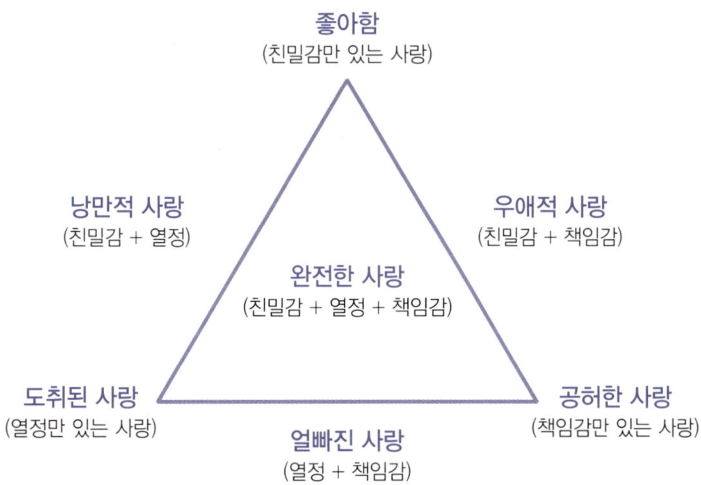

[그림 8-3] 스턴버그의 3가지 사랑 요소를 조합한 사랑의 유형

4) 이성관계와 의사소통

(1) 이성관계의 노력

이성관계를 유지하기 위해서는 여러 어려움을 극복할 수 있을 정도로 서로에 대한 헌신적인 노력과 성실성이 필요하다. 그리고 관계를 지속하기 위한 전략이 필요한데 장기간 개입을 하기 전에 서로에 대해 충분히 알 수 있는 시간을 갖고 파트너 및 관계에서 긍정적인 면들을 강조해야 한다. 그리고 오랜 관계에서 신기함을 일으키는 방법을 찾아내며, 효과적인 갈등 관리 기술을 개발하는 것이 필요하다. 그리고 다음의 노력들이 이루어져야 한다(김은영, 2016).

첫째, 사랑과 집착을 구분한다.

둘째, 동정과 사랑을 혼동하지 않는다.

셋째, 너무 낭만적인 사랑을 기대하지 않는다.

넷째, 어떤 관계도 완전할 수 없음을 명심한다.

다섯째, 현재의 문제 상황에 대해 객관적으로 분석한다.

여섯째, 문제 해결을 위해 주변 사람들에게 도움을 청한다.

(2) 이성관계의 과제

사랑은 기쁨, 행복, 황홀감을 가져다주지만 그 뒤에는 어느 정도의 불안, 슬픔, 고통이 따른다. 이러한 사랑의 심리적 해결 과제에 대해 살펴보겠다.

첫째, 과민하게 된다. 사랑을 하게 되면 사람이 감각적, 정신적으로 예민해져서 상대방이 말, 눈빛, 몸짓 하나에도 그 의미를 찾으려 하고 과연 나를 좋아하는 것인지 거부하는 것인지 촉각을 곤두세운다.

둘째, 감정의 동요가 심해진다. 사랑을 시작하면 상대방의 반응에 따라 기쁨과 행복감에 있다가 갑자기 절망감과 불안에 빠지는 등 감정이 수시로 변하고, 감정의 강도가 커지는 등 매우 불안정한 감정 상태가 된다.

셋째, 거부에 대한 두려움이 생긴다. 사랑을 하게 되면 자신이 사랑하는 사람으로부터 거부당할 것에 대해 과도하게 두려워하는 마음이 생긴다. 그래서 상대방에게 사랑을 솔직하게 직접적으로 고백하기보다는 매우 모호하고 우회적인 방식으로 은밀히 표현한다.

넷째, 열등감이 확산된다. 사랑을 시작하게 되면 자신의 장점은 작게 느껴지고 가지고 있던 열등감은 확대되어 잠재해 있던 열등감, 콤플렉스 등은 크게 부각된다. 반면에 상대방에 대해서는 결점보다는 장점이 실제 이상으로 크게 느껴지면서 자기 자신이 더욱 작고 초라하게 느껴지고 자신감을 잃고 위축된다.

다섯째, 의심이 생긴다. 사랑을 하게 되면 상대방이 과연 나만 사랑하고 있는지 나를 속이고 있는 건 아닌지 자꾸 의심하게 되며 상대방의 사랑을 자꾸 확인하고 싶어지지만 사랑에 대한 확실한 확인을 받아도 의심이 완전히 사라지지 않기 때문에 오해가 생기게 된다,

여섯째, 질투가 생긴다. 상대방에게 호의적으로 접근하는 잠재적 경쟁 상대에 대해 질투심과 적개심을 느끼게 된다.

일곱째, 외로움과 불완전감이 생긴다. 혼자서도 잘 지내던 사람이 사랑을 하게 되면 혼자 있을 때 허전하고 마음이 안정되지 않고 부족함과 불완전함을 느끼는 등 혼자 있는 상태가 매우 힘들게 느껴진다.

여덟째, 상대를 기쁘게 해 주려고 자신의 진정한 내적 자아를 억압하는 문제이다. 이는 자신을 사랑하지 않는 것이라고 볼 수 있다.

아홉째, 상대방을 자신의 틀에 끼워 맞추려 하는 문제이다. 현재의 상태로는 상대방에게 사랑받을 자격이 없다는 말을 전하는 것과 같다. 사랑이라는 이름으로 상대를 바꾸려고 할 때 사랑의 힘은 사라진다.

(3) 좋은 이성관계 유지

처음 이성 친구를 만날 때는 기대감을 가지게 되나 방어기제가 해체되는 편안한 관계가 지속되면서 갈등 상황이 도래하게 된다. 환상적 관계가 역설적 이해관계가 되는 것으로 적응 원리, 욕구 상승의 원리, 비교 원리가 나타나기 때문이다. 사람은 적응 원리 때문에 익숙해지면 둔감해진다. 그러므로 시간이 지나면 적응되어 행복한 기분이 지속되지 않을 수 있다. 이성과 좋은 관계를 유지하기 위해서는 다름과 차이에 대해서 잘 이해하고 다음과 같이 극복해 나가야 한다.

① 습관의 문제 극복 : 관계에 가장 큰 방해꾼은 파괴적 습관 문제이다. 습관은 제2의 천성이기 때문에 잘 고쳐지지 않는다. 자신에게 익숙한 습관의 문제에 부딪치면 양보하지 않는 경향이 있으나 잘못된 습관은 바로잡아야 한다.

② 생각과 시각 차이 극복 : 대인관계 문제의 80%는 생각과 시각 차이의 오해로 생긴다. 관심이 없는 사람이라면 신경을 덜 쓰기 때문에 문제가 커지지 않지만 이성 간에는 문제가 커질 수 있으므로 오해가 될 문제가 생기면 감정을 앞세우지 말고 자신을 돌이켜 보고 지혜롭게 해결할 수 있는 방안을 찾아야 한다.

③ 심리적 거리 좁히기 : 건강한 관계를 위해서는 물리적 거리보다 심리적 거리에 문제가 없어야 한다. 아무리 물리적으로 가까이 있다고 할지라도 심리적 거리를 좁히지 못한다면 좋은 관계를 유지할 수 없게 된다(오윤선, 2014).

9장

직장 내 대인관계와 의사소통

1. 직업의 의미

어떤 직업을 선택하고 어떤 성취를 이루는가는 인생에 있어 매우 중요한 일이라고 할 수 있다. 그리고 직장 가운데서 동료들과 대인관계는 개인의 행복한 삶에 중요한 역할을 한다.

직업은 개인이 사회에서 생활을 영위할 목적으로 한 가지 일에 종사하는 지속적인 사회 활동이라고 할 수 있는데, 경제적인 보상뿐 아니라 개인이 지닌 잠재 능력을 발휘하는 자기실현 활동이기도 하다. 우리는 정규적인 교육을 마치게 되면 사회로 진출하여 직업을 갖게 된다. 이는 인생의 변화이며 생활에 많은 변화를 가져오는데 인생에서 직업이 차지하는 의미는 무엇인지 살펴보겠다.

첫째, 직업은 생계 유지의 기본 수단으로 생활에 필요한 경제적 소득을 얻는 근거가 된다. 생존에 필요한 의식주의 조건을 마련하기 위한 생산적 활동이 직업인 것이다.

둘째, 직장은 경제적 보상을 제공하는 대가로 종사자에게 업무 수행을 요구한다. 고용주나 상사는 피고용자나 부하 직원에 대한 기대와 요구를 갖게 된다. 그래서 직장에서 요구하는 기본 방침을 따라야 하고 주어지는 업무를 수행해야 한다. 그렇게 했을 때 그 결과에 따라 진급이나 월급 인상과 같은 다양한 보상을 받게 된다.

셋째, 직장은 자신의 능력을 발휘하는 자기실현의 장이기도 하다. 자신의 개성과 능력을 발휘하여 자신이 추구하는 인생의 목표와 가치를 실현하는 곳이다.

넷째, 직장은 인생에서 가장 많은 시간을 보내는 곳이다. 정규 교육을 마치게 되는 10대 후반 또는 대학을 졸업한 20대 중반부터 직장에 들어가게 된다. 이때부터 퇴직을 하는 날까지 하루 8시간 내외로 30~40년을 보내게 된다. 한 직장에서 정년 퇴직까지 또는 중간에 몇 번 바뀔 수도 있지만 가장 많은 시간을 보내는 곳이 직장이다. 이곳에서 대인관계가 원만하지 못하다면 삶의 만족도에 중요한 영향을 미치게 된다.

다섯째, 직장은 여러 사람으로 구성된 인적 조직 구조를 갖는다. 그러므로 모든 직장은 나름대로 조직과 운영 방침을 가지고 있으며 피고용자는 그러한 조직과 운영 방침에 적응해야 한다. 따라서 효율적인 업무 수행을 위해서는 직장 내 또는 관리기관의 직원들과 원활한 대인관계가 필수적이다.

이렇게 직장은 일과 직장 동료들과의 사랑, 즉 대인관계와 업무 활동의 조화를 통해 삶의 의미를 찾는 곳이다(권석만, 2004).

2. 직업 선택

1) 직업 선택의 요소

불만족스러운 직장 생활이나 전직 및 이직은 또 하나의 부담과 고통이 될 수 있기에 직업 선택을 위해서는 신중해야 한다. 직업의 만족도를 결정하는 요인은 개인–직업 부합(person–vocation fit)이라고 하는데, 좋은 직업이라고 해서 누구에게나 만족을 주는 것이 아니며 우수한 사람이라고 해서 어떤 직업에서나 성공하는 것은 아니다. 자신의 특성을 잘 알고 적합한 직업을 선택해야 한다. 직업 선택에 필요한 요소들은 다음과 같다.

(1) 가치관

사람은 누구나 자신이 가치 있는 일을 할 때 만족하게 된다. 따라서 자신이 추구하고자 하는 가치관을 고려하여 그에 알맞은 직업을 탐색하고 선택하는 것이 중요하다. 가치관은 개인이 특정 상황에서 어떤 선택이나 결정을 내려야 할 때 특정한 방향으로 행동하게 하는 원칙, 믿음, 신념을 의미하는 것으로 옳고 그름 또는 아름다움과 추함을 판단하는 내면적인 준거이다. 이 가치관은 성장 과정을 통해 살아온 환경과 주위 사람들의 영향을 받아 형성되는 것으로 특히 어린 시절 부모나 좋아하는 사람들의 행동을 내면화함으로써 형성된다. 이후 성장하면서 점차 정형화되는 것으로 다양한 방식으로 분류된다.

그런데 이 가치관은 평소에 잘 지각되지 않아 잘 탐색해 보아야 한다. 그 방법은 다음과 같다.

첫째, 자신에게 여러 가지 질문을 던져 자신의 가치관을 의식화한다. 예를 들어, '어떤 삶이 가치 있는 삶이라고 생각하는가?', '어떤 일과 활동을 할 때 가장 가치 있는 일을 했다고 느끼는가?', '인생에서 무엇을 중요하게 여기며 살 것인가?' 등 자신에게 지속적으로 질문을 던짐으로써 의식하지 못했던 가치관이 드러날 수 있게 하는 것이다.

둘째, 표준화된 검사를 통해서 자신의 가치관을 평가해 보는 방법으로 교육 상담이나 진로 상담을 통하여 받아 볼 수 있다.

셋째, 가치 명료화 프로그램이라는 집단 프로그램을 통해 가치관을 평가해 볼 수 있다. 이 집단 프로그램은 여러 명이 전문 인도자의 안내에 따라 가치관을 탐색하게 된다.

(2) 흥미

우리는 흥미 있는 일을 할 때 힘든 줄 모르고 몰두하게 되고 좋은 결과를 얻게 된다. 흥미는 일에 대한 몰두와 성과에 영향을 미치는 중요한 요인이 되는 것이다. 흥미는 '어떤 종류의 활동이나 사물에 대해서 특별한 관심이나 주의를 갖게 하는 개인의 일반화된 행동 경향'을 의미하는 것으로 개인으로 하여금 특정한 일에 즐거움을 느끼고 호기심을 갖게 하는 동기적 성향을 뜻한다. 개인의 직업에 대한 만족도, 노력의 투여량, 지속적 종사 기간을 결정하는 중요한 요인이 되는 이 흥미는 성장함에 따라 변화한다. 어린 시절에는 단편적이고 잘 분화되어 있지 않으며 일시적인 형태로 나타나지만 성장함에 따라 점차 분화되고 구체화되는 경향이 있으며 보다 지속적인 형태로 변화한다.

(3) 적성

사람은 누구나 나름대로 특정한 분야에 뛰어난 능력을 가지고 있는데 자신의 독특한 능력, 즉 적성을 고려하여 직업을 선택하는 것이 중요하다. 적성은 타고난 능력이나 소실이라고 할 만큼 유선적인 성향이 강하지만 학습 경험이나 훈련에 의해서 개발될 수 있다는 것이 일반적인 견해이다. 또한 적성은 특수한 분야에 대한 지적 능력을 의미하는 것으로 특정한 직업을 수행하는 데 필요한 지능 혹은 능력이다. 일반적으로 적성은 언어 능력, 수리 능력, 공간 지각 능력, 수공 능력, 운동 조절 능력, 사무 지각 능력, 형태 지각 능력 등을 포함하는 것으로 표준화된 적성 검사를 통해 평가할 수 있다.

(4) 성격

개인의 성격은 시간과 상황에 상관없이 지속적이고 일관된 특성으로, 그 사람의 정서적인 반응과 사회적 행동에 강력한 영향을 미친다. 많은 사람과 접촉하는 활동적인 일을 좋아하는 사람이 있는가 하면 어떤 사람은 사무실에서 자료를 정리하고 계획하는 일을 좋아하며 그런 일을 꼼꼼하게 잘 처리한다. 이러한 것은 서로 성격이 다르기 때문인데 작업의 만족도와 성과에 영향을 미치는 중요한 요인 중의 하나가 된다. 홀랜드(Holland, 1985)는 직업 선택에 있어서 개인의 성격 유형과 부합한 직업 유형을 크게 6가지로 구분하였다([그림 9-1] 참고).

① 실재(현실)형(realistic type) : 솔직함, 성실함, 검소함, 실재적임, 물질주의적임, 수줍음 등 많은 성격 특성을 가지고 있다. 그리고 비관여적이고 간접적인 대인관계를 좋아하고 언어적 기술이나 대인관계 기술이 부족하다.

② 예술형(artistic type) : 성격 특성은 비조직적, 정서적, 상상적, 이상적, 충동적, 내성적, 직관적, 창의적이다. 그리고 언어, 음악, 미술 등에 관련된 것을 좋아하고 간접적인 대인관계를 좋아하며 자신을 예술적 능력을 가진 자로 지각한다.

③ 기업형(enterprising type) : 성격은 논쟁적, 모험적, 야심적, 정력적, 설득적, 지배적, 낙천적, 사교적, 충동적이며 자신의 이익을 위해 다른 사람을 설득하는 일을 좋아한다. 조직적인 활동을 좋아해서 지도자적 역할에 흥미를 지니며 추상적이거나 과학적 활동은 싫어한다. 자신감이 있고 권력, 지위, 존경받는 것을 가치 있게 생각한다.

④ 사회형(social type) : 성격은 협동적, 사교적, 진실함, 설득적이며 사람을 이해하려고 하고 돕거나 돌보고 가르치는 일에 흥미를 느낀다. 손기술이나 기계적인 능력을 가볍게 여기며 물건이나 자료를 다루는 일을 싫어한다. 언어적 기술과 대인관계 기술이 풍부하다.

⑤ 관습형(conventional type) : 성격은 동조적, 양심적, 규범적, 지속적, 실천적, 자아 통합적, 구조화된 언어·수리적 활동 등을 잘 수행하고 사무적인 일에

능력이 있다. 자료를 정리하고 보관하며 조직하는 활동을 잘하는 반면, 예술적인 분야의 활동을 싫어한다.

⑥ 탐구형(investigative type) : 합리적, 분석적, 추상적, 독립적이고 호기심이 많은 성격이다. 매사에 정확하며 물리학, 생물학, 사회 과학 등의 분야에서 조직적인 일이나 창의적인 연구에 흥미를 가진다.

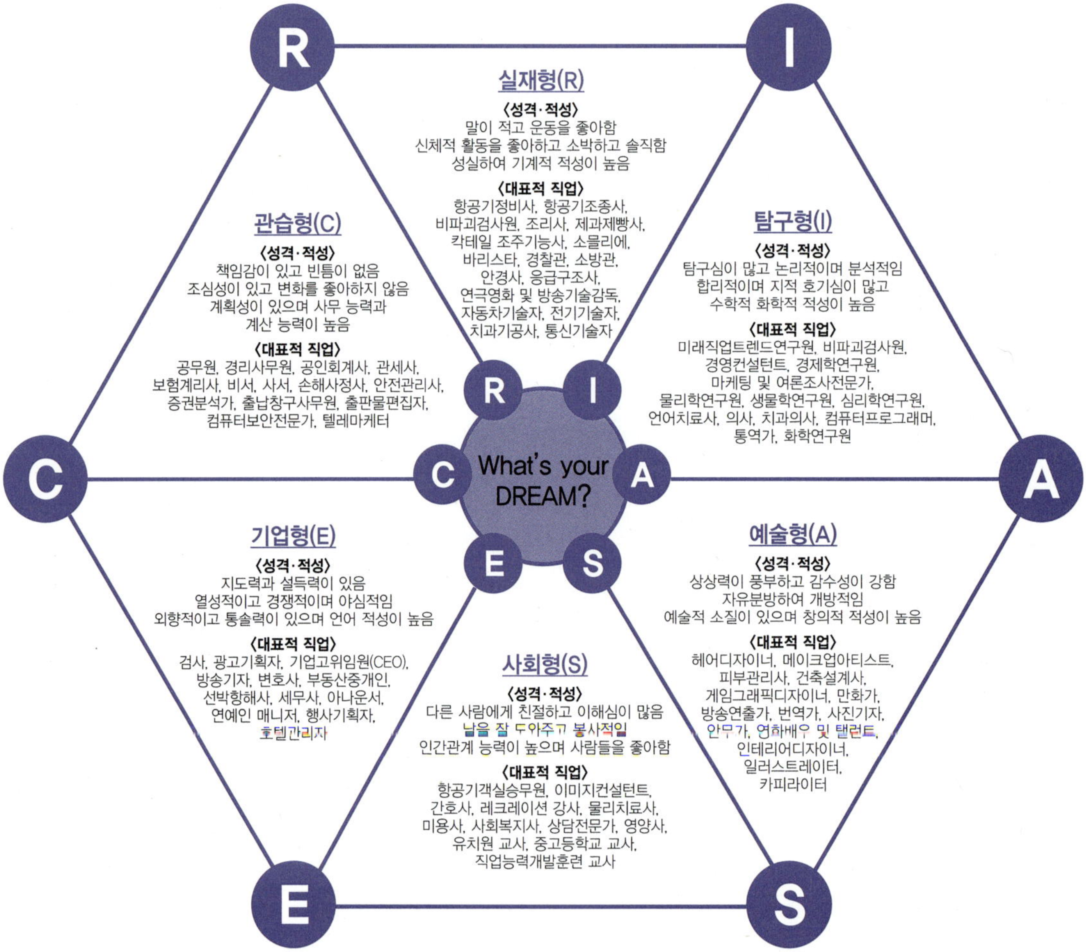

[그림 9-1] 홀랜드의 직업 적성 검사

(5) 직업의 속성과 전망

직업을 선택하기 전에 직업의 구체적인 내용과 함께 그 특성과 어떤 적성과 성격을 필요로 하는지 정확한 지식을 가져야 한다. 그리고 어떤 보상이 주어지며 고충과 부담은 물론 그 직업의 미래 전망은 어떠한지 고려하는 것이 바람직하다.

(6) 가족의 기대와 지원

부모는 자녀의 직업에 대해 나름대로 기대와 소망을 가지고 있다. 따라서 부모와 많은 대화를 통해 기대를 충분히 고려할 필요가 있다. 어떤 직업은 부모의 경제적 또는 사회적 지원이 필요한 경우도 있어 가족의 기대와 지원 요인도 고려함이 바람직하다. 또 직업 선택에 있어서 부모, 교사, 상담자, 선배, 친구의 의견을 경청하는 것이 바람직하나 자신의 인생을 설계하는 것이므로 선택의 주체는 자신이 되는 것이 중요하다.

2) 직업 실현 과정

우리는 어린 시절부터 어떤 사람이 될 것이라는 꿈을 지니게 되고 점차 성장함에 따라 현실을 고려한 선택으로 이어지며 자신의 잠재력을 펼쳐 가게 된다. 직업을 선택하고 실현해 가는 5단계 과정을 살펴보겠다(Super, 1973).

(1) 성장기(4~14세)

양육 과정에서 중요한 사람과 동일시하며 이상적인 자기상을 발달시키는 단계로 비현실적이고 환상적인 욕구에 근거하여 생각하는 환상기(4~10세), 흥미에 따라 진로의 목표를 결정하는 흥미기(11~12세) 그리고 능력을 중심으로 진로를 선택하는 능력기(13~14세)로 구분된다.

(2) 탐색기(15~24세)

학교생활이나 여가 활동 등을 통해서 자신의 특성을 이해하고 다양한 역할을 수행하면서 정체감을 형성하고 이에 기초하여 직업을 탐색하는 시기이다. 이 시기는 다시 3단계로 세분하는데 자신의 욕구, 흥미, 능력을 고려하여 잠정적으로 진로를 선택하는 잠정기(15~18세), 장래에 희망하는 직업에 필요한 교육과 훈련을 받으며 직업에 관한 마음을 굳혀가는 전환기(19~21세), 자신에게 적합하다고 판단되는 직업을 선택하는 시행기(22~24세)로 구분된다.

(3) 확립기(25~44세)

자신에게 적합한 직업 분야를 발견하여 업무를 수행하고 자신의 지위를 확립해 가는 시기로 2단계로 다시 구분한다. 자신이 선택한 일을 찾는 과정에서 시행착오를 경험할 가능성이 높은 시행기(25~30세)와 선택한 직업에서 안정적인 활동을 하며 만족감과 소속감을 경험하는 안정기(31~44세)로 나누어진다.

(4) 유지기(45~65세)

자신이 선택한 직업에서 안정되고 숙련된 업무 수행을 통해 비교적 만족스럽고 안정된 생활과 심리 상태를 경험하는 시기이다.

(5) 쇠퇴기(65세 이후)

개인의 육체적, 정신적 기능이 쇠퇴함에 따라 직업 세계에서 은퇴를 하고 새로운 역할과 활동을 갖게 되는 시기이다.

수퍼(Super)는 특히 개인이 원하는 직업의 선택이 실제적으로 이루어지고 그 분야에서 직업적으로 안정적인 발전과 함께 자아개념을 완성해 가는 탐색기와 확립기가 중요함을 강조하였다.

3. 직장의 조직과 인사

직장인으로서의 삶은 학교 사회에서 직업 사회로의 생활 터전 변화에 적응해야 되는 중요한 과제가 기다리고 있다. 주어진 업무를 잘 파악하고 수행하며 또 직업 사회의 속성 이해와 함께 조직 구조를 잘 파악하여 현명하게 처신해야 하는 것이다. 모든 조직은 공통의 목적을 추구하고 달성하기 위하여 다양한 활동을 수행하는 사람들과의 협력이 중요하므로 직업적 업무 수행에 있어서 조직과 인사를 이해해야 한다.

1) 직장 조직

대부분의 직장은 효율적인 운영을 위해 조직적 구조를 갖는다. 이는 크게 권력 구조, 통신 구조, 친교 구조로 나누어 이해할 수 있다.

(1) 권력 구조

권력 구조를 잘 이해해야 자신의 위치를 정확하게 파악하고 조화를 이룰 수 있을 뿐 아니라 앞으로 자신이 희망하는 위치에 서기 위한 적절한 행동과 노력을 할 수 있다.

권력 구조는 직장 내의 권한과 역할이 분담되는 구조를 말하는 것으로 직장 구성원 중에 누가 누구의 지시를 받고 명령을 따르는가를 나타내는 구조이다. 그래서 업무를 수행하는 업무 조직에 따른 위계적인 직위 구조가 있다. 권력 구조는 사장에서 말단 직원에 이르는 수직적 관계와 동등한 직위를 가진 직원 간의 수평적 구조로 구성된다. 조직에 따라 차이는 있을 수 있으나 일반적으로 상위 직급에 있는 사람은 하위 직급자에 대한 인사권과 더불어 조직 관리의 권한을 갖는 대신 그에 상응하는 책임을 지게 된다. 또한 여러 부서 중 그 규모나 업무 내용에 따라 발언권이나 의사 결정권에 차이가 있다. 이러한 공식적 권력 구조와 더불어 모든 조직에는 비공식적 권력 구조가 동시에 존재한다. 이 비공식적 권력 구조는 정서적 유대나 친분관계에 따라 명령과 지시를 주고받는 구조로, 친교 구조와 밀접한 관계를 지니며 겉으로 잘 드러나지 않기 때문에 직장에 처음 들어온 사람에게는 잘 파악되지 않는다.

(2) 통신 구조

직장 내에서 정보 교환이 이루어지는 경로나 통신망을 뜻하는 것으로 부서나 구성원이 담당하는 업무의 연관성에 따라 결정되는 경우가 많다.

통신 구조는 집중형 구조와 분산형 구조가 있다. 집중형 구조는 구성원의 한 사람에게 정보가 집결되고 거기서 정보가 각 구성원에게 퍼져 가도록 되어 있는 구조이다. 이런 구조는 정보의 소통이 신속하게 이루어지므로 업무가 효율적으로 진행될 수 있으나 구성원 상호 간의 정보 교환이 부족하여 불평 요인이 될 수도 있다. 흔히 군대나 전제적인 집단 조직에서 볼 수 있는 구조이다. 반면에 분산형 구조는 정보 교류의 핵심적인 위치가 없는 통신 구조로 정보의 전달과 종합이 효율적으로 이루어지지는 못하나 구성원 간의 소통이 자유로워 구성원의 만족도와 사기를 높이는 경향이 있다.

(3) 친교 구조

직장 구성원 간의 개인적인 친분관계를 말하는 것으로 출신 학교, 출신 지역, 취미나 여가 활동의 공유, 업무의 밀접성 등에 영향을 받는 경우가 많다. 이 친교 구조는 비공식적 권력 구조를 형성하는 바탕이 되기도 하지만 그와 전혀 무관하게 이루어질 수도 있다(권석만, 2004).

2) 인사 관리

직장 조직은 사람으로 구성되어 있기 때문에 직원을 선발하고 부서에 배치하며 직무 수행 능력을 평가하여 직위 이동을 결정하는 인사 관리 체계를 가지고 있다(Muchinsky, 2003). 인사 관리의 기능은 다음과 같다.

① 인사 선발 : 지원자를 모집하여 선발 기준에 따라 지원자 중 누구를 뽑을 것인지 결정하는 과정이다.

② 배치 : 선발된 직원을 그의 능력과 속성에 따라 조직의 적절한 부서에 배치하는 것이다.

③ 직무 수행 평가 : 직원이 자신에게 주어진 역할을 얼마나 효과적으로 수행하는지를 평가하는 것이다. 직무 수행 평가 방식은 자기 평가, 동료 평가, 상사 평가 방식이 있으며 상사, 동료, 부하, 자기 자신 등 전방위 평가(360 degree appraisal) 방식을 채택하는 조직도 있다. 평가 결과를 가지고 직원의 인사 교육, 임금과 급여 관리, 배치, 승진, 해고 등에 활용하며 업무 재조정을 위한 부서 이동이나 직원 성과급에도 적용한다.

3) 직무 만족에 영향을 미치는 요인

직무 만족은 자신의 직무로부터 얻는 즐거움의 정도를 말하는 것으로 자신의 직업과 직무에 만족감을 느끼는 것은 개인의 행복에 매우 중요하다. 무친스키(Muchinsky, 2003)에 의하면 개인의 심리적 특성, 직무의 객관적 특성, 직무에 대한 개인의 해석 등은 직무 만족에 영향을 미치는 것으로 알려졌다. 개인적 특성으로는 직무에 대한 태도, 기대, 능력, 정서 등이 있고 개인에게 할당된 직무의 객관적 내용과 속성, 과중성, 업무 시간, 보상 체계, 직무 환경 또한 만족도에 영향을 미친다. 그리고 직무 상황에 대한 개인적 해석은 그가 직장에 대해 지니는 기대와 현실적 여건의 비교를 통해서 이루어지는데, 기대가 높고 현실적 여건이

열악할수록 직무 만족도는 떨어지게 된다. 직무 만족도와 관련된 요인들은 다음과 같다.

(1) 직무 관여

직무 관여는 개인이 자신의 일에 대하여 심리적으로 일체감을 지니는 동시에 자신의 일이 자아상에 중요하다고 인식하는 정도를 의미한다. 직무 관여도가 높은 사람은 자신의 일에서 활기를 얻고 깊게 몰두하게 되며 일에 대한 태도나 접근 방식, 성실성, 직무 수행 정도에 의해 영향을 받는다.

(2) 조직 몰입

조직 몰입은 자신이 속한 조직에 대해서 충성심을 느끼는 정도를 말하는 것으로 조직에 대한 정서적 애착과 일체감, 조직을 떠나면 손해라는 생각, 조직에 남아 있어야 한다는 의무감으로 구성된다. 조직 몰입도가 높은 사람은 직무 만족도 역시 높으며 조직이 어려움에 처하거나 보상이 충분히 이루어지지 않아도 조직에 남아 헌신적으로 직무에 임하게 된다. 직업 몰입은 자신의 직업에 대한 일체감과 충성심을 의미하는 것으로 조직 몰입과 일치할 수도 있고 그렇지 않을 수도 있다.

(3) 조직 공정성

조직 공정성은 조직이 구성원에게 공정한 대우를 하고 있다고 직원이 지각하는 정도를 의미하며 직원의 직무 수행, 이직, 결근, 신뢰, 조직 몰입 등에 영향을 미친다. 조직 공정성은 분배 공정성, 절차 공정성, 상호 작용 공정성으로 구분된다. 분배 공정성은 성과나 결과를 분배하는데 있어서의 공정성을 의미하는 것으로 개인이 기여한 정도에 의해 분배하는 형평성의 원칙, 모든 구성원에게 동등하게 분배되는 평등성의 원칙, 개인의 필요에 의해 분배하는 필요성의 원칙에 의해 분배된다.

조직마다 분배의 원칙이 다르며 어떤 원칙을 적용하느냐에 따라 조직원의 행동이 달라진다. 절차 공정성은 의사 결정을 내리는데 사용하는 정책이나 절차에 대한 공정성으로 어떤 결정을 하는 데에 직원이 참여하여 발언하는 기회의 정도나 의사 결정을 위한 조직의 절차적 규칙이 지켜진 정도에 의해 평가된다. 상호 작용 공정성은 조직이 개인에게 관심을 보이고 존엄한 인격적 존재로 간주하며 개인이 관심을 지니는 조직의 정보를 제공하는 정도를 의미한다.

(4) 심리적 계약

직장에서는 누구에게나 업무가 주어지며 또 지켜야 할 의무가 부여된다. 업무 완수 기한, 출퇴근 시간 등과 같이 공식적으로 명시된 업무나 의무가 있는가 하면 암묵적인 업무와 의무도 있다. 직장 상사나 고용주는 직원들에게 여러 가지 암묵적인 기대를 가지고 있는데, 예를 들어 회사의 일이 폭주할 때는 근무 시간 외에도 일을 해 주길 기대하는 것이다. 그리고 퇴근 시간 후에도 업무를 돕는 직원에 대한 호감도와 신뢰도는 달라진다.

민혜경(1997)은 대졸 사무직 근로자를 대상으로 기업 조직이 근로자에게 기대하는 내용을 조사하였는데 업무 수행, 추가 역할 수행, 자기 계발, 대인관계, 애사심 등을 기대하는 것으로 나타났다.

4. 직장의 대인관계

직장은 공통의 목표와 업무 수행을 위해 조직되어 있으며, 대부분은 위계질서라는 인적 구조 속에서 업무를 하게 된다. 처음 취업을 하면 말단 직원으로 상사와 동료만 존재하게 되며 시간이 흐름에 따라 상사와 동료, 부하 직원이 생기는 상황으로 변하게 된다. 그래서 직장에서는 매우 다양한 대인관계가 펼쳐지게 되며, 서로의 관계가 어떠하냐에 따라 직장 만족도뿐 아니라 삶의 만족도에도 영향을 미치게 된다.

1) 직장인의 일반적 대인관계 유형

(1) 직장에 대한 소속감에 따른 분류

① 직장 중심형 : 직장 동료들과 관계를 중시하며 직장을 삶의 중요한 대인관계 영역으로 생각하는 직장인의 태도를 말한다. 이 유형의 사람은 조직 및 업무에 대한 소속감과 만족도가 높으며 직장 내에서 수행하는 업무에 중요한 의미를 부여하고 관심사나 취향이 일치함으로 업무에 대한 흥미도 높다. 그리고 직장 동료와의 친밀도와 관계 만족도가 높아 직장 동료가 중요한 친구 역할을 하는 경우가 많다. 반면에 직장 내 대인관계에 지나치게 몰입함으로 가족관계나 교우관계와 같은 다른 대인관계를 소홀하게 되는 위험성이 있다.

② 직장 탈피형 : 직장에 대한 소속감과 만족도가 떨어지는 경우에 나타나는 직장인의 대인관계로 직장 동료와의 친밀도나 만족도가 낮아 직장 동료보다 직장 밖의 대인관계를 더 중시한다. 직장 동료와 친밀한 대인관계를 형성하지 못할 뿐 아니라 자신의 적성이나 취미, 관심사가 달라 업무에 대한 흥미가 적은 경우가 많다. 직장은 생활에 필요한 소득을 얻기 위한 곳일 뿐으로 직장 동료와는 업무 이외에 개인적인 문제를 잘 이야기하지 않는다. 직장 내 관계를 소홀히 하여 직장 적응 및 업무 수행에 곤란을 겪을 가능성이 높다.

(2) 직장 구성원 간의 응집력에 따른 분류

① 화합 응집형 : 구성원들이 서로 긍정적 감정과 친밀감을 지니는 동시에 직장에 대한 소속감과 단결력이 높은 경우이다. 이런 유형에는 구성원들의 정서적 유대관계를 중시하는 지도력이 있는 상사가 있는 경우가 대부분이며, 업무 분담이 명료하여 구성원 간의 갈등이 적고 자유로운 직장 분위기를 갖고 있다. 또한 서로 개인적인 대화를 나눌 기회가 많고 경조사에도 적극적으로 참여하며 직장 중심형 대인관계를 나타내는 경향이 있다.

② 대립 분리형 : 직장 구성원들이 서로 적대시하는 두 개 이상의 하위 집단으로 분리되어 있는 경우이며 하위 집단 간에 서로 대립을 보이지만 같은 하위 집단 내에서는 서로 친밀감을 지니며 응집력이 높다. 흔히 부서별로 형성되기도 하지만 같은 부서 내에서도 친분에 따라 분리될 수 있다. 신입 사원이 들어오면 서로 자신의 집단으로 끌어들이기 위한 노력이 이루어진다.

③ 화합 분산형 : 직장 구성원 간에는 비교적 호의적 관계가 유지되나 직장에 대한 응집력은 약한 경우로 지도력 있는 상사가 없거나 개인주의적 성향이 강한 구성원들로 구성되어 있을 때 나타날 수 있다. 구성원들 간 서로 피상적인 대인관계를 유지하는 경우가 많고 직장 내 대인관계보다 직장 밖의 대인관계를 중시하는 직장 탈피형으로 업무가 끝나면 각자의 대인관계 영역으로 흩어지는 현상을 나타낸다.

④ 대립 분산형 : 직장 구성원 간 감정적 갈등이 심하며 직장의 대인관계에 구심점이 없는 경우이다. 직장에 대한 소속감이나 애착이 없으며 직장에서는 경제적 수입을 얻는 것 외에는 자신에게 부여된 일만 할 뿐 구성원 간 협조나 협동이 잘 이루어지지 않는다.

2) 상사의 유형

직장에서 경험하는 가장 어려운 대인관계는 상사와의 관계이다. 수평적인 대인관계에 익숙한 학교생활과 달리 직장에서는 상사를 예의바르게 대하고 업무 지시를 받으며 때로는 업무 미숙에 대한 질책을 받으면서 어려움을 겪을 수 있다. 또한 상사의 위치에 오르면 부하를 효과적으로 지휘하는 일에서 어려움을 겪게 된다. 이러한 과정 속에 흔히 서로에게 불만을 느끼는 적대적 관계를 맺게 되고 업무에도 부정적인 영향을 받게 된다.

(1) 상사의 역할에 따른 분류

직장의 상사는 직원을 통솔하는 리더로서 여러 역할을 하게 된다.

첫째, 업무 지휘자로서 부하 직원들에게 업무를 설정하고 수행 방식을 지시하며 목표 달성을 위해 부하 직원들을 독려하는 역할이다.

둘째, 감독 평가자로서 지시자, 감독자, 혁신자, 중계자, 조정자, 촉진자, 후견자가 되며 부하 직원들이 업무를 제대로 수행하고 있는지 평가하고 감독하는 역할을 한다.

셋째, 선도 혁신자로서 새로운 기술과 지식을 전수할 뿐만 아니라 솔선수범하여 새로운 업무 수행 방식이나 문제 해결 방식을 생각해 내고 실현하는 역할이다.

넷째, 중계 조정자로 부하 직원 간의 업무 협조 체계를 조정하고 부서의 대표로서 타부서나 경영층에 부서의 입장을 설명하고 필요한 자원을 얻어 내는 역할을 한다.

다섯째, 화합 촉진자로서 부하 직원들에게 관심과 애정을 보이고 부서 직원 간의 팀워크를 조성하여 의사 결정에 부서원들을 참여시키는 역할이다.

(2) 상사의 행동 양식에 따른 분류

① 과업 중심형 : 업무 지향적인 지도자로 주로 업무를 분담하고 지시하며 지휘하는 역할을 한다. 부하 직원의 업무 능력과 성과에 주된 관심이 있으며 조직의 능률과 업적은 중시하나 부하 직원의 개인적 생활이나 정서적 교류에는 별 관심이 없다.

② 인간 중심형 : 업무 수행뿐 아니라 인격적 교류에도 큰 가치를 부여하는 상사로 부하 직원 개개인의 성격과 업무 스타일을 존중하며 그에 따른 업무를 배정하기도 한다.

(3) 상사의 지휘 방식에 따른 분류

① 권위형 : 부하 직원에 대해서 지배적이고 통제적인 역할을 하는 상사로 이런 사람은 상사와 부하 직원의 관계를 지배와 종속의 관계로 파악하며 부하 직원의 의견을 수렴하기보다는 자신의 판단에 따라 일방적으로 지시하고 명령하는 행동 패턴을 보인다. 이 유형의 상사는 구성원의 응집력을 높이고 일사불란한 업무 지휘를 통해 효과적인 업무 수행을 달성할 수도 있다.

② 방임형 : 부하 직원의 업무 활동에 비교적 무관심하거나 자신감 없는 상사로 흔히 전문적 능력이나 지도력에 자신감이 없는 상사들일 수 있다. 이런 상사는 부하 직원에게 자율적 권한을 지나치게 많이 부여하는 대신 자신의 역할과 책임을 축소시키는 경향이 있으며 직장 탈피적인 대인관계를 나타낼 수 있다.

③ 민주형 : 부하 직원의 의견을 수렴하고 그들의 재량권을 존중하는 상사이다. 상사와 부하 직원의 관계를 인격적 평등관계로 인식하며 부하 직원과 자유롭고 솔직한 의사소통이 이루어진다. 부하 직원들의 만족도가 높은 반면, 업무 수행 효율성이나 구성원의 응집력은 떨어질 수 있다.

3) 부하의 유형

(1) 부하의 행동 양식에 따른 분류

① 추종형 : 상사의 의견을 존중하고 순종하며 잘 따르는 유형이다. 상사를 높이 평가하고 존경심을 표하며 의견도 적극적으로 지지하고 친교관계를 형성하려는 적극적 추종형과 상사의 지시나 결정을 불만 없이 순종하지만 적극적인 추종 행동을 나타내지 않는 소극적 추종형이 있다.

② 저항형 : 상사의 지휘 방식에 불만을 느끼고 반항적인 행동을 나타낸다. 상사가 권위적이고 지배적인 행동 방식일 경우 노골적으로 이의를 제기하고 반발하는 적극적 저항형과 겉으로 반항하지 않지만 상사의 지시에 잘 따르지 않는 소극적 저항형이 있다.

③ 합리형 : 상사에 대해 일방적 추종이나 저항을 나타내기 보다는 지시 내용의 적절성을 합리적으로 판단하여 행동한다. 즉 상사의 의견을 존중하기는 하나 자신의 의견을 적절하게 제시하는 자기 주장적 행동을 한다.

④ 분리형 : 상사와 소극적인 관계를 맺으며 상사의 지시에도 정서적인 반응을 보이지 않고 무관심한 태도를 보이는 유형으로 조직 몰입도가 낮다.

(2) 부하의 업무 수행 태도에 따른 분류

① 만족 열성형 : 직장과 상사에 호의적인 태도를 지니고 있는 동시에 자신의 업무에 열성적이고 적극적인 사람으로 직업에 대한 만족도가 높다.

② 만족 태만형 : 직장에 대해 호의적인 태도를 지니고 자신도 직장 생활에 만족하지만 업무에 대한 적극성이 결여된 사람이다. 그래서 상사의 눈에는 업무에 적극성과 창의적인 노력이 부족하며 태만한 부하 직원으로 보인다.

③ 불만 열성형 : 직장의 분위기나 상사의 업무 방식에 불만을 가지고 있으나 자신의 업무에는 열성적인 사람이다. 흔히 업무에 대한 흥미와 전문 지식을 갖춘 사람이 많으며 상사에 대해서 매우 도전적이고 개혁적인 제안과 시도를 하게 된다. 권위형 상사인 경우는 불편할 수 있지만 민주형 상사에게는 자기주장적이고 창의적인 노력을 하는 부하 직원으로 비칠 수 있다.

④ 불만 태만형 : 직장에 대한 불만이 많은 동시에 자신의 업무에도 소극적이며 무능한 사람으로 조직 감축 시 우선적 감원 대상이 된다.

4) 동료관계의 유형

직장 동료들은 나이, 전공 분야, 관심사, 업무 내용, 조직에서 겪는 고충 등 여러 측면에서 유사성이 많아 가장 친밀한 직업적 동반자이자 사교적 동반자가 될 수 있다. 그러나 상위직으로 올라갈수록 경쟁자가 되는 미묘한 관계이다.

(1) 돌출형

동료에 대한 경쟁의식이 강한 사람으로 상사에게 자신의 업무 능력이나 성취를 과장되게 표현하거나 각별한 충성 행동을 나타내는 경향이 있다. 때로는 상사의 애정을 독점할 수 있으나 동료들로부터는 빈축을 사거나 따돌림을 당할 수도 있다.

(2) 희생형

동료를 위해서 자신의 이익을 희생하거나 손해를 감수하며 자신의 성취를 드러내지 않거나 다른 동료의 공으로 돌리며 힘든 일을 자원하여 하는 경향이 있다. 이런 사람들은 경쟁관계의 긴장을 참지 못하거나 동료들로부터 소외되는 것을 두려워하는 경향이 있으며 내면적으로 동료나 조직에 대한 불만을 지닐 수 있다.

(3) 원만형

업무 활동이나 상사와의 관계에서 동료들과 균형을 이루는 동시에 동료관계에서 협동과 경쟁의 균형 감각을 지닌 사람이라고 할 수 있다. 그러나 상사의 눈에는 평범한 직원으로 여겨질 수 있다.

(4) 위축형

자신의 직무 능력에 자신감이 없고 동료들에게 열등감을 지니며 동료관계에 소극적인 행동을 나타내는 유형의 사람이다.

5. 직장 생활의 적응과 의사소통

직장인들은 업무 수행 과정에서 상하좌우의 동료 직원들과 교류하는 과정에서 갈등을 경험하게 된다. 일반적으로 직장에서의 대인관계 스트레스는 직무 스트레스보다 더 고통스럽게 느껴지며 직장 부적응의 주요한 원인이 되고 있다. 직장에서 대인관계 어려움은 다양하다. 직장의 전반적인 분위기, 직장 구성원의 특성, 직장에서의 지위 등에 따라 그 내용은 다를 수 있다.

1) 직장 생활 초기의 적응 문제

직장에 처음 입사하게 되면 새롭게 대인관계를 맺는 데에 어려움이 많다. 대학과 같이 자유스러운 분위기와는 전혀 다르게 위계적인 대인관계 구조에 적응하는 것은 누구에게나 쉬운 일은 아니다. 상사를 비롯하여 대인관계 구조적 특성을 잘 파악하고 적절한 행동을 보여야 한다. 무엇보다 상사에 대한 존중적 태도와 적응을 위한 열성적 태도가 중요하다. 그리고 직장의 명시적 또는 암묵적 기대와 규칙을 잘 지키는 것도 중요하다. 어떤 직장이든 고용주나 직장 상사들은 부하 직원에 대해서 여러 가지 암묵적 기대를 가지고 있다. 이러한 기대를 잘 파악하고 그 기대에 어긋나지 않도록 하는 노력이 필요하다. 흔히 부적절한 옷차림새, 근무 시간 어김, 예의 없는 말투, 지나치게 개인주의적인 행동 등 미숙한 처신은 직장에서의 대인관계 적응에 어려움을 초래할 수 있다(오윤선, 2014).

2) 상사와의 갈등

직장은 업무 수행을 위한 위계적 조직 사회이기 때문에 업무를 지시하는 상사와 이를 수행하는 부하 간에 갈등이 생겨나기 쉽다. 직장 생활에서 상사와의 관계는 절대적으로 복종해야 하는 수직적 관계로 인식되었지만 최근 들어 젊은 세대의 분위기는 자기주장을 하고 수평적인 관계를 요구하기에 직장에서의 대인관계는 더욱 어렵다.

직장에서 상사와 부하 직원 간 관계는 상호 작용적이다. 따라서 상사는 부하 직원의 태도에 따라 그들을 대하는 태도가 달라지며, 마찬가지로 부하 직원은 상사의 태도에 따라 그를 대하는 태도가 달라진다. 부당하고 무리한 업무를 강요하는 상사, 평소 업무 지시나 언행에 있어서 부하를 비인격적으로 대하는 상사, 부하 직원의 능력을 무시하는 상사, 부하 직원의 업무 수행에 대한 정당한 평가나 보상을 해주지 않은 상사, 특정한 부하 직원을 편애하거나 홀대하는 상사일 때 불만을 느낀다. 반면에 상사는 부하 직원이 지시한 일을 제대로 수행하지 못하고 사사건건 이의를 제기하거나 저항하고, 예의나 존중적 태도 부족, 조직의 규율을 지키지 않을 때, 조직에 대한 소속감 없이 개별적으로 행동할 때 불만을 느낀다.

대체적으로 상사는 부하 직원의 눈치를 살피지 않지만 부하 직원은 상사의 눈치를 살피게 된다. 그래서 불만을 가진 부하 직원은 직접적으로 불만을 표출하기 어려우므로 업무를 소홀히 하거나 다른 일에서 이의를 제기하는 등 간접적으로 불만을 표출하는 경우가 있다. 그러면 상사는 더욱 불만을 느끼게 되어 더 비판적인 행동을 보임으로 관계가 점점 악화되는 악순환을 형성하게 된다. 이러한 상사와 부하의 상호 작용에 의해서 상사와 부하 직원 간의 갈등은 지속적으로 발생한다(김은영, 2016).

(1) 상사가 원하는 부하 직원의 특성

상사와 원만한 관계를 유지하기 위해서 경영자 혹은 상사가 원하는 부하 직원의 특성에 대하여 이해하고 부하 직원으로서 아래의 요건을 갖추어야 한다. 경영자들이 사원으로서 갖추어야 할 중요한 자질이라고 여기는 것은 지식 활용 능력, 성실성, 전문 기술, 외모, 업무 경험과 이력, 학위, 성적, 자격증, 대인관계 능력, 지도력, 동아리나 자원봉사 활동 경험 등이다(정진선, 문미란, 2008).

① 능력과 기술 : 직무 수행에 필요한 기본적인 지식과 기술을 가지고 있어야 한다. 학교에서 배운 지식을 실제 업무에 적용시킬 수 있는 능력을 지녀야 하는 것이다. 또한 상사들은 업무 지시를 잘 수행할 수 있는 능력과 기술을 지닌 부하 직원을 요구한다.

② 주도성 : 주도성을 지닌 사람은 스스로 일을 하려는 강한 동기를 갖기 때문에 타인의 지속적인 감독이 없이도 기대 이상으로 일을 해낸다. 즉, 솔선수범하여 일을 수행하는 사람이라고 할 수 있다. 상사는 부하 직원이 강한 의욕을 갖고 가능한 한 빨리 스스로 업무를 수행할 수 있도록 솔선수범하기를 요구한다.

③ 협동심 : 어떤 조직이든지 동료들 또는 관련 부서 사람들과 공동으로 일을 추진해야 한다. 따라서 상사들은 협동심이 있어서 다른 사람들과 잘 화합하여 일을 수행하고 조직 전체의 효율성을 높일 수 있는 부하 직원을 선호한다.

④ 회사에 대한 충성심 : 어떤 조직이나 회사든지 거기에 속한 사람들이 일원으로서 자부심과 긍지를 갖기를 원한다. 그리고 회사에 대한 충성심에는 회사의 주요 기밀을 보호하는 자세도 포함된다.

⑤ 적합한 용모 : 그 조직이나 회사의 이미지와 맞는 단정한 용모와 적절한 복장을 의미하는 것으로 상사들은 직원들이 회사의 이미지를 반영한다고 믿기 때문에 직원들이 깔끔하고 단정하게 꾸미고 일하기를 원한다.

⑥ 직장인으로서의 기본적인 태도 : 직장인에게 요구되는 기본적인 태도는 자발적으로 직장의 규칙을 이행하는 태도, 자기의 일에 대해 책임을 지는 태도, 회사의 다른 사람을 수용하여 관심을 기울이는 태도, 근면하고 성실한 태도, 업무 수행을 위해 적절한 융통성이 있는 태도 등이다.

(2) 부하 직원이 기대하는 상사의 능력

부하 직원을 잘 지도하고 관리하여 조직의 목적을 달성할 뿐 아니라 부하 직원과 원만한 관계를 유지하기 위해서 상사는 자신에 대한 부하들의 기대를 알고 있어야 한다. 부하 직원들은 성과에 대한 인정과 승진 가능성, 인격적인 대우, 적절한 작업조건, 공적인 관계뿐 아니라 개인적 친밀감을 유지하는 사회적 유대, 능력 발휘를 통한 자아실현 기회, 부하 직원에 대한 공감적 능력과 배려, 분명한 명령과 지시 그리고 능력 있는 상사이기를 원한다.

3) 동료 직원과의 갈등

동료 직원은 협력자인 동시에 경쟁자이다. 상사의 업무 지시를 같이 수행하면서 업무가 불공정하게 분담되거나 업무를 수행하는 방식이 서로 맞지 않으면 갈등이 유발될 수 있다. 또한 다른 부서의 직원과도 업무에 대해 끊임없이 도움을 주고받는 관계를 맺기 때문에 갈등이 생길 수 있다. 따라서 동료 간에 협력과 선의의 경쟁을 적절히 활용할 수 있도록 하는 것이 필요하다(김은영, 2016).

① 경쟁적 상황에서의 갈등 : 상사의 업무 지시를 공동으로 수행하는 경우가 많기 때문에 업무를 배분하고 수행하는 과정에서 갈등이 생길 수 있다. 또한 서로가 업무 수행 능력을 평가하는 상대적인 비교의 대상이 되기 때문에 경쟁 상황에 놓이게 된다. 특히 동료에 대한 경쟁의식이 강해서 상사에게 자신의 업무 능력이나 성취를 과장되게 표현하거나 과잉 충성을 하는 직원은 상사의 애정을 독점할 수는 있으나 동료들로부터는 빈축을 사거나 따돌림을 받을 수 있다.

② 성격적인 문제로 인한 갈등 : 동료 직원 중 자신의 성격적 측면에서 맞지 않는 사람이 있다면 그로 인한 갈등과 스트레스가 생기게 된다. 이러한 갈등은 업무 수행뿐만 아니라 직장 생활의 모든 면에 영향을 미칠 수 있다.

4) 직장과 가정 간 갈등

직장 생활과 가정생활은 매우 밀접하게 연관되어 영향을 주고받고 있다. 직장이 바빠 가족관계에 소홀해지면 문제가 생길 수 있고, 또 가정에서 스트레스가 있으면 직장 동료나 부하 직원에게 표출될 수도 있다. 개인의 신체적, 심리적, 정서적 자원들은 제한되어 있고 이러한 자원들이 직장과 가정에서 조화롭게 사용되지 못할 때 직장이나 가정에서의 역할 수행에 문제가 생기는 것이다. 따라서 직장 생활과 가정생활이 서로 균형과 조화를 이루어야 하지만 쉽지 않기에 중요한 과제가 된다. 요즘 시대에는 대부분의 여성이 직장 생활을 한다. 특히 가정을 이루고 있는 여성의 경우는 일과 가정 양립을 위해 더 힘들므로 전통적이고 고정 관념적인 성 역할을 강조하기보다 부부가 서로 돕는 것이 중요하다. 원만한 가정과 성공적인 직장 생활을 위해서는 양성성의 영향, 즉 남에 대한 배려가 높은 여성성의 측면과 추진력, 리더십과 같은 남성성의 측면을 모두 지닌 사람으로서 변화를 요구하는 시대에 맞추어 살아가야 한다.

5) 직장 내 조직 문화 부적응

모든 조직은 나름대로의 독특한 문화를 가지고 있으며 이를 조직 문화라고 한다. 조직 문화는 특정한 조직의 구성원들이 공유하고 있는 언어, 가치, 태도, 신념, 관습 등을 의미한다. 조직은 유사한 성격과 가치를 지닌 사람들을 유인하고 그러한 사람들을 선발하여 고용하며, 공유되는 가치와 맞지 않는 사람들을 퇴출시킴으로써 동질적인 가치와 태도로 구성된 조직 문화를 형성하게 된다(Schneider, 1987). 이를 유인–선발–퇴출(attraction–selection–attrition) 모델이라고 한다. 이처럼 대부분의 직장에는 구성원 간의 대인관계에 영향을 미치는 나름대로의 독특한 문화가 있다. 예를 들어 어떤 직장은 직원들 간의 정서적인 유대를 형성하기 위해 자주 회식이나 술자리, 오락이나 유흥을 하며 모든 직원이 이에 참여하도록 강요하는 경우도 있다. 이러한 직장 문화가 개인의 성격이나 가치관에 맞지 않으면 적응하기 어려우며 스트레스 요인이 될 수 있다.

또 잦은 부서 이동이나 전근은 새로운 대인관계 형성이라는 스트레스를 주게 된다. 그뿐만 아니라 먼 근무지로 옮겨야 하는 경우는 가족 전체가 이사를 하거나 혼자 가족과 떨어져 지내야 하는 경우도 생긴다. 이럴 때는 가정생활이나 가족과의 관계에도 많은 변화를 가져올 수 있다.

10장

다문화 사회의 대인관계와 의사소통

1. 다문화의 개념

한 사회의 구성원들이 생활하는 데 있어서 제반 문제에 대처할 수 있도록 사회 구성원들이 공유하고 전승하고 있는 행동 양식, 습관, 태도, 행동, 가치관 등의 총체를 문화라고 할 수 있다. 인류학자 타일러(Tylor, 1958)는 문화란 "사회 구성원으로서 획득한 지식, 신앙, 예술, 도덕, 법률, 풍습, 능력 및 사회 구성원으로서 습득한 습관 등을 포함하는 복합적 총체"라고 정의하였다. 또 미국의 사회학자 소로킨(Sorokin, 1941)은 "상호 작용하는 사람들이 의미들을 객관화하고 사회화시키며 전달하는 매체의 전부"를 문화라고 하였다. 문화에 관한 정의는 수없이 많고 문화를 바라보는 관점 역시 다양하지만, 문화는 한 사회의 구성원으로 태어나면서 지니고 나온 생리적인 것을 제외하고 사회생활을 통해 획득한 모든 것을 의미하는 것이라 할 수 있다(오윤선, 황인숙, 2016). 여기에 반하여 다문화는 여러 유형의 이질적 문화가 한 제도권 아래 상호 교류를 통해 형성되는 것으로 인종, 언어, 종교, 성 등을 포함한다.

'다문화(Multiculture)'라는 용어는 1957년 스위스에서 사용되기 시작하여 1960년대 후반 캐나다에서 대중화되었다. 이후 미국, 호주, 뉴질랜드 등 이민자가 많이 거주하는 영어권 국가로 확대되었다(이승재, 2017). 한국다문화교육연구학회(2014)에 따른 다문화의 사전적 정의는 "학교, 기업, 이웃, 도시 또는 국가와 같은 조직적 수준에서 인종의 다양성과 운용상의 이유를 위하여 하나의 특정 장소의 인구학적 구성에 적용되는 다양한 인종 문화의 수용"이라고 하였다.

다문화를 설명할 때, 먼저 다문화주의와 문화다원주의의 개념 정의가 필요하다. 특히 우리나라 다문화 사회는 국제결혼 가정, 이중 문화 가정, 서로 다른 인종 사이에서 태어난 자녀를 일컫는 가정 등의 다문화 가정이 주를 이루고 있다. 따라서 여기서는 다문화주의와 문화다원주의의 개념과 함께 다문화 가족 구성원의 성격에 따라 구분하여 살펴보겠다.

1) 다문화주의와 문화다원주의

(1) 다문화주의

다문화주의(Multi-culturalism, 多文化主義)는 한 국가나 민족이 하나의 문화를 갖는다는 단문화주의(Mono-culturalism, 單文化主義)에 대비되는 개념으로, '서로 다른 문화를 지닌 민족이나 문화 집단이 하나의 공동체 속에서 공존하는 형태'를 의미한다. 단문화주의에서 다문화주의로의 변화는 자본과 노동의 세계화, 교통 및 통신의 발달 등 여러 요인에 의해 본격화되고 있으며, 다양성을 인정하자는 이론으로 샐러드볼 이론 혹은 모자이크 이론이라고도 불린다. 즉, 세계화가 진행됨에 따라 단일한 민족 국가들이 가지고 있던 다양한 문화를 서로 인정하고 교류하기 위해 여러 문화를 존중하고자 하는 이론으로 여성 문화, 소수파 문화, 비서양 문화 등 여러 유형의 이질적인 주변 문화를 제도권 안으로 수용하자는 입장을 이르는 말이다.

한편으로 이상적인 관점에서 다문화주의는 "상이한 국적, 체류 자격, 인종, 문화적 배경, 성, 연령, 계층적 귀속감 등에 관계없이 모든 인간이 인간으로서의 보편적 권리를 향유하고, 각각의 특수한 삶의 방식을 존중하며 공존할 수 있는 다원주의적인 사회, 문화, 제도, 정서적 기반을 만들어 내기 위한 집합적인 노력"으로 정의되기도 한다. 나아가 다문화주의는 제도적 차원에서 "다양한 문화적 주체들이 특수한 삶의 권리(politics of difference)에 대해 제도적으로 보장받는 것"을 의미하는 것으로도 이해된다(김진숙 외, 2017).

(2) 문화다원주의

문화를 평가하는 기준은 서구의 문화였으며, 서구 문화에 가까우면 '문화'였고 멀면 '야만'으로 분류한 과거의 입장에서 문화다원주의는 1980년대 들어 주목받기 시작했다. 백인 중심의 역사를 흑인의 입장에서 다시 관찰하는 것이 그 한 예이다. 사회를 구성하는 개인이나 집단의 독자적인 가치관, 이념, 목표 등을 인정하고 각각의 독립성과 자율성을 보장하는 것, 또는 그것을 전제로 하여 사회·문화 현상을 파악하고 설명하는 입장을 다원주의라고 한다. 다원주의는 미국에서 동화주의 정책으로 소수 문화를 없애려고 하다가 많은 문제점이 발생하여 문화다원주의로 바뀐 흐름으로, 권력 엘리트에 의하여 지배되는 획일주의를 배격하고 각 분야의 자율성을 인정한다. 문화다원주의는 문화의 다원성 및 다양성을 인정하면서도 주류가 존재하는 것이다(이종복 외, 2014).

2) 다문화 가족

(1) 국제결혼 가정

최저 출산율과 급속도의 고령화 현상, 노동 인구의 감소 등은 외국 여성 결혼 이민자를 흡인하는 요인이 된다. 특히 국제결혼 가정은 한국인 남성과 외국인 여성의 결혼으로 이루어진 가정이 대다수를 차지하고 있다. 남아 선호 사상으로 인한 성비 불균형으로 1990년 이후 결혼 이민자 여성이 매년 급증하고 있는 것이다. 최근 농촌에서는 국제결혼이 활기를 띠고 있으며, 농촌 결혼의 40%에 해당하는 높은 비중을 차지하고 있다(김현희, 2014). 또한 외국과의 교류가 확대되고 유학이나 해외 파견 등의 이유로 중상류층 여성들의 국제결혼이 증가하는 추세에 있다. 통계청(2018) 자료에 의하면, 2015년 결혼 이민자 및 귀화자 가구 수는 1만 7,849가구이며, 2017년 국내 외국인 유학생(대학생) 수는 13만 5,087명이다. 이 유학생 중에도 상당수는 가족을 이루고 왔거나 우리나라에 와서 가정을 이루고 있을 것으로 추정할 수 있다. 또 한편으로는 우리나라가 2013년 「난민법」을 시행한 이후 내전으로 인한 중동 지역과 중국 등에서 난민 신청 또한 꾸준히 증가 추세에 있다. 2016년에는 7,542명이 신청하였고 이 중 98명이 받아들여졌다(통계청, 2018).

(2) 외국인 근로자 가정

세계화의 추세는 자본과 정보뿐만 아니라 사람의 이동을 촉발시키고 있으며, 국가와 민족의 경계를 넘나드는 이주 노동을 더욱 증가시키고 있다(한건수, 2005). 이주 노동은 국가와 지역 간에 일자리를 구할 기회와 임금의 격차가 있는 한 지속될 수밖에 없는 국제적인 현상이다(김현희, 2014). 우리나라는 1970년대까지 노동력을 송출해 왔으나 1987년 노동자 대투쟁 이후 국내 노동자 임금이 상승하였다. 이후 중국과 동남아 노동자들이 입국하여 일을 시작하게 되었다. 이렇게 외국인 근로자의 국내 취업 역사가 점점 길어짐에 따라 외국인 근로자 가정이 점점 증가하는 추세에 있다. 생산·기능직 외국인 근로자 중에서 여러 가지 형태로 가족을 동반하여 거주하거나 국내에서 가족을 형성하는 사례가 종종 나타나고 있다. 그리고 그 가족 구성원에 아동이 포함되는 경우가 많다.

(3) 탈북자(북한이탈 주민) 가정

탈북민이란 다양한 동기로 북한 체제와 사회를 떠나 남한 사회에 정착하고 공식적으로 남한 주민등록을 취득한 북한 지역 출신 주민들을 가리키는 용어이다.

1990년대 중반 북한의 식량 사정 악화를 계기로 꾸준히 증가하기 시작하였고, 2018년 12월 기준 3만 2,476명으로 놀라운 수적 증가를 가져왔다. 최근 들어서는 가족 동반 입국이 늘어나고 있으며 가족 단위의 입국이 증가하면서 여성의 비율과 아동, 장년층의 비율도 증가하였다. 이렇게 남한에 정착한 탈북민이 이룬 가족을 북한이탈 주민 가정이라고 말한다.

2. 다문화 사회의 문제

외국인 근로자, 국제결혼 여성, 외국인 유학생의 유입, 탈북자, 외국인 가정의 자녀 등 국내 체류 외국인의 구성이 다양해지고 있으며 그 수도 증가 추세에 있다. 이러한 다문화 현상은 우리나라를 다양하고 풍요롭게 만들기도 하나, 한편으로는 문화적 차이로 인한 갈등과 편견, 차별 등의 대인관계와 의사소통 문제를 발생시킬 가능성도 있다.

또 다문화 사회는 인종, 민족, 언어, 종교 등의 여러 면에서 이질적인 집단들로 구성된 다인종·다민족 사회를 특징으로 하고 있기 때문에, 이러한 다양성을 어떻게 관리하고 사회적 통합을 유지할 것인가의 문제에 대해 신중한 논의와 함께 정책적 대처가 요구된다.

우리나라에 거주하는 이주민은 대부분 인프라 노마드(infra-nomad)로서 코리언 드림을 가지고 이주해 온 사람들이다. 한국이주여성인권센터(2019) 자료에 따르면, 한국에 거주하고 있는 외국인은 약 220만 명이며 이 가운데 결혼 이주자가 15만 3,648명이고 나머지의 절대 다수가 이주 근로자이다. 이들 이주 근로자들은 우리나라 사회의 주변인으로서 힘든 삶을 살고 있다.

그런가 하면 한국인 남편과 외국인 아내의 이혼 실태가 2003년 이후 꾸준히 증가 추세에 있다. 그러나 국제결혼 후 한국 국적을 취득하면 한국인 가정의 이혼 건수로 집계되어 현재로선 정확한 통계조차 어려운 실정에 있다(홍은미, 2014).

이러한 국제결혼으로 태어난 자녀들인 다문화 학생들도 지속적으로 늘고 있다. 다문화 학생들은 편견 속에 놀림과 괴롭힘뿐 아니라 학교 폭력에 노출되어 학교생활 부적응 및 친구 사귐의 어려움 등의 악순환을 겪고 있다. 이렇게 다문화 가정 자녀가 학교 폭력과 악순환에 노출되는 근본적인 원인이 무엇인지 생각해 볼 필요가 있다. 권력이 없고 돌봐 줄 사람이 부족한 사회 약자로서 받게 되는 것이라면 외국인 노동자와 결혼 이주민이 지속적으로 늘어날 수밖에 없는 우리나라는 국가와 사회가 함께 이를 해결하기 위해 노력해야 할 것이다. 따라서 다문화 문제에 대해 좀 더 구체적으로 살펴보겠다.

1) 개인적 적응의 문제

(1) 언어적 소통의 문제

언어는 세상과 소통하는 가장 강력한 수단 가운데 하나이다. 개인이 한 사회의 구성원으로 살아간다는 것은 그 사회에서 통용되는 언어를 소유하고 그 언어 속에 내포된 사회문화적 맥락을 다른 사람들과 공유함을 의미한다.

의사소통의 문제는 국적을 막론하고 모든 가정에서 모든 주부들이 해결해 나가야 할 중요한 과제임에 틀림없다. 그러나 국제결혼을 한 경우 특히 중개 업체를 통해 단기간에 결혼을 하게 된 경우에는 기본적인 의사 표현 조차 자유롭게 할 수 없는 상황이 대부분이다(조남두, 2013).

(2) 문화적 적응의 문제

한 개인의 역사는 자신과 그가 속한 사회 환경 사이에서 이루어지는 상호 작용의 결과라고 할 수 있다. 개인 밖의 문화가 개인 안에도 담겨 있으며 그가 체득한 문화, 가치관, 삶의 양식은 쉽게 바꾸거나 없애버릴 수 없다. 직장을 찾아서 또는 배우자를 찾아서 더 나은 삶과 행복을 찾아서 한국에 정착하게 된 외국인 근로자와 결혼 이주자, 탈북자들은 그동안 다른 문화적 배경과 역사 속에서 살아왔다. 따라서 모국의 언어, 음식, 관습, 제도, 가치관, 생활 양식과 상이한 맥락의 환경을 접하게 되면 적응하는 과정에서 상당한 어려움과 함께 압박감을 느낄 수 있을 것이다. 몸 안팎으로 문화적 충격과 함께 충돌을 겪게 되는 것이다.

2) 가족적 적응의 문제

(1) 가족관계 및 생활의 문제

다문화 가족이 해결해야 할 적응의 문제 중 가장 큰 문제 대상은 국제결혼 가족이다. 서로 다른 문화 환경에서 자란 사람들이 만나 빚어진 문화적 충격이나 갈등과 적응이 가정이라는 일차 집단을 형성함으로 극명하게 문제를 드러내기 때문이다. 낯선 환경에서 가족이라는 울타리 가운데 겪는 가족관계, 가족생활, 가족 체계의 문제는 적응해야 할 큰 과제인 것이다.

(2) 자녀 양육 및 교육의 문제

다문화 가족이 한국 생활에서 경험하는 힘겨운 일 중 하나는 자녀 양육과 교육에 관한 문제이다. 우리나라 사람들도 자녀 양육과 교육의 문제는 어려운데, 다문화 가정은 한국 사회 적응 못지않게 다문화 가정의 부모로서 자녀를 돌보고 기르는 일이 큰 과제이다.

다문화 초·중·고생은 최근 6년 사이 급속하게 늘어 12만 명에 달한다. 그런데 다문화 학생들은 여전히 편견 속에 놀림과 괴롭힘뿐 아니라 학교 폭력에 노출되어 2017년 한 해에만 1,278명이 학교를 그만두었다. 여성가족부가 2016년 발표한 전국 다문화 가족 실태 조사(이하 여성가족부 실태 조사)에 따르면, 만 9~24세 다문화 가정 자녀 6만 1,812명 중 5.0%가 학교 폭력 피해를 본 것으로 나타났다. 피해자 중 36%는 '그냥 참고 넘긴다.'고 하였다(중앙일보, 2018). 학생들은 학교에서 괴롭힘을 당해도 말할 대상이 없는 것이 더 문제다. 대부분 맞벌이 가정으로 엄마가 다문화인 경우가 많은데, 엄마 본인이 우리나라 문화 적응과 의사소통의 어려움을 겪고 있다 보니 자녀들의 고통을 들어주지 못하고 있다. 학교에서 보내 온 가정 통신문을 이해하지 못해 학교생활에 필요한 것들을 챙겨 주지 못하며, 언어 제약으로 자녀의 담임 선생님과 상담은 엄두를 내지 못한다. 이러다 보니 자녀들의 문제를 아예 회피하는 상황까지 생기고 있다. 이렇게 다문화 가정은 어머니와 학교 교사 간에 의사소통의 어려움으로 대화가 단절되며 이로 인한 오해뿐만 아니라 자녀 교육에 소극적이고 폐쇄적인 태도를 취할 수 있다. 결국 교육기관과 가정의 연계 학습이 어려워 자녀의 학습 부진을 초래하고 자녀의 생활 습관 형성에 혼란을 초래할 수 있다.

3) 사회적 적응의 문제

(1) 편견과 차별의 문제

우리 사회의 다문화 구성원들은 말과 문화를 익히는 과정에서 그리고 가정을 이루고 자녀를 기르는 과정에서 여러 가지 어려움을 겪게 된다. 이뿐만 아니라 배타적인 사회 분위기 속에서 다름을 인정받거나 존중받지 못하고 차가운 시선 속에서 또 다른 고통에 직면하게 된다. 자민족 중심주의와 인종 차별주의, 문화 우월주의는 이들로 하여금 타국 땅에서 소수자로 무시당하고 배척당하는 느낌을 갖게 한다(최충옥, 2007).

(2) 소외와 갈등의 문제

외국인 근로자나 결혼 이민자, 탈북자들과 같은 다문화 배경의 사회 구성원들은 우리나라에서 이질적인 언어와 문화를 배우고 익혀야 하는 과제에 직면한다. 이주민들은 결혼을 통해 맺은 가족관계와 가족생활 가운데 빚어지는 다양한 도전을 생소한 사회문화적 맥락 속에서 해결해 나가야 하는 것이다. 또한 이들은 문화적 보수성이 농후하고 타문화·이문화에 대한 배타성이 강한 외국인과 한국 사회로부터 수용되지도 존중받지도 못한 채 가정과 이웃, 학교, 직장에서 무시당하거나 차별당하는 경우가 흔하다. 이 같은 상황에서 우리 사회의 다문화 집단, 특히 사회경제적 지위가 낮은 다문화 구성원들이 한국의 또 다른 소외 계층 또는 부적응 집단으로 자리 잡고 있는 상황이다(조남두, 2013).

3. 다문화 사회의 대인관계와 의사소통

우리나라는 표면적으로는 언어와 문화가 단일하다고 전제되지만 그 가운데서도 의사소통에 많은 문제가 발생하고 있다. 이제 다문화 사회로 접어든 우리나라 사람들은 다른 문화를 존중하고 받아들이려는 자세를 갖고 노력을 해야 할 것이다.

서로 다른 문화적 배경을 가진 사람과 일정한 의사소통 목표를 달성하기 위해 소통하는 일은 매우 복잡하고 어려운 일이다. 따라서 문화 간 다양성과 독특함을 인정하고 받아들일 수 있는 여유와 유연한 문하 수용성을 갖춘 소통 능력이 필요하다. 서로 다른 문화적 배경을 가진 사람들은 서로 다른 의사소통관을 가지고 있기 때문에 한 개인이 주어진 상황에 적절하고 효과적인 대인적 행위를 보여 주는 능력이 있다 할지라도, 의사소통 시 서로 다른 문화적 배경을 가진 사람의 관점에서 이해할 수 있는 문화 간 커뮤니케이션의 능력이 없다면 좋은 대인관계적 상호작용을 하기는 어렵다. 다문화 가족이 한국에 살면서 '한글 교육'이 가장 필요하다(김유경 외, 2012)고 답변한 것은 의미가 깊다. 이는 한국에서 소수자로 의사소통을 하며 살아가기 위해서는 다수가 사용하는 언어가 중요함을 보여 준다. 그러나 문화 간 의사소통 능력을 높이기 위해서는 먼저 문화에 대한 이해를 높이는 것이 중요하다(김진숙 외, 2017).

1) 언어적 의사소통 방법의 문화 간 차이

언어적 의사소통 방법의 문화 간 차이에는 어떤 것들이 있는지 살펴보면 다음과 같다.

(1) 언제 말을 할 수 있는가?

어떤 특정한 상황이나 관계 속에서 또는 어떤 특정한 주제에 관한 대화를 나눌 때 '내가 말을 해야 하나 말아야 하나?'에 대한 답은 문화에 따라 다르다. 같은 상황이라도 문화에 따라 말을 선호할 수 있고 침묵을 강조할 수 있다(김천기 외, 2013). 예를 들면 일본에서는 상대방이 자신의 말이나 입장을 전적으로 이해하지 못하거나 수용하지 못하면 입을 다물고 더 이상 말을 하지 않은 반면, 똑같은 상황에서 미국인은 끊임없이 말을 하며 상대방을 설득시키기 위해 안간힘을 쓴다(김천기 외, 2013).

(2) 누가 말을 할 수 있는가?

어떤 조직에서 의사 발언의 기회가 누구에게나 자유로운가 아니면 지위가 높거나 연장자에게 그 권리가 행해지는가는 문화에 따라 다르다. 서양인은 일반적으로 자유롭게 자신의 의견이나 느낌을 솔직하게 표현하는 것에 주저하지 않는다. 반면에 수직적 사회 구조에서는 나이가 많거나 지위가 높은 사람일 경우, 남녀가 섞인 동년배들 간 대화에서도 남자들이 대화를 이끌어 간다.

(3) 얼마나 말해야 하나?

우리나라 사람들은 아는 사람들이 거의 없는 파티에 참석하면 할 말이 없어 어색해 하거나 소외감을 느끼는 데 반해 서양 사람들은 잘 모르는 사람에게도 자연스럽게 접근해서 대화를 끝없이 주고받는다.

(4) 무엇을 말해야 하나?

일단 말을 시작했더라도 어떤 말이 적절한지 아닌지는 문화마다 다르다. 유교권의 문화에 속하여 겸손을 최고의 미덕으로 여기는 동양 사람들은 당연히 글이나 말 속에서 자신을 낮춘다(정현숙, 2001).

한편 호주의 원주민들은 절대로 '왜?'라는 질문을 하지 않는다고 한다. 질문을 하는 일이 대답을 요구하므로 상대에게 큰 부담을 주는 것으로 여기기 때문이라고 한다(김천기 외, 2013).

(5) 어떻게 말해야 하나?

같은 말을 가지고도 어떻게 말을 해야 하는가는 문화마다 차이가 있다. 논리적인 설득법도 문화적으로 달라 미국인들은 서론-본론-결론으로 주어진 삼단논법으로 주장을 펼쳐 나가는 것에 비해, 아랍인들은 자신이 주장하고자 하는 바를 반복하여 말한다고 한다. 한국인들을 포함한 동양인들은 대부분 간접적으로 의사 표현을 한다.

2) 비언어적 의사소통 방법의 문화 간 차이

언어적 의사소통뿐 아니라 비언어적 의사소통에서도 문화 간 차이가 있다. 따라서 이를 이해하고 인식하는 것이 중요하다.

(1) 몸짓과 자세

몸짓 언어는 전달하는 의미가 같은 것도 있고 다른 몸짓이 동일한 의미를 전달하기도 한다. 예를 들어 미국인은 'OK', '훌륭하다(fine)', '완전하다(perfect)', '위대하다(great)'라는 의미를 나타낼 때 엄지와 집게손가락으로 동그라미를 만들어 보인다. 그러나 한국과 일본에서는 그것이 돈을 의미하고, 프랑스에서는 숫자 '0'이나 '별 볼일 없음'을 의미한다(김진숙 외, 2017).

(2) 신체 접촉

신체 접촉 중 악수는 오늘날 상대방에게 소개될 때와 아는 사람들이 서로 만났을 때 거의 대부분의 사회에서 사용된다. 그런데 케냐, 브라질, 칠레 등 많은 국가에서는 남성이 여성에게 악수를 청한다. 한국이나 일본은 악수보다 머리를 숙이는 인사를 선호한다.

(3) 표정과 눈빛

한국인들은 완곡한 거절을 할 때 미소를 짓기도 하며 실수했을 때 당황함을 감추기 위해 미소를 짓는 경우가 자주 있다. 그런데 미국인들은 실수한 사람들에게 진지한 사죄의 표정을 기대하여 그런 상황의 미소는 '잘못은 했지만 신경 안 쓴다.'라는 뜻으로 해석되기 때문에 화를 낸다고 한다. 눈길 또한 문화마다 다르기는 하나, 문화권이 달라도 동일한 의미를 전달하는 것은 공공장소에서 낯선 사람을 오랫동안 뚫어지게 쳐다보는 것은 큰 실수를 범하는 것으로 간주된다(오윤선, 2014).

11장

사이버상의 대인관계와 의사소통

1. 사이버 공간의 의미와 특성

1) 사이버 공간의 의미

사이버 공간이란 컴퓨터 네트워크를 통해 원격적으로 만나고 의견을 개진하거나 토론을 할 수 있는 공간을 의미한다. 1984년 깁슨(Gibson)의 소설 『뉴로맨서(*Neuromancer*)』에서 '사이버 스페이스'라는 용어를 사용하면서 시작되었다고 볼 수 있다. 일반적으로 사이버 공간은 컴퓨터 네트워크가 창출하는 공간적 은유를 의미하는데 구체적으로는 다른 사람들과 공유하고 집단적으로 구성하는 네트워크상의 가상 사회를 뜻한다. 원래 사이버(Cyber)라는 말은 키잡이(조타수)를 의미하는 희랍어 'kubernetes'에서 유래되었다. 변변한 지도나 장비 없이 대양을 항해하는 독자적인 사이버 공간은 커뮤니케이션을 위한 네트워크상의 물리적, 경제적 공간이며 사회적, 문화적 공간인 동시에 대인관계의 공간이다. 능력을 길러야 했던 희랍의 조타수들이 기른 자립심이 내포되어 있다고 할 수 있다(조남두, 윤경원, 2010).

사이버 공간에서는 우리의 일상생활에 영향을 미치는 다양한 정치적, 경제적,

예술적 행위들이 펼쳐지고 있다. 여기에는 무수히 많은 정보가 들어 있고 자신의 생각과 견해를 전 세계적으로 펼치고 여론을 형성할 수 있게 해 주는 매체의 역할을 한다. 또 시공간적 제약, 성별, 연령, 계층, 인종을 초월하여 서로를 연결해 줄 뿐 아니라 쇼핑, 은행 일 처리, 게임을 통한 휴식 등 어디에도 갈 수 있어 일상생활 세계가 되고 있다.

2) 사이버 공간의 특성

사이버 공간은 시공간을 초월하여 허락된 정보에 접근할 수 있는 개방성을 가지고 있다. 그리고 내용과 형식에서 많은 변화가 있으며, 가상 세계의 존재나 현실 세계의 자기가 아닌 제약에서 벗어나 자유로운 커뮤니케이션 활동이 가능하다.

① 사이버 공간은 허가된 범위 내에서 자유로움이 제공된다. 사이버 공간에서는 정보의 공유 및 정보의 개방이 쉬워 정보의 흐름이 매우 신속하게 유통되며 접근이 허락되면 평등성과 자유로움이 보장된다.

② 보안 장치가 발달되면서 새로운 계급이 형성되고 새로운 계급 의식이 도래했는데, 결혼 대상자 및 연애 대상 만남의 사이트 등이 신종 계급 사회의 형성에 앞장서고 있다. 이것은 정보 격차(Digital devide)의 심화로 인한 계급의 생성이다.

③ 구성원들 사이에 대인관계는 메시지로 형성된다. 그리고 외부적인 감정보다 주고받는 정보에 따라 서로의 감정을 주고받는다는 단점이 있다.

④ 인터넷의 사용 실력에 따라 관계적 역량이 달라질 수 있다. 어린 시절부터 컴퓨터 사용이 익숙해진 세대보다 기성세대는 컴퓨터 사용에 따른 역량이 뒤쳐질 수 있다.

⑤ 문자 커뮤니케이션 가운데 윤리 문제가 부각되고 있다. 얼굴을 보지 않고 문자를 통해 의사소통이 이루어지기 때문에 메시지가 비인격적인 것이 되고 강

력한 자기주장이 쉬워진다. 그러므로 상대방의 인격과 권리를 무시하는 방식의 소통행위가 쉽게 일어날 수 있다.

⑥ 익명성에 의해 지배되는 문화 공간이라 생각할 수 있다. 사이버 공간에 참여하는 사람은 익명성을 유지할 수 있어 솔직한 의견 개진을 하는 데 중요한 기능을 한다. 의사소통에 있어 익명성은 자유로운 대화를 촉진시키고 평등한 분위기를 조성하는 데 기여할 수 있다(조경덕, 정성화, 2015).

2. 사이버상의 대인관계

사이버상의 대인관계와 의사소통은 네트워크로 연결된 컴퓨터 시스템을 이용한다. 그리고 커뮤니케이터들이 물리적인 직접 접촉 없이 디지털화된 정보와 의견을 동시적 또는 비동시적으로 생산하며 교환하고 있다. 이렇게 사이버 공간의 의사소통은 컴퓨터를 매개로 하는 공간에서 이루어지는 커뮤니케이션으로 이에 따른 다양한 문제가 노출되고 있다.

1) 사이버상의 대인관계 특징

인터넷은 대인적(interpersonal) 요인과 의사소통적 측면을 모두 내포하는 매체이다. 이메일처럼 전통적인 의사소통 모델인 송신자-매체-수용자의 일방적 과정을 수행하기도 하지만, 유즈넷이나 웹과 같이 집단적인 매체이기도 하다. 인터넷 미디어를 통한 상호 작용적 의사소통은 개인 차원과 집단적 차원에서 이루어져 의사소통 영역을 확대하고 있다. 커뮤니케이션의 시간적 확대(리얼타임 전송)와 공간적 확대(물리적 거리 단축)를 위한 미디어로서의 역할을 하고 있다. 이렇게 현대인들은 상대방을 직접 만나 이야기를 하거나 전화 통화를 하는 것보다 문자 메시지나 인스턴트 메시지를 보내 상대방과 이야기하는 것을 자연스럽고 편하게 여긴다(오윤선, 황인숙, 2016).

또한 인터넷은 시공간을 초월하는 동시적, 비동시적, 현재적인 커뮤니케이션일 뿐만 아니라 검색과 저장, 편집과 같은 능동적인 행위와 기존의 정보를 재활용하고 조정 통제하는 기능까지 수행한다. 그리고 컴퓨터 매개 커뮤니케이션(Computer-Mediated Communication: CMC)으로 물리적인 거리감과 더불어 사회적인 거리감 즉 분위기나 규범상 서로 다하지 못하는 말 혹은 사회적인 거리로부터 벗어나 동질성이 강한 문화적 연대를 구성하는 것이 가능해졌다.

CMC는 다양한 구성원들의 동시적 참여와 상호 작용적 관계 형성이 가능하게 하였다. 생산 소비자가 개별화된 사회를 만들고 정보를 생산하고 전달하며 소비 과정에 소비자 참여가 가능해진 것이다. 이로 인해 민주적인 의사 결정과 공동체 문화를 만들어 내는 매개체로도 활용되고 있다.

그리고 고도의 상호 작용성과 익명성을 보장하는 CMC는 가상의 공동체를 형성하여 수많은 사람들이 컴퓨터와 네트워크를 매개로 말과 생각을 교환할 수 있게 하였다.

2) 자아 표현과 정체성 형성

사회적 관계 속에서 개인들은 인터넷 고유의 커뮤니케이션 양식을 통해 자아를 표현하고 다양한 정체성을 형성하게 된다. 기술의 발달에 따라 인터넷에서 사용하는 자아 표현의 수단이 점점 다양화되어 인터넷을 통해 아이디와 대화명, 아바타, 홈페이지나 블로그 등의 다양한 방법을 통해 자신의 개성을 표현하고 있다. 이처럼 사이버 공간에서의 인상 형성 단서들과 커뮤니케이션 양식은 현실 공간의 그것과는 다르다. 사이버 공간에서의 호감 형성 요인은 기존의 전통적인 대인관계 발달 이론에서 강조하고 있는 물리적 근접성, 외모에 대한 정보 그리고 기타 사회적 매력에 대한 단서 등 많은 요소들의 역할이 축소된다. 이에 비해 유사성의 효과는 더욱 증폭되는 경향성을 보인다.

3) 사회적 교류의 장

인터넷의 사회적 공간이라는 규정은 결국 인터넷을 매개로 형성되는 사회적 관계를 의미한다. 사이버 커뮤니티는 종종 타인과의 관계 속에서 지지를 주고받을 수가 있다는 점에서 현실 세계의 공동체와 유사하다. 인터넷에서 교환되는 사회적 지지는 사이버 사회 특유의 규범이자 질서이며, 사이버 커뮤니티의 소속과 유대를 강화시키는 역할을 하는 것으로 가정된다. 인간은 사회 속에서 다른 사람과 관계를 맺고 상호 지지를 주고받으며 살아간다. 이것은 인간이 타인과의 사회적 상호 작용을 통해서만 충족될 수 있는 기본적인 욕구를 가지기 때문이다. 인간이 이러한 욕구를 충족시키고자 타인과 상호 작용하는 사회적 관계를 통해 얻게 되는 것이 사회적 지지이다.

4) N세대의 새로운 문화 형성

사이버 공간을 이용하는 청소년들은 기성세대와는 다른 새로운 문화나 생활 양식을 형성한다. 새롭고 폭넓은 대인관계와 동호회 등 새로운 공동체를 형성하며 인스타그램 등은 표현의 자유를 누리는 자율의 공간으로 활용하고 있다. 반면에 세대 간 분절과 배타적 정서가 현실 도피적 행위의 온상이 되기도 한다. 커뮤니티나 대화방의 메뉴는 주로 유사성을 기초로 형성된다. 커뮤니티는 동일한 취미, 추구하는 가치관과 태도, 일치하는 관심 분야, 출신 학교나 지역, 연령 등과 같은 비슷한 사회경제적 지위 혹은 인구 통계적 특성 등을 기초로 형성된다. 대화방의 경우도 나이와 관심 분야별로 구분되는데, 이러한 메뉴들의 구분 자체는 인터넷상에서 유사성이라는 요인이 큰 작용을 하고 있다는 것을 시사하고 있다. 사회문화적 변화에 따른 젊은 세대들의 특징은 X세대, Y세대, P세대 등 여러 가지 용어로 지칭되어 왔으며, 현대 사회의 혁명이라 불리는 컴퓨터와 인터넷으로 인하여 청소년들은 기존의 세대와는 구분되는 특성을 갖게 되었다. 정보화 사회에서 컴퓨터와 인터넷 등의 디지털 환경 속에서 자라난 세대들을 탭스콧(Tapscott, 1999)은 N세대(Net Generation) 또는 네트워크 세대라 하였다.

3. 사이버상의 대인관계와 문제점

인터넷은 컴퓨터 기술과 정보통신 기술의 최종 발전체로 정보 공유와 소통의 공간으로 이어지고 있으나 사이버상의 대인관계에는 많은 문제들이 나타나고 있다. 불특정 다수를 향한 수많은 악플과 사이버 폭력, 비아냥거림, 남의 홈페이지에 들어가 훼손시키고 비윤리적인 자료들이 떠돌아다니며 불법 공유되기도 한다. 또 역기능 중 하나는 바로 인터넷 중독이다. 인터넷 없이 컴퓨터를 도저히 못 한다는 말이 나올 정도로 오히려 인터넷이 컴퓨터를 지배해버린 상태다. 건전한 대화를 통해 정보를 주고받는 공간으로 사용하는 사람들도 물론 있다. 그러나 서로의 얼굴을 모르는 상황에서 자행되는 무례한 행동과 가상 공간에서 개발되고 형성되어 가는 다양한 문제들은 지속적으로 고민하고 대책 방안을 찾아야 할 것이다.

1) 현실과 다른 정체성 형성

(1) 가상 공간에서 또 다른 자아 형성

사이버상에서는 자신을 직접적으로 나타내지 않기 때문에 현실에서의 자아와 전혀 별개인 또 다른 자아(자신과 현실적으로는 어울리지는 않지만 희망하는 상상 속에서의 자아)를 만들어 행세할 수 있음으로 현실에서 소극적인 사람도 가상 공간에서는 적극적인 사람으로 변모하기도 한다.

(2) 현실적 자아 은폐

현실에서는 불가능한 일들이 가상 공간에서는 얼마든지 쉽게 가능하기 때문에 성별을 바꾸어 또 다른 자아를 형성하기도 한다. 30대 남자가 10대의 여고생으로 행세하기도 하며 10대의 고등학생이 20대의 청년으로 행세하면서 현실적 자아를 은폐하기도 한다.

(3) 자아와 아바타의 동일화 과정

아바타(avatar)는 원래 힌디어에서 유래된 말로 '분신, 화신'을 뜻하는 말이다. 이 아바타는 '내려오다, 지나가다, 통과하다'라는 의미의 산스크리트어 ava와 '아래, 밑, 땅'이란 뜻의 terr가 합쳐져서 생긴 합성어이다. 고대 인도에서 아바타는 '하늘에서 땅으로 내려온 신의 화신'을 지칭하였지만 지금 현대에 와서는 사이버 공간에서 사용자의 역할을 대신하는 캐릭터를 뜻하는 것으로 쓰이고 있다. 아이디는 텍스트만으로 이루어지기 때문에 한계성이 있어 요즘 신세대들은 텍스트보다는 이미지와 사운드, 동영상을 더 선호한다. 그래서 텍스트만으로 자신을 나타내는 것보다는 멋진 아바타를 꾸며서 가상 공간 속에서 자신의 정체성을 새롭게 확립해 보려는 욕구가 강하게 일고 있는데 이것은 곧 가상 공간 속에서 자신의 정체성을 표출하는 방식이 변화되고 있음을 뜻한다.

과거 네티즌들은 가상 공간에서의 익명성 때문에 마음 놓고 대화하며 서로 커뮤니케이션을 주고받았지만 이제는 자신을 적극적으로 표현하려는 욕구를 갖게 되어 익명성과 표현하려는 욕구를 충족시켜 주는 아바타 쪽으로 눈을 돌리고 있는 것이다.

2) 디지털 생명체 탄생 및 복제

(1) 디지털 동물 복제

현실 세계에서의 생명 복제라는 것은 윤리적인 측면과 여러 가지의 이유로 인하여 쉽지 않은 문제들이 산적해 있는 상황이다. 이러한 가운데 가상 공간에서도 생명 복제의 욕구는 분출되고 있다.

(2) 사이버 인간 캐릭터 탄생

체세포 복제 기술을 통해 양이나 소를 탄생시키듯 컴퓨터 기반 기술을 바탕으로 사이버 인간들을 복제하기 시작하였다.

3) 사이버 공간에서의 청소년 문제

청소년은 인류의 역사에서 새로운 매체가 등장했을 때 접근 가능성이 가장 크며 가장 신속하게 매체에 적응한다. 사이버 공간에서도 청소년들은 그들 앞에 있는 꽉 막힌 상황 즉 입시, 경쟁, 통제 그리고 시간과 공간의 제약을 넘어 신문화인 사이버 문화를 형성하게 되었다. 이렇게 형성된 사이버 공간 속에서의 활동은 긍정적인 부분도 있지만 부정적인 청소년 문제를 야기하고 있다.

(1) 사이버 중독

사이버 중독(Cyber addiction)이란 '정보 이용자가 지나치게 컴퓨터에 접속하여 일상생활에 심각한 사회적, 정신적, 육체적 및 금전적 지장을 받고 있는 상태'라고 정의할 수 있다.

그리고 중독의 의미는 지나친 컴퓨터 사용으로 인하여 의존성, 내성 및 금단 증상이 발현됨을 전제 조건으로 한다(조경덕, 장성화, 2015). 또 다른 정의로는 '현실 세계와 사이버 공간을 구분하지 못하고 사이버 공간에 지나치게 몰입하여 일상생활에서 여러 가지 문제들을 겪는 상태'를 의미한다. 오늘날 수많은 청소년들이 게임 중독에 빠져 있으며, 폭력물과 음란물을 접촉하고 유통되는 데 관계되어 있다. 이로 인해 성에 대한 왜곡된 인식을 주고 정서 발달에 악영향을 미치고 심지어는 성추행 등 성범죄가 유발되고 있다. 청소년기는 미성숙에서 성숙으로 변화해 가는 과정으로 자아가 확립되어 가는 중요한 시기이다. 그런데 무방비 상태로 노출되고 있는 사이버 공간에서의 경험은 청소년의 정체성 형성에도 좋지 않은 영향을 준다. 사이버 중독은 통신 중독, 게임 중독, 음란물 중독으로 분류할 수 있다. 이 중 특히 청소년들에게 악영향을 미치는 통신 중독과 게임 중독 특징을 다음과 같이 정리해 볼 수 있다.

① 통신 중독 : 통신 중독은 정보 이용자가 대화방, 머드 게임, 동호회, 도박, 쇼핑 등으로 인터넷을 과도하게 즐긴다. 그리하여 전자 우편이나 정보 검색을 주로 이용하는 일반인들과는 달리 현실 도피 수단으로 사이버 공간에 빠져든다. 이들은 과도한 통신 중독으로 자기 통제력의 상실, 통신을 통한 행복감의 추구, 사용량의 증가, 일상생활의 부적응, 감정 조절 능력의 감소, 대인관계 장애 등의 현상이 나타난다. 또 채팅을 통하여 모르는 사람과 만나 위험을 초래할 수도 있다(조경덕, 장성화, 2015).

② 게임 중독 : 게임 중독은 점차 어려워지는 게임의 특성상 아쉽게 끝이 난 게임에 대하여 끝까지 도전하게 한다. 또 폭력 게임의 경우는 사람에게 잠재되어 있는 파괴 본능을 만족시킨다. 그리고 가상 공간에서 강력한 파워맨으로 자신을 인식하고 성취 욕구를 느낄 수 있다. 게임 중독을 보이는 청소년은 대인 기피증, 강박감, 편집증, 체력 저하 현상이 발생한다. 이뿐만 아니라 게임의 폭력성에 노출되고 지나친 승부욕으로 인해 건전한 사회생활에 지장을 받게 되며, 현실과 가상을 혼동함으로 현실에서 폭력적인 행동을 보일 수 있다(조경덕, 장성화, 2015).

(2) 사이버 불링

사이버 불링(Cyber bullying)이란 한마디로 특정인을 사이버상에서 집단적으로 따돌리거나 집요하게 괴롭히는 행위를 말한다. 사이버 불링은 '가상 공간' 혹은 '온라인상'을 뜻하는 사이버(cyber)와 '약자 괴롭히기'라는 뜻인 불링(bullying)의 합성어다. 온라인상 약자 괴롭히기 종류도 매우 다양하다. SNS나 카카오톡 등 스마트폰 메신저를 이용해 사이버상에서 특정인을 초대해 욕설하고 괴롭히는 '카톡 감옥방', 사이버상에서 특정인을 친구 목록에서 제외하거나 친구 신청을 거부하는 '사이버 따돌림' 등은 과거에는 볼 수 없었던 새로운 유형의 학교 폭력이다(중부매일, 2018). 즉 카카오톡 등의 스마트폰 메신저와 휴대 전화 문자 메시지 등을 이용해 상대를 지속적으로 괴롭히는 행위를 일컫는다. 사이버 불링에는 인터넷 서비스 아이디를 도용하여 거짓 정보 올리기, 문자로 루머 퍼뜨리기, 휴대폰으로 음해 문자 보내기, 온라인에 거짓 소문 퍼뜨리기 등이 있다.

이렇게 일반적인 집단 괴롭힘과 달리 사이버 불링은 익명성, 상시성, 신속성, 확산성, 시각적 충격 등의 특징을 가지고 있다. 스마트폰과 SNS 보급으로 마음만 먹으면 시공간의 제약 없이 무차별 공격이 가능하고 확산이 빨라 완전한 삭제도 어렵다. 더욱이 동영상, 사진, 음성 녹음 등 디지털 매체가 주는 시청각적인 충격까지 더해지면 폭력의 강도가 훨씬 더 높아진다.

사이버 불링의 가장 큰 문제는 피해의 심각성에 비해 가해 학생들이 이를 범죄로 느끼는 의식이 현저히 낮다는 데 있다. 가해 학생들은 범죄 의식은커녕 이를 하나의 놀이나 오락쯤으로 생각한다. 한 명을 다 같이 따돌리고 괴롭힘으로써 가해 학생들끼리의 유대감이 형성되고, 스스로 그것이 자기들끼리의 우정을 돈독히 만들어 준다는 생각을 갖게 되는 것이다. 「학교폭력예방 및 대책에 관한 법률」에서 사이버 불링을 학교 폭력으로 규정하는 일부 개정안은 2012년 3월 21일 공포되었다(한국법률일보, 2012).

사이버 폭력이 심각하다면 경찰에 바로 신고해야 하며 학교나 관련 기관에 도움을 요청해야 한다. 그리고 증거 자료를 확보하고 감정적으로 대응하지 말고 거부 의사를 밝히며 주위의 어른이나 신뢰하는 선배와 친구에게 말해서 도움을 받아야 한다.

4. 사이버상의 대인관계와 의사소통

1) 사이버상 대인관계의 장단점

정보통신의 발달로 사이버 공간의 활용은 사람들에게 다양한 유익을 주었다. 우리나라의 인터넷 사용자는 폭발적으로 증가하여 2012년에 이미 만 12~59세 국민의 87%가 사용하는 것으로 나타났다. 연령별로 보았을 때는 20대가 99.4%로 가장 높았고, 다음으로 30대(97.8%), 12~19세(93.4%), 40대(84.4%) 등의 순으로 사용하고 있었다(한국인터넷진흥원, 2012). 대다수의 사람들이 사이버를 통한 다양한 소통을 하고 있다고 볼 수 있다. 그리하여 사이버상에서의 커뮤니케이션은 이제 우리 일상에 자리 잡고 있으며, 사용자들의 사용 동기와 목적에 따라 물리적 제약들을 해결해 주고 대인관계를 확장해 주고 있다(장훈, 2013). 그러나 앞에서 살펴보았듯이 또 한편으로는 익명성 및 개인 정보 유출과 중독 등으로 인한 여러 가지 부작용의 문제도 많아 그 장단점에 대해 살펴보겠다.

먼저 사이버상 대인관계의 장점은 블로그, 트위터, 페이스북, 인스턴트 메시지, 커뮤니티 등 다양한 SNS가 매순간 우리 일상에 등장한다는 것이다. SNS는 일반인이 콘텐츠를 생산하고 타인에게 개방하는 등 타인과 소통이 가능한 사회적 매체로 자신의 생각, 경험, 정보 등을 타인과 공유할 수 있다(예: 블로그, 유튜브). 페이스북, 인스타그램, 트위터 등을 통해 타인에게 확산시킬 수 있을 뿐만 아니라 타인과 지속적으로 소통(예: 카카오톡)을 할 수 있다(이동훈, 이민석, 박성민, 이준환, 2010). 이렇게 다양한 방법으로 활용되는 사이버 공간의 긍정적인 영향을 살펴보면 다음과 같다.

첫째, 개인적인 동기에 의해서 인터넷을 이용하는 사람들은 인터넷을 통해 정보를 유통하고 여가를 즐길 수 있다. 이용자들은 자신이 원하는 정보를 찾고 정보를 공유하기도 하며 필요한 물건을 구입하기도 한다. 여가 시간에는 인터넷을 기반으로 한 게임을 하거나 음악을 들으며 보내기도 한다. 이러한 개인적 목적은 인터넷 사용의 가장 많은 부분을 차지한다(한국인터넷진흥원, 2012).

둘째, 인터넷을 이용하여 인맥을 형성하고 유지하며 관리함으로써 사회적인 관계를 확장한다. 사람들은 SNS를 통해 오프라인의 인맥과 연락을 주고받으며 정보를 공유하기도 하고 친구들과 함께 계획을 짜는 것은 물론 새로운 친구를 만들기도 한다(한국인터넷진흥원, 2009; Flanagin, 2005; Lenhart & Madden, 2007).

셋째, 경제적 가치와 정치적 가치에 영향을 준다. SNS는 정보를 주고받고 소통하는데 있어서 적은 수의 유통 단계를 거치며, 소통이 쉽지 않은 다양한 계층에게도 소통이 가능하다. 그리고 정보 유통의 효율성으로 인해 경제적 가치가 높다. 또한 정보 소통의 원활함으로 인해 민주주의 확산, 정보의 평등성, 여론의 자발적 생산 등을 기대하는 전문가들도 있으며, 실제로 인터넷 사용이 자발적 사회봉사 단체나 정치 단체의 참여를 촉진시키는 현상이 나타나고 있다(Wellman, Haase, Witte, & Hampton, 2001; 장훈, 2012).

넷째, 인터넷은 흩어진 소수를 하나로 모아 힘을 형성하기도 한다. 예를 들어 SNS를 통해 대권 후보자들을 지지하거나 사회적으로 이슈가 되는 문제 또는 사건들에 대해 의견을 표출함으로써 흩어진 소수를 하나로 모으는 역할을 하고 있다.

반면에 사이버상 대인관계의 단점은 다음과 같다.

첫째, 사이버상에서는 상대적 익명성으로 인한 부작용이 많다. 각종 폭력성, 범죄 노출의 용이성, 무분별한 포르노그래피 등의 유통과 같은 문제가 심각하다.

둘째, 인터넷 게시판의 악플 혹은 악의적인 소문은 악플 대상에게 심리적으로 상당한 피해를 주고 있다. 그리고 개인 정보 유출, 스팸 메일, 인터넷 중독이 인터넷의 일상적인 문제로 인식되고 있다(한국인터넷진흥원, 2012; 장훈, 2013).

셋째, 인터넷 이용이 학업에 지장을 초래할 수 있다. 미국 학부모들의 2/3가 아이들의 인터넷 사용이 아이들을 고립시킨다고 믿고 있었으며, 40% 정도는 아이들이 인터넷을 통해 반사회적 행동을 발달시킨다고 믿고 있다(Turow, 1999). 그러나 한편으로는 SNS나 인터넷이 생활을 편리하게 해 주며, 인터넷이 없으면 할 수 있는 많은 일상이 제약되기(한국인터넷진흥원, 2012) 때문에 인터넷이 삶에 있어 중요하다는 인식도 점차 증가하고 있다.

넷째, 인터넷 이용으로 면대면 상호 작용이 약화되어 사회적 관계 참여도가 낮아질 수 있다(Turkle, 1996).

다섯째, 사용 시간이 기존의 면대면 커뮤니케이션 시간을 대체함으로 부작용이 나타났다(Nie & Hillygus, 2002).

2) 사이버상의 효과적인 대인관계와 의사소통

(1) 대인관계 확장의 장

시공간을 초월한 소통은 사회성이 높은 개인에게는 이익이 되는 수단이 되고 있다. 인터넷 사용자가 비사용자에 비해 보다 많은 면대면 대화를 하고 전화를 통한 사회적 관계를 많이 하며(Robinson, 2002), 더 친밀한 관계를 형성하는 것으로 나타났다(Lenhart & Madden, 2007). 또 인터넷을 통한 만남이 면대면 만남으로 이어질 가능성이 높고, 질적인 측면에서도 높은 수준일 때도 있다(Stevens & Morris, 2007). 그뿐만 아니라 인터넷을 통한 사회적 관계의 확대는 사회적 자본의 증가로 이어지고(Kavanaugh & Patterson, 2001), 필요한 경우 타인으로부터 도움을 받을 기회를 증가시킬 수 있기 때문에 개인의 삶에 이익이 될 수 있다(Boase & Wellman, 2006).

따라서 시공간을 초월한 사이버상에서의 의사소통은 그 사람의 삶의 활동 영역을 확장시키고 대인관계를 유지하고 증진시키며 관리하는 데 활용될 수 있다.

(2) 사회적 관계 형성의 장

사이버 공간은 상대적인 익명성으로 자기를 노출하지 않고 보다 안전하게 활동하는 장을 마련해 준다. 이는 사회적 소외나 사회적 불안이 있는 사람, 또 1인 가구들에게는 다른 사람과 상호 작용할 수 있는 플랫폼을 제공하고 있는 것이다(Turke, 1995). 그리고 사회적으로 소외된 사람들은 인터넷을 위험이 작은 사회로 인식할 수 있고, 사회적 행위를 연습할 수 있는 공간으로 생각할 수 있다(Campbell, Cumnming, & Hughes, 2006).

한편, 요즘 우리나라 젊은 세대들에게서 인스턴트 메시지는 일상이 되어 잠들기 전까지 타인과 대화하고 일어나자마자 SNS를 확인한다(Perlow, 2012). 스마트폰을 이용한 SNS의 이용은 관계망 속에 자신이 지속적으로 속해 있는지 여부를 확인하고 싶어 하는 욕구로 보이나 결과적으로는 면대면 대화를 방해하기도 한다. 따라서 어떤 이들에게는 사회적 소외로부터의 탈출을 시도하는 공간으로 이용되고 다른 사람과 관계 맺는 훈련의 장으로 활용될 수 있으나 궁극적으로 가장 좋은 것은 면대면 대화임을 기억해야 한다. 또한 심리적으로 취약한 사람 즉 성격, 자존감, 외로움 등이 인터넷 사용에 영향을 미침으로 중독 성향이 있는 경우는 이에 따른 활용의 적절성이 필요하다.

(3) 가족 및 친구관계 간 의사소통 증진

과거에는 지리적이고 물리적 제약으로 인해 가까운 사람들과 의사소통을 하는데 한계가 있었다. 그러나 카카오톡과 같은 인스턴트 메시지는 가까운 사람들과 정보를 공유하고 서로에 대한 관심을 표현할 수 있도록 하였다. 인터넷 사용은 직접적인 대화를 피하는 현상으로 가족 및 친구와 보내는 시간의 질을 떨어뜨린다는 우려가 있기도 하나 오히려 제약 요건을 긍정적인 의사소통 도구로 증진시키는 기회로 활용할 수 있다.

(4) 호혜적 관계의 도움 행동

사이버 공간은 하나의 광범위한 공동체 혹은 자신이 속한 사회를 대변하는 의미를 가진다. 이는 다양한 유형의 콘텐츠를 생산하여 서로가 서로에게 전달 및 확산하는 공동체적 성격을 가짐으로 사회적 자본을 강화하는 순기능 역할을 할 수 있다(임영식, 김재휘, 부수현, 2008). 그러므로 사이버 공간에서 발생하는 도움 행동은 어느 한 시점에서 자신이 누군가를 위한 것으로 볼 수 있지만 궁극적으로는 전체 구성원을 위한 사회적 자본 축적으로 볼 수 있으며, 또한 누군가를 도와주는 행위 자체에서 생긴 자기 자신에 대한 긍정적인 정서와 감정 및 만족감은 도움 행동에 대한 내재적 보상의 역할을 한다(이지연, 2006). 따라서 사이버 공간에서 콘텐츠를 생산하여 누군가를 도와주는 것은 이후 확산됨으로써 사이버 공간에 대한 신뢰의 수준을 높일 수 있다.

3) 사이버 윤리

(1) 사이버 윤리의 실천 사항

사이버 공간은 개별화되어 있는 개인들의 수평적이고 평등한 만남 그리고 상호작용에 의해 구성되어 있어 사이버 공간에서 활동하는 모든 사람은 각자가 책임과 의무를 가지고 활동하여야 한다. 무엇보다 사이버상에서 대인관계는 현실 사회에서와 마찬가지로 상대를 인정하고 배려하는 마음에서 시작되어야 한다. 즉 사람이 사이버의 주인이 되어야 하며 사이버가 우리의 주인이 되게 해서는 안 된다. 시대가 달라지고 매체가 변해도 우리 사회의 윤리와 도덕은 변함없이 존재한다. 사이버 윤리란 정보 사회에서 구성원이 지켜야 하는 올바른 가치관과 행동 방식이 되는 것이다. 사이버상에서의 대인관계는 현실 사회의 대인관계를 탈피하기 위한 것이 아니라 이해와 배려를 바탕으로 이루어지는 하나의 사회적인 관계인 것이기 때문이다(김은영, 2016). 사이버 윤리의 구체적 실천 사항은 다음과 같다.

① 상대방을 존중하고 피해를 주지 않도록 주의한다.
② 건전한 정보를 올바르게 사용하고 자신의 행동에 책임을 진다.
③ 비속어나 욕설의 사용을 삼가고 언어를 신중하게 사용한다.
④ 타인의 정보를 보호하고 자신의 정보도 철저히 관리한다.

(2) 사이버 공간 이용에 따른 자세

① 사이버 공간은 인간의 만남을 위한 수단이 되어야 하며 목적이 되어서는 안 된다.

② 문자적인 정보의 교환이 가져다 주는 제한점을 이해해야 한다.

③ 사이버 공간의 저질 정보를 통제하고 관리해 나가야 한다. 사이버 공간은 정보의 이용에 따르는 정당한 대가를 지불하고 건전한 자료가 다양하게 공유될 수 있는 장이어야 한다.

④ 개인의 프라이버시 침해에 대비해야 한다.

⑤ 다른 사람의 사생활을 존중하며 타인의 실수를 용서한다.

⑥ 논쟁은 절제된 감정 아래 논리성과 합리성을 전제로 순화된 용어를 사용한다.

(3) 사이버 공동체 윤리

사이버 공간 여부와 상관없이 다른 사람이나 기관의 명예를 훼손하는 글을 인터넷과 SNS 등에 올려 아무나 볼 수 있게 하는 것, 사이버 불링, 사이버 성폭력(성적 불쾌감을 느낄 수 있는 음란한 동영상 등을 퍼뜨림), 사이버 스토킹(특정인이 원하지 않는데도 공포감, 불안감을 유발하는 쪽지를 반복적으로 보내는 행위), 신상 정보 유출(개인의 사생활을 언급 또는 게재하거나 신상 정보를 유포시키는 행위) 등이 무차별적으로 생기고 있는 것이 현실이다. 공동체의 한 사람으로서 윤리·도덕을 지켜야 하고 비윤리적인 행위를 예방하기 위해 지속적으로 노력해야 한다.

4부

효과적인 대인관계와 의사소통

12장

대인관계 스트레스 대처와 의사소통

1. 스트레스의 의미

스트레스(stress)라는 말은 현대를 살아가는 사람들이 일상적으로 사용하는 단어가 되었다. 그리고 우리는 흔히 이 시대를 '스트레스의 시대'라고 부른다. 일반적으로 스트레스는 개인의 심리적, 신체적 건강을 해칠 수 있는 상황을 경험하는 것을 말한다. 사회가 점점 더 복잡해짐으로 사회에 적응하기 위한 모든 요구가 스트레스를 유발한다. 그래서 최근에는 '스트레스학(stressology)'이라는 학문도 등장하게 되었다(최해림, 1986).

이 스트레스라는 용어는 가느다란 실에 가해지는 긴장이나 압력, 장력 등의 의미로 본래 물리학에서 사용된 것으로 라틴어 'strnger'에서 유래되어 'string', 'straisse', 'stress' 등으로 사용되었다. 17세기경부터 삶에 다가오는 문제들이 마음의 안정감을 빼앗고 육체적, 심리적으로 긴장감을 유발시켜 삶을 팽팽하게 죈다는 뜻의 심리학적 의미를 담아 스트레스라고 사용하게 되었다(함승애, 2017).

미국의 생리학자 캐논(Canon)은 생명체의 생존을 위한 시스템을 연구하면서 스트레스라는 단어를 생리학적으로 사용하였다. 생명체가 스트레스를 받으면 생존 수단으로 투쟁-도피 반응(fight or flight response)을 한다는 것을 밝힌 것이다. 이후 1936년 캐나다의 내분비학자 셀리(Selye)는 신체 부위에 불쾌한 자극을 받게 되면 생체 내에 특정 호르몬이 증가하는데 이것은 외부 자극의 종류에 상관없이 동일하게 나타나는 것을 발견하였다. 그리고 스트레스 반응은 위기에 처한 생명체가 살아남기 위해 몸의 자원을 재배치하는 과정이었던 것임을 밝히고, 스트레스를 지금과 같은 의미로 '개인에게 의미 있는 것으로 지각되는 외적, 내적 자극'이라고 정의하였다.

셀리의 정의에 따르면, 스트레스는 꼭 나쁜 것만은 아니며 생명체가 외부의 환경이나 내부의 변화에 대해 즉각적으로 반응할 수 있도록 유도하는 객관적인 '생존 시스템'이라 할 수 있다. 다시 말해 적응해야 할 외부의 자극과 변화나 자극에 적응하면서 느끼는 생리적, 심리적, 행동적 반응이라고 할 수 있을 것이다.

한편 적당한 수준의 스트레스를 최적의 스트레스 수준이라고 한다. 이는 과제 수행의 특성에 따라 달라진다. 쉬운 과제를 해결해야 할 때는 스트레스 수준이 높아야 하고 어려운 과제를 해결해야 할 때는 스트레스 수준이 낮아야 효율성이 높아질 수 있기 때문이다. 쉬운 과제에서 스트레스 수준이 너무 낮으면 해결해야 할 일에 집중력이 떨어지고 다른 일에 신경 쓰는 산만함이 생긴다. 반면에 스트레스 수준이 너무 높으면 생활의 리듬이 깨지고 주어진 문제를 해결하는데 지나치게 좁은 시야로 접근하게 돼 문제 해결에 어려움을 겪게 된다. 그뿐만 아니라 신체는 불안 반응을 일으켜 떨리게 되는 생리적 불수의 자동 반응을 일으키게 된다. 이렇게 되면 문제 해결에 집중하기보다는 감정적이고 방어적인 대처 행동에 더 집중하게 된다.

1) 자극으로서의 스트레스

환경 내의 자극 특징을 스트레스로 보는 것으로 스트레스를 독립 변인으로 취급하는 관점이다. 일상생활에서 위협과 좌절, 갈등과 불안 상태에 직면하게 하는 원인적 행동의 모든 것을 포함한 스트레스를 자극으로서의 스트레스라고 할 수 있다. 또한 적응을 요구하는 것이 스트레스가 됨으로 긍정적이고 부정적인 것에 관계없이 생활 사건이 스트레스가 되기도 하고, 부정적인 생활 경험만이 스트레스가 되기도 한다. 스트레스는 지나치게 높거나 낮은 요구 수준 때문에 발생하며 스트레스인(stressor)이 심리적, 생리적 질병을 일으키기도 하는 암시를 준다. 이 관계는 일반 이론과 특수 이론으로 구분해서 이해할 수 있다. 일반 이론에서 스트레스의 영향은 몸 전체나 최소한의 기관 전체에 의해 감지되고 그 결과 스트레스인은 사람들의 일반적인 질병을 예견한다고 한다. 반면 특수 이론에서는 스트레스인이 특정 생물학적 과정에 의해 감지되어 암, 심장병과 같은 특수 질병을 일으킨다고 한다(최윤미, 지승희, 2013; 함승애, 2017).

2) 반응으로서의 스트레스

특정한 자극에 대한 반응을 스트레스로 보는 관점으로 스트레스를 종속 변인으로 취급한다.

셀리(Selye)는 외적 자극으로 일어나는 신체의 장애 반응을 스트레스라고 보았다. 그는 실험군 쥐나 대조군의 쥐 모두가 신장 바로 위에 붙어 있는 분비샘인 부신이 커졌고 면역 조직은 위축된 데다 위에는 궤양이 생긴 것을 발견하였다. 실험 과정에서 쥐들에게 주사를 놓기 위해 쥐들과 한바탕 소동을 벌일 수밖에 없었는데, 이런 불쾌한 경험을 한 결과 쥐에게 이러한 신체 변화가 나타났다고 가정하게 된 것이다. 그리고 지속된 연구 결과 부신의 확대는 스트레스에 반응해 당질 코르티코이드(glucocorticoid)를 많이 만들어 내기 위한 신체 변화이고, 면역 조직이나 생식기관이 위축된 건 한정된 자원을 스트레스 반응에 집중하기 위한 몸의 선택임을 밝혔다. 생존에 위협이 되는 난관에 부딪쳤을 때 이를 극복하지 못하면 면역력이 튼튼하거나 번식력이 왕성해도 의미가 없기 때문이다. 따라서 어떤 반응 증후군이 발생한다는 것은 동시에 스트레스가 발생한다는 것을 의미하고, 개인이 스트레스에 제대로 반응하지 못했을 때 나타나는 생리적, 심리적, 행동적 작용은 스트레스 상황과 신체적, 정서적 증상 사이에 정적인 상관이 있음을 보고하였다(정진선, 문미란, 2008).

반면에 셀리는 주요 관심이 생리적 기제에 있음으로 스트레스가 신체 반응으로 정의된다면 일상생활에서 아주 심각한 경우를 제외하고는 무엇이 스트레스 자극 요인이고 무엇이 아닌지 구별하기에 애매한 난점이 있다고 하였다. 그리고 스트레스 적응 과정에서 동반하는 인지적, 정서적 요소를 포함하지 않았다는 한계점이 있다고 보았다.

3) 역동적 상호 작용으로서의 스트레스

스트레스를 개인과 환경 간의 복잡하고 역동적인 상호 작용으로 보는 관점이다. 이 관점은 스트레스가 심리적 과정에 근거한 개인의 지각적인 현상이라는 점을 강조한 것으로 외부 환경으로부터의 위협이나 위험을 지각하는 것에서부터 거기에 반응하는 모든 과정을 스트레스라고 보았다(Fleming, Baum, & Singer, 1984). 셀리의 정의에서 보았듯이 같은 일에 대해 모든 사람이 똑같은 양의 스트레스를 받는 것은 아니며, 가벼운 스트레스는 적당한 긴장감을 주어 도움을 줄 수 있다. 따라서 스트레스는 긍정적인 측면과 부정적인 측면의 양면성을 함께 가지고 있음을 인지해야 한다. 스트레스가 전혀 없는 상황이나 지나치게 높은 상황에서는 업무 능률이 오를 수 없는 것이다. 스트레스가 생활사에서 발생하는 압박이기는 하지만 적당한 스트레스는 건강이나 작업에 긍정적 영향을 주어 문제에 대한 올바른 인식과 함께 적응 능력을 갖게 한다는 말이다. 따라서 어느 정도의 적절한 스트레스는 업무의 효율성을 높이고 성숙과 발전을 이루는 원동력이 될 수 있다는 것이다.

2. 스트레스의 원인

스트레스는 인간에게 긴장감을 유발하는 자극에 대한 신체적, 정신적 반응으로써 외적 자극에 대해 개인이 적응할 수 있는 능력이 없을 때 나타난다. 똑같은 상황이라도 사람에 따라 스트레스가 될 수도 있고 일상적으로 받아들일 수도 있는 것이다. 과거에는 스트레스의 원인이 자연재해나 천재지변 등과 같이 상황적인 것이 많았지만 현대 생활 속에서는 스트레스를 일으키는 원인이 신체적, 심리적, 정신적인 부분에 이르기까지 다양해졌다(오윤선, 2010). 특히 대인관계에서 받게 되는 스트레스는 생존의 과정에서 그리고 처한 상황과 위치에 따라 다양하게 스트레스 요인으로 작용하고 있다.

1) 외부적인 원인

(1) 자연환경 변화

지구 온난화와 더불어 기온이나 기후의 이상 변화로 인한 지나친 폭염과 추위, 자연재해들은 사람들의 생활에 큰 스트레스로 다가오고 있다. 또 환경 파괴로 인한 물과 토양, 공기의 오염은 기본적인 생명 유지를 위협하며 스트레스를 받게 한다. 기후의 변화는 식물과 동물의 개체 수의 변화에도 영향을 미쳐 비둘기, 고양이 등의 지나친 증가는 생활 속에서 직접적인 스트레스를 받게 한다.

(2) 물리적인 환경 변화

산업의 발달로 도시화와 도시로의 인구 집중화 현상 등이 나타나고 있다. 그리고 도시화 현상은 물리적 환경의 변화를 초래하고 있다. 특히 소음과 공해, 교통체증이 심해지고 있는데, 이로 인해 사람들은 짜증과 불쾌감, 분노, 인지 능력의 저하, 수면 장애 등 다양한 스트레스를 받게 된다. 또한 도시화로 인한 복잡하고 과밀한 물리적 환경은 현대인들에게 피로와 스트레스의 원인이 되고 있다.

(3) 생활 환경 변화

급물살처럼 빠르게 변화하고 있는 현대의 생활 환경은 사람들에게 엄청난 스트레스를 주고 있다. 특히 빠르게 변하는 정보화는 사람들이 적응하는데 많은 어려움을 주고 있다. 적응하지 못하면 삶의 질에 영향을 미치고 상황에 따라서는 생존에까지 위협을 느끼게 된다.

일상을 살아가면서 겪게 되는 수많은 사건들은 재적응과 조정을 요구하지만, 이를 통해 성장해 가는 긍정적인 부분도 많다. 〈표 12-1〉에서 사건에 대한 척도 점수의 합이 300점 이상이라면 생활 환경 변화로 인한 스트레스가 견디기 힘들 만큼 심각한 위기 상태에 있다고 할 수 있다.

〈표 12-1〉 사회적 재적응 평정 척도

등위	생활 사건	변화치	등위	생활 사건	변화치
1	배우자의 사망	100	20	직장에서의 책임의 변화	29
2	이혼	73	21	아들과 딸이 집을 떠남	29
3	부부 간의 별거	65	22	인척과의 다툼	29
4	수형 기간	63	23	탁월한 개인적 성취	28
5	가까운 가족의 사망	63	24	부인이 직장에 나가거나 그만둠	26
6	자신의 부상 또는 질병	53	25	학교 입학 및 졸업	26
7	결혼	50	26	생활조건의 변화	25
8	직장에서 해고당함	47	27	개인적 습관을 고침	24
9	부부 화해	45	28	상사와의 다툼	23
10	퇴직	45	29	거주지의 변화	20
11	가족의 건강상의 변동	44	30	학교의 변화	20
12	임신	40	31	레크리에이션의 변화	19
13	성생활 문제	39	32	교회활동에서의 변화	19
14	가족 수의 증가	39	33	사교활동에서의 변화	18
15	사업의 재적응	39	34	수면습관의 변화	15
16	경제사정의 변화	38	35	식사습관의 변화	15
17	친한 친구의 사망	37	36	휴가	13
18	다른 종류의 일로 전환	36	37	크리스마스	12
19	저당물의 권리 상실	30	38	사소한 법규의 위반	11

출처: Holmes & Rahe(1967).

2) 내부적인 원인

스트레스를 유발하게 되는 내부적인 원인은 사람마다 다르게 나타나지만 공통적으로 영향을 미치는 요인들을 살펴보겠다.

(1) 성격 유형

같은 환경과 조건 가운데서도 스트레스는 성격 유형에 따라 다르게 나타남을 프리드만과 로젠만(Friedman & Rosenman, 1959)은 밝혀냈다. 도전적이고 융통성 있으며 자존감이 높은 사람은 스트레스가 올 때 자신을 성장시킬 기회라고 생각하며 더 도전적으로 대처하게 된다는 것이다. 이러한 A유형의 성격을 가진 사람은 극단적인 쟁취 의식과 적개심을 보이고 공격성과 조급함 등이 격렬한 음성과 행동에서 드러난다. 또 시간적 압박을 보이기 때문에 항상 시간에 맞추어서 일하고, 한 번에 한 가지 이상의 일을 하며 아무것도 하지 않도록 강요되었을 때 힘들어 한다. 반면 B유형은 상대적으로 여유 있고 덜 경쟁적이며 느긋하고 참을성 있고, 낙관적이고 화도 잘 안 내는 편이다. C유형은 A유형과는 다른 방식으로 스트레스에 취약하고 억제적이며 자기주장이 약하다. 또 자신보다는 타인의 기대를 만족시키기 위해 더 노력하고 감정을 드러내기보다는 체념하거나 절망적인 반응을 보이며 우울, 불안, 무기력에 빠지기 쉽다.

그 외 성격적 특성으로 완벽주의와 타인우선주의 그리고 죄책감을 들 수 있다. 완벽주의는 다른 사람에게 맡기지 못하고 자신이 완벽하게 다해야 한다는 성격이고, 타인우선주의는 타인의 일을 우선시함으로써 자신의 일을 제대로 못하고 항상 스트레스를 받는다. 그리고 모든 잘못을 자신의 탓으로만 돌리는 사람은 아무리 최선을 다하더라도 과거에 대한 후회에 사로잡혀서 스트레스를 더 많이 받게 된다(김은영, 2016).

(2) 심리적인 요인

스트레스를 받게 하는 심리적인 요인은 가족 구성원 간의 문제, 학교나 직장에서의 문제, 주변 사람들과의 문제 등 대부분 대인관계의 어려움으로 받게 된다. 특히 직무 중에 받는 많은 스트레스는 심리·정서적인 요인이 주가 된다.

맥그래스(McGrath, 1976)는 직무 스트레스란 개인과 환경 간의 상호 작용을 내포하는 것이라 하였다. 또 이반시브크와 매터슨(Ivancevich & Matteson, 1980)은 직무 스트레스를 자극 반응, 자극-반응 개념으로 구분하였다. 깁슨(Gibson, 1982)은 역할 수행 과정에서 오는 갈등뿐만 아니라 직무 수행자 자신의 내적 갈등, 역할 모호성으로 인한 갈등, 직무 수행상의 역할 무능력, 역할 마찰 등의 요인에서 오는 직무 수행상의 심리적 고민 또는 불균형 상태로 보았다. 그래서 직무 스트레스는 개인과 환경 간의 상호 작용의 자극으로 나타나는 생리·심리적 반응을 뜻한다. 이와 동시에 직무 수행자가 느끼는 역기능적인 감정이라 정의할 수 있다. 또 교사의 직무 스트레스에 대한 연구에서 보면, 초등학교 교사의 직무 스트레스가 소진에 영향을 미치는 주요 변인이 되었다. 즉 교사가 직무 스트레스를 효과적으로 다루지 못하면 소진에 이르게 된다고 하였다. 여기에서 직무 스트레스를 받는 주요 요인들은 심리적인 부분이 많다. 관리자와의 의견 차이 및 의견 개진의 어려움, 관리자의 동료 교사에 대한 편애 그리고 동료 교사들과 학생, 학부모와의 인식 차이 등 대인관계 측면에서 심리적인 부분이 직무 스트레스를 유발하고 있음을 보여 주었다(김효정, 2018).

이처럼 겉으로 드러난 문제는 대인관계와 심리적인 것이라고 할 수 있으나, 그 심리 내면을 살펴보았을 때는 결핍이나 욕구 좌절, 비합리적 신념이 그 원인이라고 볼 수 있는 것이다.

① 결핍 : 물을 마셔야 하거나 음식을 먹어야 하는데 먹을 것이 없는 상황인 것처럼 대인관계에서 소외되거나 고립되는 상황에서는 심리사회적인 결핍 현상으로 스트레스를 받게 된다. 그런데 결핍 자체라기보다는 비교라는 주관적 평가에 의해 만족과 불만족의 결과가 다르게 나타날 수 있다.

② 욕구 좌절 : 자신이 성취하려고 하는 어떤 일의 목표가 방해를 받거나 문제가 생겨서 이룰 수 없을 때 좌절감에 빠지게 되고 분노와 공격성으로 나타난다. 그리고 결국에는 스트레스로 인한 무력감에 빠지게 된다.

③ 비합리적 신념 : 삶 속에 직면하게 되는 상황이나 사건에 대해 어떻게 인지하느냐에 따라 스트레스 상황이 될 수도 있고 그렇지 않을 수도 있다. 불충분한 객관적 자료를 가지고 자기 마음대로 결론을 내리거나 어느 한 쪽은 중요하게 생각하고 다른 쪽은 무시하는 등 자신이 생각하는 것은 모두 정당하고 옳다고 하는 교만함은 비합리적 결론을 쉽게 내리게 한다. 생활 속에서 또는 대인관계 속에서 충분히 일어날 수 있는 사건임에도 불구하고 부정적으로 생각하며 절대로 일어나지 않아야 될 것이라고 생각한다거나 극단적인 상황으로 과잉 일반화하는 사람들이 있다. 또한 자신과 연관성이 없는 일임에도 불구하고 자기에게 관련짓기도 하고 모든 상황을 흑백 논리로 구분 짓는 이분법적 사고를 하는 사람은 다른 사람에 비해 심리적으로 더 스트레스를 받게 된다.

3) 대인관계 스트레스

(1) 가족관계 스트레스

사람이 출생하고 성장과 성숙을 해 가면서 긍정적이든 부정적이든 필연적으로 겪을 수밖에 없는 스트레스가 가족관계 스트레스이다. 가족은 결혼, 출산, 입학, 졸업, 자녀의 독립, 은퇴 등 성장 발달 과정에서 겪게 되는 예측 가능한 문제에서부터 가족 구성원의 죽음, 질병, 이혼, 가출, 실직, 사고 등과 자연재해로 인한 예측 불가능한 사건까지 다양한 스트레스를 겪게 된다. 그뿐만 아니라 가족 간 의사소통에서 경청하고 존중하는 소통이라기보다 서로를 비난하거나 수직적으로 명령하고 복종해야 하는 소통을 한다면 그 가족은 서로 간에 심리적 상처를 받게 되고 늘 갈등 상태에 처할 가능성이 높다.

① 여성의 가족관계 스트레스 : 우리나라에서는 유교적인 문화 환경과 아직 잔존하는 가부장적인 환경, 가정생활에서 주부에게 떠맡기는 책임의 문제 그리고 남녀의 사회화와 성격 특성, 스트레스에 대처하는 기술의 영향으로 여성이 남성보다 가족관계 안에서 더 많은 스트레스를 겪게 된다.

② 자녀의 가족관계 스트레스 : 가정에서 자녀는 주 양육자를 비롯하여 환경 자체가 심리·정서적으로 얼마나 건강한 상태인가에 따라 문제 상황을 극복해야 될 문제로 받아들여 더 성숙해 갈 수도 있고, 부정적으로 대처하며 지속적인 스트레스로 받아들일 수도 있다. 부모는 자녀가 육체적, 정신적, 심리적으로 충분히 성장할 수 있도록 먹이고 보호하며, 자녀가 성장함에 따라 칭찬과 격려를 통해 도전할 수 있도록 하여야 한다. 또 부부가 서로 존중하며 신뢰함으로 자녀가 안정된 환경에서 성장할 수 있도록 하여야 하고, 특히 주 양육자는 출생 시부터 안정된 애착관계를 형성하며 자녀가 자람에 따라 적절하게 규율을 가르치고 잔소리보다는 자녀의 목소리에 귀를 기울여 주어야 할 것이다.

(2) 직장 내 대인관계 스트레스

직장인은 하루 일과의 대부분을 직장에서 보내게 되므로 직장에서의 다양한 상황이 스트레스 요소로 작용한다. 대부분의 직장은 상사, 동료 직원, 부하 직원, 타 부서의 직원 등의 복잡한 대인관계 구조를 지니고 있다. 업무상의 변화, 동료나 상하 간 의사소통 문제, 대인관계 불화, 조직의 목표에 대한 갈등이 스트레스로 작용하는 것이다. 여기에 작업 환경과 작업 조건상의 문제, 소음이나 냄새 등과 같은 환경 불량 상태, 과다한 업무 시간 등이 그 상황에서 더해진다면 더욱 스트레스는 심해질 수 있다(한광일, 2014).

그 가운데 직장 구성원들과 사무적 또는 개인적 관계를 맺는 과정에서 여러 가지 갈등을 경험하게 되는데 이를 직장에서의 대인관계 스트레스라고 한다. 직장인들이 직장에 불만을 느끼고 전직이나 이직을 고려하는 주요한 이유 중에는 대인관계 스트레스로 인한 경우가 많다. 직장의 대인관계 분위기와 직장 구성원의 특성이나 직장에서의 위치 등에 따라 그 스트레스는 다양하다. 성공적인 대인관계를 위해서 우리는 하나라는 공동체 의식을 가지고 서로 상부상조하는 자세로 상하 지위를 막론하고 누구든지 인격체로서 존중하고 개성을 인정하여야 하며 서로 자유로운 의사 표현, 상호 신뢰감 형성, 건설적인 비판 수용, 각자의 업무를 충실히 이행한다면 서로 긍정적인 영향을 주게 될 것이다(정진선, 문미란, 2008).

(3) 학교에서의 대인관계 스트레스

학생들은 자신이 가지고 있는 희망, 두려움, 포부 등에 대해서 의논할 수 있는 어른이 필요하다. 그 어른이 교사이며, 교사와 학생 간의 관계가 비형식적이고 자발적이어야 한다. 그런데 학생들이 교사를 두려워하고 불신하며 거리감을 느끼고 있다면 효과적인 교육은 기대하기 어렵다. 교사가 학생 개개인의 성격과 속성을 충분히 이해하고 학생들이 교사의 입장을 이해할 때 진정한 대인관계는 형성된다고 할 수 있으나 교사가 학생을 이해하고 학생이 교사를 이해하는 일이 쉽지는 않다. 이해란 이성적이기보다는 감성적인 것이며 지적인 것이기보다는 정적인 것으로 사랑과 노력으로만 가능하다고 해도 과언이 아니다. 성인인 교사와 미성인인 학생 간에는 필연적으로 벽이 존재한다. 특히 오늘날은 '세대차'가 심하여 성인과 미성인 사이에는 벽이 더욱 두터워지고 있다(조남두, 윤경원, 2010).

한편으로는 우리 사회의 특성상 학교의 주된 기능이 입시를 준비하는 곳으로 인식되고 있고, 청소년기의 학생들은 대부분의 시간을 학교에서 보내고 있다. 에릭슨(Erikson, 1968)의 심리사회 발달 단계에 따르면 청소년기는 자아정체감을 찾기 위해 노력하는 시기이며 이 시기에 꼭 경험해야 할 과제로 소속감과 탐색이 있다. 그러므로 청소년들은 어느 집단에 소속하고자 하며 가족의 울타리를 넘어 새로운 것을 찾아보려는 탐색을 시도한다. 가족관계보다도 자신과 비슷한 또래 집단에 소속하려 하고 친구들과의 관계에서 더 많은 만족을 추구하고 사회적 상황에서 일어난 문제 해결을 위하여 또래 집단 및 친밀한 친구에게 더 많이 의존한다(장휘숙, 1997). 하지만 상대 평가의 등급제를 위주로 하는 우리나라의 입시 제도는 학급 친구들이 경쟁 상대로 인식될 수밖에 없는 실정에 있다. 연구에 의하면 우리나라 청소년들이 따돌림에 가세하는 것은 과도한 학업 부담과 미래에 대한 불안이 왜곡되어 나타난 스트레스 대처 방식이라고 하였다(이명녀, 2016: 18).

청소년기는 의존적인 아동기에서 성인기로 가는 과도기이며 인간 발달 단계 중 가장 급격한 심리적, 신체적 변화를 경험하는 시기이다(한상철, 2008). 이 시기의 친구관계는 청소년들의 자아정체성을 형성시키고 올바른 대인관계와 사회적인 통찰력을 발달시키는 데 중요한 영향을 미치며, 청소년들에게 심리적 안정감과 소속감을 준다(이호연, 2015).

그런데 설리반(Sullivan, 1953)의 대인관계 욕구 이론에서는 9세부터 23세까지의 시기에 친구관계에 만족이 있으면 고독, 분리, 우울감이 높아진다고 하였고 성인이 되어서도 여러 불안을 야기할 대인관계 갈등이 나타난다고 하였다. 또한 하트업(Hartup, 1991)에 따르면 친구관계는 청소년의 긍정적인 자존감과 심리적, 사회적 적응을 이끄는 중요한 요소라고 하였다. 그러므로 청소년기의 친밀한 친구관계 형성은 청소년의 정상적인 사회성 발달을 위해 필수적이다. 청소년기의 학생들은 학령이 올라갈수록 부모의 지원으로 정신 건강의 문제를 완화시키지 못한다. 특히 고등학교 2학년의 나이가 되면 부모의 지원보다는 또래들로부터의 사회적 지원이 청소년 스트레스를 줄이는 조절 효과로서 큰 작용을 하는 것으로 나타났다.

그러나 요즘은 SNS의 발달로 사이버상에서까지 공개적으로 특정인을 비난하기, 다수가 모인 대화방에 특정인을 초대한 후 모두 대화방을 나가 버리기, 엽기 사진 올리기 등이 새로운 따돌림의 현상이 되고 있다(이명녀, 2016). 친밀한 친구를 만드는 것이 발달 과업인 청소년들에게 이러한 따돌림은 매우 깊은 심리적 상처이고 엄청난 스트레스를 유발하게 되며 앞으로 건강한 성인으로 성장되어 가는 과정에서 큰 장애를 일으킬 수 있는 요인이 된다.

3. 스트레스 반응

1) 신체 · 생리적 반응

스트레스를 받으면 신체는 위급한 상황에 대처하면서 우리 몸을 보호하기 위해 신경계와 내분비계를 자극하여 전투 태세를 갖추게 된다. 교감 신경계는 부신 수질을 자극하여 노르에피네프린(norepinephrine)과 에피네프린(epinephrine)을 포함하는 카테콜아민(catecholamine)을 분비시킨다. 노르에피네프린은 호르몬으로 작용하기도 하지만 자율 신경계의 신경전달 물질이기도 하다. 뇌에서는 뇌하수체에서 부신 피질에 영향을 주는 부신 피질 자극 호르몬을 방출하고 이로 인해 부신 피질은 스테로이드 호르몬인 코르티솔(cortisol)을 분비한다. 코르티솔의 분비는 신체가 에너지 자원을 동원하고 상처에 대비할 수 있게 도와준다. 즉 코르티솔이 분비되면 우리 몸은 스트레스에 빨리 대처하기 위해 변화가 일어난다. 먼저 신체의 중요 장기인 뇌, 심장, 근육으로 가는 혈류량이 증가하여 혈압이 높아지고 맥박은 빨라진다. 다음은 산소가 더 필요해지므로 호흡이 빨라지고 근육은 긴장하며 의식은 명료해진다. 그리고 감각기관은 예민해진다. 그래서 소화기관이나 신장, 간 등으로 가는 혈류량이 감소하고 긴장된 세포들에게 에너지를 더 공급하기 위해 혈당은 오른다. 결국 혈액 내 당과 지방 콜레스테롤 양이 증가하게 된다(이종목 외, 2003).

이러한 스트레스의 신체·생리적 반응은 위급한 상황에 대처하고 생존할 수 있는 장치로 훌륭하지만 현대인들이 만성적으로 널려 있는 스트레스 상황에 대처하는 과정에서는 다양한 문제를 일으킬 가능성이 있다(김현택 외, 2005; 박권생 외, 2006).

일상생활에서 스트레스를 자주 지속적으로 받게 되면 배탈, 두통, 피부 발진, 등 결림, 불규칙한 호흡, 졸음과 같은 초기 증상들이 발생되다 신경계와 내분비계의 지속적인 무리로 말미암아 혈압은 점점 더 올라가게 된다. 그리고 심장병이나 당뇨병을 비롯하여 위장 질환, 근골격계 긴장으로 말미암은 긴장성 두통, 편두통, 뒷목이나 등의 통증, 근육통, 전신 통증, 가슴 통증 등이 생길 수 있다(김종운, 2017).

2) 심리·정서적 반응

대부분의 경우 스트레스를 받으면 초기에는 불안과 분노, 걱정, 근심, 주의 집중 곤란 등의 반응을 보인다. 그런데 스트레스를 해소하지 못하고 지속되면 불면증, 우울증, 좌절, 탈진 등의 심리적 질환이 나타날 수 있다.

불안은 스트레스를 받을 때 나타나는 가장 흔한 반응으로 심각해지면 불안 장애 등의 신경증으로 발전하기도 한다. 스트레스에 대한 대처 자원이 충분하지 못하다고 느낄 때 나타나며, 안절부절못하는 상태나 쉽게 피로감을 느끼는 것, 근육 긴장과 초조감으로 인한 손톱 물어뜯기, 발 떨기 등의 반응이 나타날 수 있다.

분노와 공격은 스트레스를 받을 때 자주 나타나는 심리·정서적 반응으로 폭력적 언행, 과식, 과음, 흡연 등의 행동적 장애로 나타날 수 있고, 직접적인 공격이 어려운 대상일 경우는 다른 사람이나 대상에게 투사될 가능성도 있다.

낙담, 슬픔, 우울은 분노와 공격이 외부로 나타나지 못하고 자신의 내면으로 나타날 때의 반응으로 자신에게 중요한 목표나 자원이 이미 좌절되었거나 상실되었으며, 이를 회복할 기회나 가능성이 매우 낮다고 평가될 때 경험하게 된다.

3) 일반 적응 증후군

사람의 몸은 스트레스에 직면하면 일련의 단계를 거쳐 반응하게 된다. 셀리(Selye, 1956)는 이를 일반 적응 증후군이라 불렀는데 이는 다음과 같다.

(1) 경고 단계

스트레스에 대한 초기 적응 반응으로 어떤 상황을 위협으로 지각하여 투쟁 및 도피 반응이 유발되고 그에 따른 생리적 각성이 생기게 되는 것을 말한다. 경고 단계에서는 신체·심리적 증상은 유발되지 않는 것이 보통이며 하루에도 수차례 스트레스를 받는 일이 생기고 사라짐에 따라 경고 단계에 들어가고 나오기를 반복한다.

(2) 저항 단계

스트레스가 지속되면 경고 단계에서 저항 단계로 돌입하는 것으로 이 단계에서는 개인이 가진 자원과 에너지가 총동원되고 스트레스에 대한 적응 반응이 최고점에 이르게 된다. 신체적으로는 특별한 증상을 보이지 않고 겉으로 보기에는 잘 적응하고 있는 것처럼 보이나 몸은 스트레스에 대항하기 위하여 많은 에너지를 소비하고 있다.

(3) 소진 단계

저항 단계에서도 스트레스가 해소되지 못하고 지속되는 경우에는 소진 단계에 이르게 된다. 이때 개인이 가지고 있는 자원은 고갈되고 스트레스에 대한 적응 반응은 아주 약해진다. 즉, 몸이 스트레스 해소에 따른 신체적 이완을 경험하지 못하고 생리적 긴장 상태가 지속되면 소진 단계에 이르게 되는 것이다. 소진 단계에서는 신체의 면역 체계가 약해지고 감기, 위통, 알레르기, 인후염, 근육통과 같은 신체·심리적 증상이 나타나게 된다(박권생 외, 2006; 윤가현 외, 2007).

4. 대인관계 스트레스 대처와 의사소통

사람이 대인관계에서 겪는 스트레스의 종류만큼이나 대처 방식 또한 다양하다. 그러나 다양한 대처 방식이 있다고 해서 모든 스트레스를 해결할 수 있는 것은 아니다. 그래서 사람마다 결국은 자신이 선호하는 대처 방식을 사용하게 되고 그 성공 여부 또한 개인의 특성과 상황에 따라 달라질 수 있다.

라자루스(Lazarus)와 폴크만(Folkman)은 스트레스 상황에 대한 인지적 평가에 따라 문제 중심 대처 방식과 정서 중심 대처 방식으로 나누었다. 문제 중심 대처는 인지적인 측면에서 문제 행동이나 환경 등 스트레스를 일으키는 부정적인 요인을 변화시킴으로써 스트레스에 대처하는 방식을 말한다. 정서 중심 대처 방식은 스트레스 사건을 직접 다루기보다는 스트레스로 발생한 부정적인 감정을 조절함으로써 정서적 고통을 감소시키는 전략을 말한다.

1) 인지적 대처

인지적 대처는 주어진 상황의 인식을 변화시킴으로써 비합리적인 생각을 버리고 현실적이며 논리적으로 스트레스를 극복하고 예방할 수 있도록 한다. 적극적이고 창의적으로 문제를 해결하기 위해 첫째, 직면하고 있는 문제를 정확하게 파악하고 진술해야 한다. 사실적이고 객관적인 측면을 구체적으로 진술해 나가는 것이다. 둘째, 파악한 문제에 대한 대안이나 해결 방법을 제시하는 것으로 가능한 대안들을 비판이나 평가 없이 제시해 본다. 셋째, 제시된 대안이나 해결 방법들에 대한 결과를 예측해 본다. 넷째, 가장 바람직한 해결 방법을 선택한다. 다섯째, 선택한 해결 방법에 대한 적용 결과에 따라 재평가를 시도해 본다.

앨리스(Ellis)는 합리적 정서행동치료(Rational Emotive Behavior Therapy: REBT)를 개발하였다. 이는 "인간은 사건 그 자체 때문이 아니라 사건에 대한 생각 때문에 고통을 받는다."라고 말한 로마 철학자 에픽테투스(Epictetus)의 말에 기인하여 우리가 직면한 사건에 대한 부정적 반응은 사건 그 자체에서보다 우리의 부정적 생각이므로 합리적이고 긍정적인 생각을 하면 긍정적인 반응을 하게 된다는 것이다. 따라서 스트레스를 일으키는 사건에 대해 갖는 비합리적인 신념을 합리적이고 현실적인 생각으로 대치하여 평가하는 방안이 필요하다.

다양한 인지적 대처 방법 중 긍정적으로 생각하기, 분노 다스리기, 자신감 키우기에 대해 살펴보겠다.

(1) 긍정적으로 생각하기

사람은 어려운 상황에 직면할 때마다 생각하는 습관이 있는데, 그것은 말과 행동을 지배함으로써 많은 스트레스를 유발하여 건강을 위협하기도 한다. 그러므로 자극을 바라보는 관점을 바꾸어 반응 자체를 변화시키는 노력이 필요하다.

스트레스는 상황 자체가 문제라기보다는 그 상황을 어떻게 생각하느냐가 더 중요하다. 자신의 문제를 긍정적으로 보는 힘을 갖는다면 스트레스의 상당 부분을 해소할 수 있다. 부정적인 생각이 들 때마다 긍정적인 생각을 키우기 위해 노력하는 것이다. 긍정적인 생각은 스트레스를 받지 않도록 몸의 긴장을 풀어 주어 자신의 생각을 지켜 준다.

(2) 분노 다스리기

사람이 세상을 살아가면서 가장 많이 경험하는 감정은 분노이다. 분노의 감정을 느끼게 하는 것은 자기 자신이 가진 신념이므로 그것이 잘못된 것이라면 그 관점을 바꾸고 신념을 재구성함으로 분노를 다스려야 하는 것이다. 분노 감정을 지나치게 표출하거나 또 억압하는 것은 정신 건강에 바람직하지 않으므로 분노를 적절히 다스릴 줄 아는 지혜로움이 필요하다. 그러나 분노는 욕구 좌절, 상처, 생존의 위협, 상실, 거절에 대한 두려움 등으로 표출되는 이차적인 반응임과 동시에 정상적인 감정이다. 따라서 부정적인 감정을 전혀 표출하지 않고 억압을 반복하는 것은 정신적, 신체적 질환을 유발하거나 악화시킬 수 있다. 그러므로 해결책을 일관되게 따르기보다는 주변 상황을 분석하여 대처하며 자신이 감정을 잘 통제하여 상대방에게 효과적으로 그것을 전달하여야 한다. 분노를 잘 다루기 위해서는 자신의 사고과정을 검토하고 왜곡된 부정적 사고가 불필요한 분노를 일으킨 부분을 찾아내어 그 부정적 사고를 더 현실적이고 합리적인 사고로 변화시키는 연습이 필요하다. 또 분노는 자기 안에서 일어나고 있는 감정으로 상대방과 자신이 느끼는 것이 다르므로 자신을 주어로 하여 느낌을 말하는 것이 중요하다.

(3) 자신감 키우기

자신감 있는 사람은 원하는 것은 무엇이든 할 수 있다는 믿음을 가지고 있으며 긍정적인 결과에 집중한다. 이에 반해 자신감이 부족한 사람은 결과에 대한 두려움 때문에 제대로 시도조차 하지 못하며 실패에 대한 불안 때문에 결정을 미룬다. 자신감 상실은 그 자체로 더 큰 스트레스를 일으킬 수 있고 무력감을 불러와 일에 대한 해결책을 회피하게 하여 효과적인 스트레스 대처 행동을 취하는데 어려움이 있다. 자신의 한계를 극복하게 만드는 힘이며 일상생활이나 학교 및 직장 생활에서 성공을 이끌어 내는 데 꼭 필요한 수단이 됨으로 자신감에 대해 이해하고 이를 키우기 위한 전략을 세워야 할 것이다(〈표 12-2〉 참고).

〈표 12-2〉 자신감 척도

질 문	점수
1. 새로운 친구를 사귀는 것이 어렵다.	
2. 주변 친구와 자신을 끊임없이 비교한다.	
3. 이상형을 만나도 말을 제대로 걸지 못한다.	
4. 친구가 교수에게 인정을 받으면 질투가 생긴다.	
5. 친구의 잘못을 지적해 주면 오히려 친구가 화를 낼까 봐 두렵다.	
6. 다른 친구가 수행한 조별 과제가 마음에 들지 않아도 불평하지 못한다.	
7. 친구에게 빌려준 돈을 잘 받지 못하는 편이다.	
8. 월급을 올려 달라는 이야기를 하기가 쉽지 않다.	
9. 학과 활동, 동아리 활동 등에서 지출한 사소한 경비를 잘 청구하지 못한다.	
10. 열심히 일하면 월급을 올려 줄 것이라고 생각한다.	
〈점수 주기〉 • 그렇다 : 1점 • 보통 : 2점 • 그렇지 않다 : 3점	
〈점수 결과〉 전체 항목의 점수를 산정한다. • 9점 이하 : 낮은 수준의 자신감 소유자로 자신감 향상을 위해 많은 노력이 필요하다. • 10~20점 : 보통 수준의 자신감 소유자로 더 나은 자신을 위해 투자해야 한다. • 21점 이상 : 높은 수준의 자신감 소유자로 자신감 있는 태도로 잘 살아가고 있다.	

출처: 김정탁(2006).

2) 신체적 대처

인지적 관리에 대한 점검이 끝나면 장기적인 스트레스에 대한 저항성을 높일 수 있도록 신체적으로는 어떻게 대처할 것인지 관리해야 한다. 스트레스를 받으면 온몸의 근육이 무의식적으로 긴장하고 이것이 지속되면 통증이 생긴다. 신체 활동을 많이 하는 사람은 스트레스에 대한 저항력이 그렇지 않은 사람보다 높고 스트레스 관련 질환 발병률이 낮다.

스트레스에 노출되었을 때 손쉽게 도움을 받을 수 있는 근육 이완법, 운동, 웃음의 신체 활동을 소개한다.

(1) 근육 이완법

이완 훈련은 기본적으로 긴장할 때의 감각과 이완할 때의 감각을 변별하는 능력을 발달시킴으로써 자신의 의도에 따라 근육을 이완할 수 있도록 하는 것이다. 근육 이완법은 스트레스 때문에 부정적인 신체 증상을 해소할 때와 어떤 힘든 상황 때문에 심한 불안을 다른 기법으로는 효과적으로 낮출 수 없다고 판단될 때 매우 효과적인 기법이다.

근육 이완법은 인체의 많은 근육을 의도적으로 통제하여 긴장감을 감소시킴으로써 스트레스와 관련된 신체적인 각성을 낮추어 준다. 또한 이완을 위한 다양한 기술은 신체의 자동 조절 기제가 적절한 기능을 할 수 있도록 도와주므로 스트레스에 잘 대처할 수 있게 해 준다. 이완법은 여러 학자가 다양하게 개발하였는데, 야콥슨(Jacobson)의 점진적 이완, 벤손(Benxon)의 이완 반응, 슐츠(Schultz)와 루터(Luthe)의 자율 훈련법 등이 대표적이다.

근육 이완법의 절차는 몸 전체와 복부 근육으로 이동하면서 어깨, 팔꿈치, 손목, 손 근육으로 단계적 처치를 한 후 마지막으로 목과 얼굴 근육 순서로 이완한다. 가장 편안한 자세로 눕거나 앉아서 이완을 시작하며, 절차에 따라 각 근육을 5초에서 7초간 긴장시킨 다음 20초에서 30초간 이완시킨다. 3개월 이상 반복하면 긴장 상태의 감지 능력이 현저히 높아진다.

(2) 운동

운동은 많은 근육을 의도적으로 통제하는 이완법과 달리 신체를 각성시킴으로써 스트레스를 해소한다. 그뿐만 아니라 운동은 심리적 안정제이고 만성 피로나 긴장을 줄여 주며 혈액 순환을 돕는다. 운동을 하고자 하는 동기는 스트레스에 대처하는 능력 향상, 자기 효능감 증대, 심신 건강에 따른 자신감, 사회적 상호 작용, 심리적 안정 등에 대한 욕구를 포함한다.

운동의 종류는 크게 3가지로 나눌 수 있다. 첫째, 근력 운동으로 부분적인 근육 조직의 양을 늘리는 운동을 시작하기 전에 자신의 몸 상태에 적합한 운동과 부적절한 운동을 잘 선택해야 한다. 아령, 윗몸 일으키기, 누워서 다리 들어올리기, 누워서 허리 들어올리기, 앉았다 일어서기, 팔굽혀 펴기 운동 등이 있다. 둘째, 유산소 운동은 종류에 구애받지 않고 호흡하면서 즐기는 모든 활동, 즉 걷기, 달리기, 자전거 타기, 수영, 줄넘기, 등산, 탁구, 배드민턴, 축구 등이다. 셋째, 스트레칭은 관절이 허용하는 범위까지 최대한 늘이는 유연 체조를 말한다. 스트레칭의 목적은 근육의 긴장을 완화하여 신진대사를 활성화시키고 혈액의 흐름을 촉진하여 긴장감을 줄이는 데 있다. 방법은 몸과 마음이 이완된 상태에서 자연스러운 호흡을 하며 약 15~20초 정도 한 자세를 유지한 다음 처음 자세로 되돌아온다. 운동은 하루나 이틀 간격으로 지속해야 하며 한 번에 30분씩 일주일에 3번 이상 하는 것이 좋다.

(3) 웃음

웃음은 몸의 근육, 호흡, 심장, 내분비, 면역, 중추 신경계의 생리적 변화를 통하여 축적된 긴장을 이완시켜 스트레스 반응을 없애거나 감소시켜 준다. 웃음은 아무 부작용 없이 스트레스에 대한 대처 능력과 면역 기능을 키운다. 웃음의 심리적 효과는 첫째, 카테콜아민(catecholamine)의 분비를 증가시켜 신체 상태를 최상으로 만들어 대인 간 반응성과 각성 수준 정신 능력을 활성화시킨다. 둘째, 웃을 때 분비되는 엔도르핀(endorphin)은 우울, 불안, 짜증, 분노, 불쾌감 등을 감소시켜 각종 스트레스 반응을 완화시켜 준다. 셋째, 웃음은 상호 간의 적대감을 정화하고 원만한 대인관계를 형성하여 조직 내 구성원의 유대감을 강화시킨다.

3) 환경적 대처

환경적 대처는 자신의 취약점을 사전에 파악하여 힘든 상황을 반복하지 않도록 대처하는 것이다. 스트레스 대처 중 적극적인 대처 방법 중의 하나가 환경을 변화시키는 것이다. 자신에게 부정적인 정서를 제공하는 환경이 무엇이었는지 탐색해 보고 사회 환경을 개선하는 것이다.

(1) 건강한 대인관계와 의사소통

건강한 대인관계란 상호 의존성과 독립성이 적절히 조화되어 서로에게 관심과 애정을 가지고 각자의 목표를 존중하는 것을 말한다. 누군가와 건강한 대인관계를 지속하기 위해서는 스트레스로 인해 내부 환경과 외부 환경의 균형을 잃지 않도록 적절한 자기주장과 잘 맞서는 방법을 익혀야 한다. 원하지 않는 일을 상대방이 요구할 때는 'NO'라고 대답하는 힘을 기른다면 스트레스를 받는 일도 줄어들고 자기주장도 쉽게 할 수 있을 것이다. 적절한 자기주장과 거절하기는 상대방과의 관계가 깨지지 않으면서 잘 맞설 수 있도록 자신감을 회복시켜 준다. 사람은 누구나 사는 방식이 달라 불일치가 일어날 수밖에 없으므로 건강한 관계를 맺기 위해서는 충분한 여유와 시간과 노력이 필요하다.

직장인들의 상사와의 비굴감 스트레스의 원인은 '잘 보이기 위한 위장된 적극성'과 '저항심을 억누르는 자제력'이라고 한다. 따라서 상사와의 스트레스 해소를 위해서는 상사가 나를 좋아하게 만들고 자주 상사와 상의하며, 또 전략적으로 상사를 칭찬하고 자신만의 스트레스 해소법을 찾아야 한다.

미국 시사주간지 타임의 전 편집장 스텐젤(Stengel, 2002)은 '칭찬의 황금률'을 다음과 같이 설명하였다(주간동아, 2007).

① "Fact, 사실로 아부하라."

② "당사자가 없는 곳에서 그를 치켜 세워 줘라."

사람의 면전에서 아부하는 사람을 신뢰하지 않으나, 제삼자를 통해 "누가 당신이 쓴 보고서가 대단하다고 하더라."라는 말을 들으면 기분이 우쭐해지기 마련이라는 것이다.

③ "누구나 아는 사실은 칭찬하지 마라."

예를 들어 예쁘게 생겼다는 말보다는 지적으로 보인다는 말이 훨씬 낫다는 것이다.

④ "칭찬할 때에는 미흡한 부분도 함께 언급하라."

고집 센 상사가 A를 요구하면 B를 주장하며 반발할 게 아니라, A-1을 제시해 충돌을 피하면서 자기 뜻을 관철시키는 게 상사의 눈 밖에 나지 않으면서도 업무 성과를 높이는 지름길이라는 것이다.

⑤ "상사에게 조언을 구하거나 사소한 부탁을 하라."

사람은 호의를 베풀거나 부탁을 들어주면 우쭐해지기 마련이고 이때 세로토닌(serotonin)이 분비된다는 것이다.

⑥ "아랫사람을 칭찬하는 것에 인색하지 마라. 부하를 칭찬할 때는 공개적으로 하라."

허점만 보이는 아랫사람의 비위를 맞추는 것은 쉽지 않으나, 그래도 마음에 드는 부분을 애써 찾아야 하고 윗사람이든 아랫사람이든 함께 일하고 싶은 사람이 되는 것이 외부의 인맥 관리보다 더 중요하다는 것이다. 내가 잘 봐준 사람들의 인맥은 자연스레 내 것이 됨으로, 그릇된 행동에 대해선 간결하고 명확하게 지적하면서 장점을 발휘하도록 아랫사람을 지원해야 한다.

(2) 효과적인 시간 관리

시간은 한정되어 있는데 너무나도 복잡한 상황 가운데서 해야 될 일, 하고 싶은 일이 많고 또 대인관계 속에서 불시에 찾아온 일들도 너무나 많다. 따라서 시간 관리 능력이 없으면 과중한 스트레스 상황에 노출될 수밖에 없다. 그러므로 효과적으로 시간 관리를 하여 보다 여유로운 생활을 할 수 있도록 시간을 구조화해야 한다. 효과적인 시간 관리를 위한 첫 단계는 일의 우선순위를 규명하는 것이다. 많은 일 중 우선적으로 해야 할 일이 무엇인지 기록하고 일정표를 작성해 본다. 두 번째 단계는 시간 낭비를 줄이기 위해 힘써야 하는데, 그러기 위해서는 자신의 행동 패턴을 변화시키겠다는 확고한 의지가 필요하다. 지금까지의 생활 습관을 냉철하게 분석해서 자투리 시간을 과소평가하지 않았는지, 주변의 자원을 충분히 활용하였는지, 사소한 일에 많은 시간을 빼앗기지 않았는지를 파악해 보아야 한다(〈표 12-3〉 참고).

(3) 진정한 휴식 시간

스트레스를 줄이고 건강한 삶을 유지하기 위해서는 진정한 휴식 시간이 필요하다. 신체적 휴식뿐 아니라 사회적 휴식과 정신적 휴식도 필요하다. 사회적 휴식을 위해 동료와 편안한 대화를 나누고 정신적 휴식을 위해서는 신앙생활 또는 명상, 산책, 음악 감상 등 좋아하는 취미 활동의 시간을 갖는다.

(4) 자연 친화적인 실내 환경 조성

자연 친화적으로 환경을 조성하는 것은 스트레스를 해소할 뿐 아니라 내적 긴장감을 해소하고 일의 능률을 증가시킨다. 따라서 자신이 오랫동안 머무는 장소의 환경을 화초, 돌, 어항 등 상황에 적절하게 자신이 좋아하는 자연 친화적인 것들로 아늑하게 꾸며 본다면 스트레스를 덜 받고 일의 효율성을 더 높일 수 있을 것이다.

〈표 12-3〉 시간 관리 척도

내 용	점수
1. 나는 일을 하는데 없어서는 안 될 사람이고 일할 사람이 나밖에 없기 때문에 일을 도맡아 하는 편이다.	
2. 매일 벌어지는 일이 내 시간을 모두 빼앗아 가고 일 처리에서도 급한 불 끄기에 급급한 나머지 정작 중요한 일은 할 시간이 없다.	
3. 한꺼번에 많은 일을 하고 그것을 다 할 수 있다고 느끼면서 상대방의 요구에 대해 'NO'라는 말을 못한다.	
4. 항상 남에게 뒤처지고 있고 따라잡지 못할 것 같은 압박감에 시달리며 안절부절못한다.	
5. 하루 10시간 이상, 일주일에 5일 또는 6일 이상을 일한다.	
6. 계속해서 사소한 일이나 남으로부터 부탁받은 일에 얽매여 내가 정작 하고 싶은 일에는 시간을 쏟지 못한다.	
7. 제시간에 귀가하는 것에 대해 죄책감을 느끼고 휴식을 취하거나 대인관계에 관심을 둘 만한 시간이 없다고 생각한다.	
8. 항상 마감 시간을 넘긴다.	
9. 많은 일을 비생산적인 일에 쏟기 때문에 피곤하고 무력하다.	
10. 계속 내키지 않는 일에만 얽매여 시간을 보낸다.	
〈점수 주기〉 • 전혀 아니다 : 0점 • 때때로 그렇다 : 1~3점 • 자주 그렇다 : 4~6점 • 매우 자주 그렇다 : 7~9점 • 항상 그렇다 : 10점	
〈점수 결과〉 • 35점 미만 : 시간 관리를 비교적 잘하는 편이다. • 35~65점 : 시간 관리를 잘 못하고 있다. 이 경우엔 스트레스로 인한 질병에 걸릴 위험이 높다. • 60점 이상 : 위험 수위에 이르렀다고 할 수 있다. 이들은 스트레스 관리나 시간 관리법을 배울 시간조차 내려고 하지 않는다. 건강하고 가치 있는 삶을 희망한다면 시간의 중요성을 느끼고 시간 관리법을 배워야 한다.	

출처: 고경봉(2002).

13장

대인관계 갈등 처리와 의사소통

1. 갈등의 의미

갈등이라는 현상이 우리의 일상생활과 밀접한 관련을 맺고 있고 주위에 산재하기는 하나 갈등을 한마디로 정의하기는 쉽지 않다.

사전적 의미로 갈등(葛藤)은 '칡 갈(葛)'자와 '등나무 등(藤)'자로 이루어져 있어 칡과 등나무라는 뜻으로, 칡과 등나무가 서로 복잡하게 얽히는 것과 같이 개인이나 집단 사이에 의지나 처지, 이해관계 따위가 달라 서로 적대시하거나 충돌을 일으킴을 이르는 말이다. 또한 '갈등(conflict)'의 영어 어원인 라틴어 'confligere'는 '서로(con)'와 '치다(fligere)'가 합쳐진 말로 '서로 때리다'라는 의미를 담고 있다(곽윤경 외, 2017). 심리적으로는 개인의 마음속에 상반되는 두 가지 이상의 감정이나 의지 따위가 동시에 일어나 갈피를 못 잡고 괴로워하는 것이라고 할 수 있다.

호커와 윌모트(Hocker & Wilmot, 1991)는 갈등이란 '상호 의존 관계에 있으면서도 서로 상치되는 목표를 추구하는 적어도 두 개 이상의 개체들 사이의 표출된 분쟁 행위'라고 하였다. 이 정의는 갈등이 갖는 3가지 속성을 의미한다.

첫째, 갈등은 상호 의존적인 관계에서 발생한다. 둘째, 갈등은 추구하는 목표가 다를 때 그리고 서로 목적 달성을 방해할 때 발생한다. 셋째, 갈등은 표출된 분쟁 행위이다.

우리나라의 유교적 전통은 대인관계에서 조화를 중요시하며 갈등은 조화를 파괴하는 존재로 생각되었다. 그리하여 가능한 한 갈등을 일으키지 않으며 갈등이 있더라도 드러내지 말고 참고 지내는 것을 가르쳤다. 이로 인해 갈등을 매우 부정적으로 생각하는 경향이 짙으나 갈등이라고 해서 꼭 부정적인 것만은 아니다. 갈등은 주어진 관계 내에서 문제가 있다는 것을 서로에게 인식시켜 줌으로써 그 문제를 해결하기 위한 노력을 촉진한다. 갈등을 피하려다 보면 문제가 있어도 그것을 알리지 않기 때문에 문제를 안고 그 관계를 계속 지속함으로 결과적으로 서로가 만족할 수 없는 관계가 되고 만다(이위환 외, 2016).

1) 상호 의존성

갈등의 상호 의존 관계란 서로가 서로의 도움을 필요로 하는 관계를 의미한다. 그 관계 내의 당사자들은 일종의 공동 목표나 공동 운명을 가지고 있다. 그리고 대부분의 갈등 상대는 많은 시간을 함께 보내는 소중한 사람 가운데 있다. 이 가운데서 우리는 상호 의존적인 관계를 형성하고 산다. 즉 부모와 자식, 상사와 부하 직원, 남편과 아내, 어른과 아이 그리고 친구와 친구 사이의 관계는 모두 상호 의존적인 관계인 것이다. 이 기본적인 관계에서 문제가 생길 때 갈등을 경험하게 되고 이 관계에서 생기는 문제는 어느 한 쪽의 책임이 아니라 쌍방 모두의 책임이 되므로 한 쪽에 책임을 전가하거나 희생만을 요구하는 것은 바람직하지 않다. 누군가에게 책임을 전가하는 것은 상호 의존성을 파괴하고 궁극적으로는 관계가 깨지는 결과를 가져올 수 있다.

2) 목적 상충성

갈등은 자신이 추구하는 목적과 상대방이 추구하는 목적이 서로 상치될 때 목적 달성을 방해하므로 일어난다. 사람은 크게 3가지 종류의 목적을 가지고 있는데 이는 도구적 목적, 관계적 목적, 정체성 목적이다(Wilson & Putnam, 1990).

도구적 목적은 자신이 계획하고 있는 특정한 일을 자신이 원하는 방향으로 성취하고자 하는 것을 의미한다. 상거래를 하는 사람은 보다 많은 이익을 남기고자 하는 도구적 목적을 가질 수 있고 노사 협상에 임하는 노조 간부들은 보다 높은 임금 수준을 달성하고자 하는 도구적 목적을 가질 수 있다.

관계적 목적은 상대와의 관계를 어떻게 형성하고 유지할 것인가에 관한 것이다. 즉 상대방과 얼마나 친근한 관계를 설정할 것인가 또는 상대방 권위를 얼마나 인정하고 자신의 권위를 세울 것인가 등을 포함한다.

정체성 목적이란 자신의 이미지를 긍정적으로 유지하고자 하는 욕구를 의미한다. 따라서 체면 욕구와 비슷한 것이라고 할 수 있다. 자신의 체면을 어느 정도로 세우고 상대의 체면을 얼마나 봐주느냐 하는 것들이 정체성 목적이 된다.

갈등은 이 3가지 목적 중에서 적어도 1가지 이상이 서로 상충될 때 일어난다. 그런데 사람이 살다 보면 목적이 상충되는 경우가 너무나 많다. 한 사람은 상대와 친근하고 싶은데 상대방이 거리를 두려고 하거나 자신의 권위를 세우고 싶은데 상대의 도전이 만만치 않을 때, 서로 상충된 관계적 목적을 갖게 되고 자신이 목표하는 바대로 관계를 끌고 가기 위해서 서로 갈등을 겪는다. 정체성 목적도 자신의 체면을 세우려다 상대의 체면을 위협하게 되고 서로의 체면에 대한 집착이 강해지면 갈등이 생긴다. 이처럼 갈등은 서로의 목적이 상충되어 자신의 목적을 달성하려고 상대의 목적을 방해하려 할 때 발생한다(김현주 외, 2014).

3) 표출성

갈등은 '표출된' 분쟁이다. 갈등이란 문제 자체를 의미하는 것이 아니라 문제가 표면화되어서 당사자 모두가 그 문제를 인식할 때 생기는 것이다. 따라서 표출되지 않는 분쟁은 갈등으로 간주되지 않는다. 내부의 불만이 외부로 표출되고 그 표출된 불만이 상대방에 의해서 인식되었을 때 비로소 갈등이 시작된다. 그러나 갈등이 일어나지 않았다고 해서 불만이 없는 것이 아니며, 불만이 누적되는 가운데 다시 다른 종류의 목적 상충이 발생하면 지금까지 참아 왔던 쪽에서 폭발적인 양상으로 그 문제를 표면화할 가능성이 높다.

2. 갈등의 유형

갈등은 환경과 상황, 원인과 갈등 표출 방법에 따라 다양한 유형으로 분류할 수 있다. 국가와 국가, 조직과 조직, 개인과 개인 그리고 사람의 내면에 잠재된 심리적 갈등 등 다양한 상황과 여건에서 발생되고 있는 갈등의 유형을 원인에 따라 또 표출 방법에 따라 살펴보겠다.

1) 욕구 좌절과 갈등

사람의 행동 과정을 보면 욕구-충동-목표의 동기 순환 과정을 거치면서 행동하며 이 과정에서 때로는 좌절을 경험하게 된다. 이럴 때 갈등을 일으키게 되는 것이다. 욕구 좌절은 '어떤 종류의 장애물에 의해 동기의 만족이 방해받는 것'이라고 할 수 있다. 동기의 만족을 방해받음으로써 생기는 불쾌한 감정이라는 뜻으로 쓰이는데 욕구 좌절을 일으키는 요인들은 다음과 같다(김종재, 2010).

- 물리적 장애 : 원인 요인이 물리적, 자연적 상황이나 사고 등에 있는 것이다. 좋은 수확을 올리려는 농부의 기도를 좌절시키는 가뭄, 수업 시간에 맞춰 도착하려는 일정을 방해하는 고장 난 전철, 혼잡한 교통, 차량 사고 등이 물리적 장애이다.
- 사회적 환경 방해 : 사회적 환경에는 우리의 애정이 어떤 사람으로부터 거절당하는 것, 소수 집단에 대한 사회적인 방해, 경제적 혼란이나 전쟁의 위협을 야기시킴으로써 확실성에 대한 동기를 좌절시키는 사회 문제 등이 이에 속한다.
- 개인적 결함 : 음악가가 되고자 하는데 자신이 음치라는 사실을 알게 되는 것, 공군 조종사가 되고자 하는데 신체적 이상을 알게 되는 것, 이러한 개인의 부족분 때문에 우리 중에 누구는 원하는 바를 이루지 못하는 경우가 흔하다.
- 복수 동기들 간의 갈등 : 갈등은 여러 가지 충돌되는 동기를 가지고 있을 때 증폭된다.

(1) 욕구 좌절에 의한 갈등

욕구 좌절 중에 가장 흔하게 생기는 갈등은 복수 동기들 간의 갈등으로 둘 또는 그 이상의 양립할 수 없는 동기들이 동시에 일어나기 때문에 생긴다. 동기가 갈등 상태에 있는 사람은 불안과 불확실성을 경험하고 괴로워하며 고민을 하게 되어 정상적인 행동에 잠재적 위협이 되며 불쾌한 정서를 초래하게 된다.

예를 들어 선생님이나 사장에게 심하게 화를 내는 경우 자신들의 자존심이나 사회적인 이미지에 대하여 갈등을 경험할 수 있다.

어떤 사람들은 자립과 강인함을 요구하는 내적인 준거와 의존심과 애정을 보이고 싶은 동기 사이에서 갈등한다. 또 다른 형태의 갈등은 서로 다르면서 양립할 수 없는 목표의 동기가 동시에 일어나는 경우이다(박양근 외, 2016).

(2) 목표 갈등

목표 갈등은 우리가 바라는 요구나 목표가 양립될 수 없는 상황에서 일어나는 갈등이라 할 수 있다. 목표 갈등에 직면할 때 우리가 할 수 있는 갈등 해결 방법은 목표 중 하나를 포기 또는 수정, 목표 중 하나에 대한 추구 지연 그리고 어떤 목표도 완전히 획득할 수 없다는 사실을 수용하는 것이다(김종운, 2017). 레빈(Lewin, 1974)은 이 갈등을 접근과 회피의 관계로 기술하였다. 어떤 것이 매력적일 때는 접근하기를 원하나 위협적일 때는 회피하려고 한다는 것이다. 이는 개인이 직무를 수행하면서 나타나는 것으로 다음의 4가지 형태가 있다.

① 접근-접근 갈등 : 접근-접근 갈등은 바람직한 목표로 접근하려는 두 가지 동기들 사이에서 일어난다. 그러나 두 가지 목표를 다 이룰 수 없으며 그중 하나를 택하면 다른 하나는 포기할 수밖에 없다.

② 접근-회피 갈등 : 한 가지 동기를 성취하는 것이 바람직한 결과와 불쾌한 결과를 함께 초래하는 경우에 생긴다. 예를 들어 젊은 사람들이 결혼을 하는 동기가 이에 해당하는 것이다. 결혼은 여러 가지 좋은 점이 있지만 책임감과 자유 구속이라는 것도 부과되는 것이다.

③ 회피-회피 갈등 : 불쾌한 두 가지 이상의 대안을 모두 피하려는 동기들이 존재할 때 일어난다. 예를 들어 성적이 좋지 않은 학생이 학교에 가기도 싫고 집에서 부모님께 야단맞기도 싫은 경우가 해당된다.

④ 이중 접근-회피 갈등 : 갈등 형태 중 가장 복잡한 형태로 바람직하고 불쾌한 결과를 동시에 가진 두 가지 목표 사이에서 고민을 하게 될 때 일어난다.

(3) 조직적 갈등

현대와 같은 복잡한 조직 구조에서는 조직과 집단, 조직과 구성원, 집단과 구성원 및 구성원 상호 간에 다양한 조직적 갈등이 나타난다. 조직적 갈등의 주요 원인으로 리터러(Litterer, 1965)는 다음의 4가지를 제시하였다.

① 양립이 곤란한 복수적인 목표 제시
② 목표 달성에 공헌할 수단으로써 자원의 부족과 그것의 배분 곤란성
③ 직위 상호 간에 야기되는 부조화
④ 인식의 다양성에서 비롯되는 태도의 복잡성

2) 심리적 갈등

(1) 감정적 갈등

일상생활 중에서 직면하게 되는 갈등 상황 중 가장 흔하게 경험하게 되는 것이 감정적 갈등이다. 서로 상호 작용하는 대인관계 속에서 서로의 감정이나 태도가 수용되기 어려운 상황에서 경험되는 것으로 각자의 입장에서는 합리적이라고 생각하지만 타인의 입장에서는 오해가 생길 수 있다. 작은 말이나 태도로 감정에 상처를 받게 되면 즉각적으로 나타나게 되는 것이 감정적 갈등이다.

감정적 갈등의 특징은 지나치게 주관적일 때가 많다는 것으로 객관적인 판단에서 보다 주관적인 자기중심적인 입장에 몰두하게 될 때 생기게 되는 것이다(함승애, 2017).

(2) 인지적 갈등

인지적 갈등은 감정적 갈등과는 다르게 자기 자신의 주장이나 가치관 또는 학문적인 견해가 양립되기 어려운 상황에서 발생하게 된다. 감정적 갈등이 즉각적이고

주관적인 느낌이나 태도로 나타나는 것이라면, 인지적 갈등은 연구 영역에서 서로 간에 수용하기 어려운 문제에 직면할 때라든지, 토론 상에서 서로의 견해를 수용하기 어려울 때 경험하게 된다(함승애, 2017).

3) 목적 갈등

목적 갈등은 대인관계에서 자신이 추구하는 목적과 상대방이 추구하는 목적이 대립되어 서로 간에 목적 달성에 어려움이 야기될 때 나타나게 된다. 한정된 자원 속에서 서로의 목적을 추구하려고 할 때 그 목적이 서로 상충되면 갈등을 경험하게 된다. 예를 들어 한 가족이 외식을 하려고 할 때, 한정된 시간 속에서 서로가 좋아하는 취향을 양보하지 않고 서로의 목적을 고집하게 되면 갈등을 겪게 된다.

4) 역할 갈등

사람은 누구나 상호 간의 관계 속에서 서로에게 주어진 역할 가운데 자신이 선호하는 역할을 선택하고 싶어 한다. 역할 갈등이란 동시적으로 역할을 선택해야 하는 상황에서 자신이 선호하는 역할이 아니라 자신이 싫어하는 역할을 해야 하는 상황이 주어질 때 경험되는 갈등이다. 그리고 분명한 역할 분담이 주어지지 않고 애매하게 역할이 주어질 때도 발생할 수 있다.

5) 행동 갈등

행동 갈등은 어떤 상황 속에서 두 가지 이상의 행동이 양립하여 경험하는 갈등이다. 두 가지 이상의 서로 다른 편향된 생각을 표출하려고 하는 상황에서 한 쪽이 다른 쪽의 행동을 받아들이기 힘들 때 표면적으로 나타난다. 그렇기 때문에 누구나가 관찰할 수 있는 갈등이다.

3. 대인관계 갈등 처리와 의사소통

갈등에 직면했을 때 갈등을 효과적으로 관리하여 순기능을 유지하거나 극대화하면서 역기능을 줄여 나가는 것이 갈등 관리의 목적이 된다(박양근 외, 2016). 갈등을 효과적으로 관리하는 기법은 학자들마다 견해가 다양하다. 어떤 기법을 사용하든 문제를 해결해야 하는 관건이 있는데, 관계를 해치지 않고 상호 간의 이익을 극대화할 수 있는 것이 문제 중심적 갈등 처리 해결 방법이다. 문제 중심적 갈등 해결 방법은 상호 간에 얽혀 있는 이해관계를 쌍방 간에 최대의 이익을 창출하면서 해결 방법을 모색해 나가는 과정이며 여기에는 대표적으로 협상이 있다. 갈등이 생겼을 때 어떤 반응들이 일어나는지 먼저 살펴보고 문제 중심적 갈등 처리 해결 방법에 대해 알아보겠다.

1) 갈등의 반응 유형

(1) 협력형(Collaborator)

협력형은 대인관계와 서로 원하는 요구를 모두 충족시키는 갈등의 대처 방법이다. 이 방법이 가능하기 위해서는 각자가 자기의 이익을 추구할 뿐 아니라 상대방의 이익도 함께 추구할 때에 가능하다. 이 유형을 윈-윈(win-win) 대처 방법이라고 한다. 이를 위해서는 자기주장을 하면서 동시에 상대방의 견해와 서로의 차이를 인정하고 용납하는 자세가 필요하다. 흑백 논리에 집착하지 않고 상대방과 협력함으로 더 많은 정보를 교류하고 최선의 결과를 가져올 수 있도록 노력한다. 협력적인 갈등 대처를 위해서 필요한 자원은 신뢰와 선한 의도와 창조성 그리고 대화의 기술들이 있다. 이러한 대처에서 오는 유익은 신뢰의 관계가 유지되며 창조적인 결과와 개인적인 성장을 가져온다는 것이다.

(2) 타협형(Compromiser)

갈등관계에 있는 당사자들이 협력으로 모두 만족할 만한 결과를 얻을 수 없다고 판단될 때에 타협을 통해서 갈등에 대처한다. 서로가 조금씩 양보함으로 인하여 타협점을 찾는다. 이 유형을 부분적으로 이기고 지는(mini-win/mini-lose) 대처 방법이라 부른다. 이를 위한 전략으로는 서로의 차이에서 중간 타협점을 찾는 자세와 가능하면 모든 사람들이 조금씩이라도 공평하게 만족할 결과를 찾는 지혜가 필요하다. 이를 위해서 요구되는 자원은 논리성과 중용이다. 타협을 통해서 오는 유익은 문제를 비교적 빠른 시간에 해결할 수 있으며 합리적이고 공평한 결과를 추구하기에 감정적인 폭발을 방지할 수 있으며 누구나 쉽게 이해할 수 있는 방법이다.

(3) 융화형(Accommodator)

자신의 요구나 필요를 무시하고 우선적으로 상대방의 요구를 수용함으로 인하여 대인관계의 깨어짐을 막는 유형이다. 이 유형을 양보함으로 지는(yield lose/win posture) 유형이라고 부른다. 이를 위한 전략으로는 동의, 지지, 잘못을 인정, 양보, 회유 등이 있다. 융화형의 유익은 일단 인간관계를 유지할 수 있고 적어도 단기적으로는 싸움을 막을 수 있다는 점이다. 융화를 반복적으로 사용하였을 때에 오는 문제는 후회나 우울함이 찾아오며 개인의 성장을 경험할 수 없으며 상대방에게 의존적이 되고 건강한 직면을 통해서 오는 다른 유익들을 경험할 수 없다는 점이다.

(4) 경쟁형(Controller)

개인적인 필요와 요구를 채우고 관철시키는 데에 우선권을 두는 갈등 대처 유형이다. 인간관계가 깨어지는 것에는 큰 관심을 두지 않는다. 갈등 상황에서 중요한 것은 개인의 목표 달성이지 화목한 인간관계가 아니라고 생각한다. 이 유형을 내가 이기고 상대방이 지는(win/lose posture) 유형이라고 부른다. 여기에서 사용되는 전략들은 동의하지 않음, 설득, 견고함, 조종, 결과에 치중, 힘의 논리, 반복 등이 있다. 경쟁형은 자신의 지위에서 오는 힘을 사용한다. 이 유형의 유익은 빠른 결정과 진행이 가능하며 약자를 보호하는 데에 사용될 수 있고 안정을 가져오며 중요한 가치를 지킬 수 있다.

(5) 회피형(Avoider)

회피형은 갈등이 나쁜 것이라는 인식 속에서 가능하면 갈등관계를 인정하지 않는 유형이다. 갈등을 회피하려 했을 때 갈등을 해소하기보다는 더욱 악화시키는 경우가 많다. 많은 경우에 인간관계도 파괴되고 개인적인 요구도 관철되지 않을 때가 많다. 이를 모두 잃고 지는(leave–lose/lose posture) 유형이라 부르며 이 유형에서 사용되는 전략은 결정이나 선택의 지연, 무반응, 포기, 감정을 참고 누름 등이 있다. 이에 따르는 유익으로는 사소한 문제나 불필요한 대인관계의 엉키는 현상을 방지할 수 있으며 현상 유지를 할 수 있다. 그러나 반복적으로 사용되었을 때에 분노가 쌓이게 되고 관계가 점진적으로 소멸되며 에너지가 감소하게 된다.

2) 협상을 위한 전제 조건

갈등은 대인관계에서 필연적으로 발생하는 자연스러운 현상으로 사람과의 관계를 파괴시킬 수도 있고 건설적인 결과를 가져올 수도 있다. 이때 협상은 서로에게 최대한의 이익을 보장해 주는 방법이 되며, 갈등을 효과적으로 해결해 나가는 과정이 된다. 따라서 협상을 잘하기 위해서는 서로 간에 전제 조건이 있다(Johnson, 2000).

첫째, 서로의 관계 속에서 일어난 갈등을 회피하지 말아야 한다. 서로 간에 일어난 관계의 어려움을 직면하지 않고 무시해 버리거나 방치한 상태로 회피해 버리면 갈등이 해결되는 것이 아니라 서로의 관계를 악화시키고 불편함을 가중시키게 된다.

둘째, 갈등을 해결해 나가는 과정 속에 양쪽 모두가 윈-윈(win-win)할 수 있는 방법을 모색하는 것이 필요하다. 한 쪽이 일방적으로 승자가 되고 다른 한 쪽은 패자가 되는 협상은 상호 간의 관계를 불편하게 만든다.

셋째, 협상을 할 때는 해결해야 할 문제에 집중하며 공동의 난제를 중심으로 하여 협동해 나가는 자세가 필요하다. 상황에 따라서는 유머를 통해 긴장을 완화시키고 부드러운 분위기에서 효과적으로 해결해 나가는 것이 바람직하다(함승애, 2017, 재인용).

3) 효과적인 협상과 의사소통

이해관계가 첨예하게 대립되는 갈등 상황 속에서는 서로 만족할 수 있는 해결 방법을 찾기 위해 협상하는 일은 쉽지 않다. 협상을 잘해 나가기 위해서는 다음과 같은 효과적인 방법을 모색해 나가야 한다.

(1) 효과적인 협상 방법

① 원하는 바가 무엇인지를 분명하게 말한다.

대인관계에서 갈등은 자신의 입장에서 보면 모두 타당한 주장이다. 따라서 자신의 입장만 고집하게 되면 상대방의 입장에서의 오류를 수용하기 어렵게 된다. 그러므로 자신이 원하는 것이 무엇인지를 각자가 분명하게 밝히는 것은 서로에게 협상을 잘해 나가기 위한 기초가 될 수 있다. 이때 중요한 것은 자신이 원하는 바를 충분히 이야기하되 감정적으로 표현하는 것은 지양하고 서로가 비판 없이 끝까지 경청하는 태도가 중요하다.

② 느끼고 있는 감정을 충분히 이야기한다.

갈등 상황에서 각자가 자신이 원하는 바를 이야기하는 것만으로는 한계가 있다. 누구나가 갈등을 경험하면 상한 감정을 가질 수 있으나 분노나 섭섭한 마음을 솔직하게 표현하는 것은 쉬운 일이 아니다. 그래서 갈등이 생기면 감정을 숨기거나 억압하게 되는 것이다. 이 상황에서 드러난 문제가 협상을 통해 합의가 되었다고 할지라도 감정적인 문제가 그대로 남아 있게 된다. 진정한 갈등 해결은 이루어지지 않고 원망이나 적개심 등의 감정적인 찌꺼기가 남게 되는 것이다. 그러므로 자신의 감정에만 집중하지 말고 자신의 감정과 함께 상대방이 어떤 감정을 느끼고 있는지 이해할 필요가 있다.

③ 바라는 목표나 소망에 대한 분명한 이유를 말한다.

갈등 상황에 직면했을 때는 상대방의 입장을 고려하기 전에 자신의 목표와 소망을 이루어 내는 것에 초점을 맞추기 때문에 시야가 좁아지게 된다. 그러므로 협상의 태도에서 필요한 것은 효과적으로 문제 해결을 돕기 위한 시야를 갖는 것이다. 자신만 생각할 때는 자신의 목표와 소망만 보이지만 더불어 생각할 때는 각자의 입장과 목표를 분리하여 갈등의 합의점을 도출할 수 있게 된다. 만약 합의점을 찾을 수 없을 때는 서로가 추구하는 목표에 차이점이 무엇인지 구체화해 보는 것이 좋다.

④ 상대방의 입장이 되어 생각해 본다.

자신만의 입장을 고집하는 태도에서 벗어나 상대방의 입장에서 보는 여유를 가져 본다. 그러면 상대방의 입장에 대한 이해가 깊어짐으로 상대방에 대한 오해를 해소할 수 있다. 따라서 자신의 입장과 목표에 대해 유연한 태도를 취하게 되고 갈등 해결의 가능성을 발견할 수 있게 된다.

⑤ 합의점을 다각도로 찾아본다.

갈등은 다양한 방법으로 해결해 나갈 수 있다. 첫째는 서로 간에 주장하는 바를 조금씩 양보하여 적절한 합의점을 찾는 방법이 있고, 둘째는 서로 번갈아 가면서 서로 간의 이익을 성취해 나가는 방법이 있다. 셋째는 이익을 함께 공유해 나가는 방법이 있는데, 두 개의 비슷한 이익을 맞교환하는 방법이나 여러 가지 목표를 하나로 묶어서 해결하는 방법 등을 들 수 있다.

⑥ 최종 합의안을 선택한다.

논의된 3가지 이상의 합의안 중 최종 합의안을 결정하는데, 협상의 모든 과정에서는 서로 동등한 권한이 인정되어야 하며 마지막 선택 과정에서도 마찬가지이다. 서로의 이익을 최대화하며 서로 만족도에 균형을 이룬 합의안을 모색하는 것이 중요하다. 만약 협의 과정을 통해 합의안이 도출하지 못했다면 약간의 시일을 두고 똑같은 협상 과정을 지속적으로 시도한다.

(2) 메시지 전달 방법

갈등 상황에서는 어느 때보다도 메시지 전달을 잘해야 한다. 갈등 상황에도 앞에서 살펴본 의사소통 방법 즉, 나-전달법과 경청이 중요하다. 여기에서는 갈등 상황 가운데 나-전달법을 사용할 때 주의할 점 및 포함해야 할 요소를 다시 한 번 살펴보겠다.

첫째, 상대의 행동을 '항상', 또는 '만날' 등과 같은 빈도 부사를 사용하지 않으며, '엉망진창', '뒤죽박죽' 등과 같은 가치 판단이 개입되는 말도 사용하지 않는다. 그리고 상대방의 행동을 단순하고 객관적으로 진술한다.

둘째, 그 행동이 미치는 구체적인 영향을 언급한다. 당신이 다른 일을 위해 써야 할 시간, 정력, 돈을 언급하거나 당신이 해야 하거나 하고 싶은 것을 할 수 없도록 방해하는 것 또는 당신의 신체나 감각을 괴롭히는 것, 어떤 유용한 것과 즐거움 등에 부분적 또는 전체적으로 손실을 유발하는 것을 언급한다.

셋째, 결과 때문에 내가 느끼게 되는 나의 감정을 실망, 분노, 슬픔, 걱정, 짜증 등으로 표현한다.

(3) 공감적 의사소통을 통한 갈등 해결 방법

우리가 타인의 입장에 설 수만 있다면 공감은 쉽게 이루어질 것이고, 갈등과 불일치는 최소화되거나 극복될 수 있다. 갈등이 생겼을 때 일반적으로 취하는 5가지 입장에 대해 살펴보겠다.

① 제1입장 : 나는 옳고 당신은 틀렸다.

남을 비난하고 공격하여 나의 생각을 수용하도록 하는 이 방법은 상호 수용할 수 있는 해결 방법이 아니므로 상대방은 긴장, 원한, 분노 등의 감정을 갖게 된다.

② 제2입장 : 당신은 옳고 나는 틀렸다.

상대방의 입장에 쉽게 굴복하고 자신의 처지를 부정하는 태도이다. 자신의 해결책을 제시하지 않고 굴복해 버리지만 상대에 대한 불만족의 감정을 계속 지니게 된다.

③ 제3입장 : 둘 다 옳지만 동시에 틀렸다.

각자의 장단점을 모두 인정하는 입장이다. 각자의 처지에서 서로 옳다고 여겨지는 면을 발견할 수 있지만 동시에 틀리다고 여겨지는 면도 발견할 수 있다.

④ 제4입장 : 이 문제는 생각만큼 그렇게 중요한 것은 아니다.

문제가 아무리 심각하고 중요한 것이라고 할지라도 지금의 나와 너의 관계 회복이 더 중요하다는 입장이다. 그로 인해 그 문제 자체에 그렇게 집착할 필요가 없다는 사실을 이해하게 된다.

⑤ 제5입장 : 4가지 입장은 모두 일리가 있다.

앞의 4가지 입장 모두를 옳다고 인정하는 통합적인 사고와 초월적인 태도를 보이는 입장이다. 흑백 논리에 사로잡혀 모든 것을 옳고 그름의 이분법적인 입장에서 해결하려 할 때 문제와 갈등이 생긴다. 그러므로 이 입장은 상호 간의 만족을 최대화시키기 위해 서로 진실한 노력을 하는 입장이라고 할 수 있다.

14장

행복한 삶을 위한 대인관계와 의사소통

1. 행복의 의미

1) 행복이란?

사람은 누구나 행복을 추구하며 행복한 삶을 원한다. 그러나 행복이란 추상적이고 모호하여 쉽게 단정하기 어렵다. 사전적 의미로 행복은 삶에서 기쁨과 만족감을 느껴 흐뭇한 상태 또는 불안감을 느끼지 않고 안심해 하거나 희망을 그리는 상태에서의 좋은 감정으로 심리적인 상태 및 이성적 경지를 의미한다.

연구 주제들 중 행복, 삶의 질(Quality of life), 심리적 안녕감, 주관적 안녕(subjective well-being) 등과 생활 만족도, 행복감, 긍정적·부정적 정서, 삶의 조건에 대한 주관적 만족 상태 등의 개념이 행복을 표현하는 데 사용되고 있는 개념이다. 그리고 이 연구들은 행복감은 개인이 주관적으로 경험하는 것이기에 환경적으로나 제도적으로 주어지는 변인들은 삶의 만족도에 영향을 주는 일반적인 요인은 될 수 있어도 개인의 주관적인 행복을 설명하는 데는 한계가 있음을 말하고 있다(함승애, 2017).

한편 행복심리학의 창시자인 셀리그만(Seligman)은 행복이라는 개념을 긍정적 정서(positive emotion), 적극적인 삶(engagement life), 의미 있는 삶(meaning life)이라고 하였다.

행복을 표현하는 긍정적 정서는 즐거운 삶과 밀접하게 관련된 개념으로서 과거, 현재, 미래에 대한 많은 긍정적 정서를 경험하는 것과 관련된다. 또 적극적인 삶이란 직업, 친밀한 관계, 여가 활동에 몰두, 참여, 관여하는 삶을 말한다. 그리고 의미 있는 삶이란 자신이 더 중요하다고 생각하는 신념을 추구하거나, 그 신념을 위해 자신의 강점이나 재능들을 사용하는 것을 말한다(오윤선, 2014). 이처럼 많은 사람들이 연구 한 바에 의하면, 행복은 일상 전반에 대한 지속적이고 통합적인 판단에 의해 결정된다고 할 수 있고 행복감은 전반적인 삶의 만족도라고 할 수 있을 것이다.

2) 행복의 구성 요소

고대 철학자 에피쿠로스(Epikuros)는 친구와의 우정, 독립된 상태, 생각하는 것 즉 자신과의 대화를 행복의 구성 요소로 보았다. 또 러셀(Russell, 1872~1970)은 저서 『행복의 정복(*The conquest of happiness*)』에서 불행의 원인은 어두운 인생관이나 세계관, 경쟁, 피로, 권태, 질투, 부질없는 죄의식, 피해망상, 여론의 횡포 등이라고 하였고, 건강, 돈, 명예, 성공, 신앙, 지혜도 중요하지만 행복의 핵심적 요소는 낙천적 인생관, 사랑, 보람 있는 일이라고 하였다. 그래서 불행에 빠지지 않으려면 자신이 스스로에 대해 부정적이거나 비관적인 생각에 빠져 있을 때 끊임없이 스스로를 꾸짖어야 하며, 자신의 정열과 흥미를 외부로 향하게 하여 진취적인 자세로 구체적인 행복을 쟁취해야 한다고 하였다.

베일런트(Vaillant, 1934~)는 1930년대 말에 하버드대학교에 입학한 2학년생 268명의 삶을 72년간 추적·연구(하버드대학교 성인발달연구)하였는데 여기에서 얻은 결론은 "삶에서 가장 중요한 것은 대인관계이며, 행복은 결국 사랑"이라는 것이다.

행복의 첫 번째 요소인 즐거운 삶은 긍정적인 정서를 최대화하고 부정적인 정서를 최소화하는 삶으로 삶 속에서 편안함, 만족감, 기쁨, 여유로움과 같은 긍정 정서를 자주 그리고 많이 느낀다고 하였다. 두 번째 몰입의 삶은 자신이 추구하는 삶에 열정적으로 참여하여 강점과 잠재력을 최대한 발휘하며 자기실현을 이루어가는 삶을 말한다. 세 번째 의미 있는 삶은 다른 것과의 관계 속에서 발견될 수 있는 것이다. 인생의 의미는 '나보다 더 큰 어떤 것'과의 연결감 속에서 그것을 위해 기여할 때 발견될 수 있는 것이다.

3) 행복에 영향을 주는 요인

(1) 인구 사회학적 요인

행복은 다양한 신체적, 심리적, 사회 환경적 요인과 관련되어 있다. 패터슨(Peterson, 2006)의 연구 결과에 따르면 성별, 연령, 교육 수준, 사회 계층, 소득, 자녀 유무, 인종, 지능 수준, 신체 매력도는 낮은 상관관계를 보인다. 그리고 결혼, 종교, 여가 활동, 친구의 수, 신체적 건강, 성실성, 외향성, 정서 안정성, 통제감은 중간 정도의 상관관계를 보이며 직업 만족도, 낙관성, 자존감, 성적 활동의 빈도, 긍정 감정의 경험 빈도, 감사 경험은 높은 상관관계를 보인다.

인구 사회학적 주요 요인인 성별, 연령, 소득, 교육 및 지능 수준, 결혼, 건강, 종교 등의 영향 요인을 연구한 결과, 성별에 따라 행복을 느끼는 데에는 별 차이가 없으나 나이에 따라 행복감을 느끼는 데에는 다소 차이가 있었다. 아자일(Argyle, 1999)은 노인이 젊은이보다 삶에 대해 더 만족하며 더 행복하다는 결과를 보고하였다. 그 이유는 젊은이는 노인보다 더 강력한 감정을 경험하는 것으로 긍정적 정서와 부정적 정서 둘 다를 강하게 느끼므로 노인보다 덜 행복하게 느낀다는 것이다. 그리고 노인은 열망하던 삶의 목표와 실제로 성취한 것의 차이를 작게 인식하고 그 차이를 수용하기에 삶의 만족도가 높아진다고 보았다.

소득에 대해서는 많은 사람이 더 가진 자가 더 행복할 것이라고 생각한다. 그렇다면 경제적 수준이 높은 국가의 사람들이 더 행복해야 되겠지만 꼭 그렇지만은 않다. 라틴 아메리카와 같이 국민성이 낙천적인 국가는 힘든 삶의 배경에 비해 훨씬 더 행복하다고 지각하는 경향이 있다.

교육 및 지능 수준은 행복에 유의미한 상관을 보이지 않는다고 하나(Diener et al, 1999), 아자일(Argyle, 2001)의 연구는 주관적 안녕감, 정신·신체적 건강, 증가된 개인의 통제감과 함께 더 많은 타인의 지지와 관련이 있어 행복에 영향을 준다고 하였다. 따라서 교육 및 지능 수준이 행복에 더 영향을 미친다고 볼 수 있다.

그리고 기혼자는 미혼자보다 더 행복하고 행복한 사람이 결혼을 더 선택한다(Diener et al, 1999; Myers, 2000). 또 결혼 생활은 배우자와의 친밀감, 애착, 사랑, 사회적 지지를 제공해 줄 뿐 아니라 배우자와 부모의 역할은 개인을 성장시키는 기회를 주기에 긍정적 영향을 미친다.

그런가 하면 직업을 가진 사람은 미취업자보다 더 행복한데, 중요한 것은 직업 만족도이고 이 직업 만족도는 삶의 만족도에 높은 상관을 보인다(Baumgardner & Crothers, 2009). 그리고 행복한 사람은 직업을 선택할 때 자신의 적성에 맞는 일을 잘 선택하므로 당연히 직업과 삶의 만족도가 높을 것이다.

한편 건강한 사람은 병으로부터 더 잘 회복되고 또 긍정적 정서는 고통에 대한 인내력과 함께 면역 체계도 더 효과적으로 작동하게 한다(이정희, 2013). 건강은 신체적 건강뿐 아니라 정신 건강과도 관련이 있으며, 종교는 정신 건강에 도움이 되고 주관적 안녕에 영향을 미치는 것으로 연구되었다(Argyle, 2001; Myers, 2000).

(2) 심리적 요인

행복에 영향을 미치는 심리적 요인으로는 낙관성, 자존감, 외향성, 자아 탄력성, 자기조절과 자기통제 등이 있다. 이에 대해 좀 더 살펴보겠다.

① 낙관성 : 미래에 대한 긍정적인 기대로 소망하는 일이 실현될 것으로 기대하는 희망적인 태도로 긍정적 정서와 활기찬 행동을 통해 목표 지향적인 행동이 촉진된다(권석만, 2008). 이 낙관성은 행복도와 삶의 만족도에 영향을 미치고 개인의 건강과 인생의 어려움에 직면했을 때 중대한 역할을 한다. 기억할 것은 낙관성이 장기적인 행복 증진에 기여하기 위해서는 현실적인 근거를 바탕으로 해야 한다는 것이다(Schneider, 2001).

② 자존감 : 자신에 대한 전반적인 평가인 자존감은 개인의 건강한 성장과 성취에 따른 결과물인 동시에 대인관계와 생산적 활동에 긍정적인 영향을 미침으로 행복을 증진시킨다(Ryan & Deci, 2000).

③ 외향성 : 외향성은 개인의 심리적 에너지가 외부 환경으로 향하는 성향으로 주관적 안녕을 예측하는 중요한 성격 요인으로 알려져 있다(Diener et al., 1999). 외향적인 사람은 사교적이어서 긍정적인 관계를 맺을 기회가 많고 또 그들로부터 긍정적인 피드백을 많이 얻게 됨으로 행복도가 높아질 수 있을 것이다.

④ 자아 탄력성 : 사람이 살면서 어려운 일을 경험하더라도 정신적, 신체적으로 회복하여 유지되고 더 향상되는 심리적 특성을 말한다. 이는 성공적인 노화 및 좋은 정신 건강을 유지하는 데에 긍정적 관련이 있다(Baumgardner & Crothers, 2009). 또한 자아 탄력성이 높은 사람은 지적 능력과 자존감이 높으며 자기조절 기술이 뛰어난 것으로 나타났다(Buckner, Mezzacappa, & Beardslee, 2003).

⑤ 자기조절과 자기통제 : 자기조절은 분명하고 구체적인 계획을 세우는 것과 목표 성취를 방해하는 장애물이 있어도 견뎌 내는 것이다. 그리고 자기통제는 미래 목표를 달성하기 위해 행위를 시작하고 인내하는 개인의 능력이다.

4) 행복의 결정 요인

캘리포니아 대학교 심리학과 류보머스키(Lyubomirsky) 교수는 행복에 대한 다양한 연구를 하였다. 그는 행복은 유전 요인 50%, 삶의 환경 10% 그리고 의도적 활동이 나머지 40%를 결정한다고 하였다. 그의 행복 방정식은 '행복 = 유전적 설정값 + 삶의 환경 + 의도적 활동'인 것이다.

(1) 행복과 유전자

미네소타 대학교 심리학과 교수인 라이켄(Lykken)과 텔레겐(Tellegen)은 중년기에 접어든 쌍둥이 2,300여 쌍을 대상으로 그들의 행복도 일치 정도를 조사하였다. 그 결과 같은 부모에게서 양육된 일란성 쌍둥이의 행복 수준 일치도(0.44)는 이란성 쌍둥이(0.13)보다 현저하게 더 높았다. 더욱 놀라운 것은 여러 가지 이유로 어린 시절에 다른 가정으로 입양되어 성장한 일란성 쌍둥이(75쌍)의 경우, 중년기의 행복 수준 일치도가 0.52에 이른 것이다. 유전자가 동일한 일란성 쌍둥이들은 다른 가정에서 양육되고 다른 환경에서 생활하고 있더라도 중년기의 행복 수준이 상당히 비슷하다는 것을 의미한다. 하지만 유전자 회로는 경험과 행동에 따라 큰 영향을 받을 수 있기 때문에 환경과 의도적인 활동에 따라서도 행복을 증진시킬 수 있다. 유전자의 완전한 발현은 적당한 환경과 의도적인 활동에 의해서 결정될 수 있기 때문이다. 따라서 의도적인 활동과 환경을 통해서 얼마든지 행복을 만들어 갈 수 있는 것이다(오윤선, 2014).

(2) 행복과 삶의 환경

사람의 기본 욕구인 의, 식, 주는 우리가 살아가는데 중요한 요소이기는 하나 더 행복해지기 위해 더 많이 벌고 더 많이 일하고 더 많이 먹는다고 해서 더 행복해지는 건 아니다. '더 많이'라는 무한 탐욕의 삼색 실로 꼬아가는 행복은 결국 육체나 정신을 파탄에 이르게 하기 때문이다.

앞서 보았듯이 류보머스키(Lyubomirsky)는 환경은 행복 결정에 10% 정도만 영향을 미친다고 하였는데, 이는 미국이 1940년보다 오늘날 행복 지수가 낮은 것을 그 이유로 보았다. 1940년 미국 사람들의 약 1/3 정도는 상수도와 실내 화장실, 욕조나 샤워 시설이 없이 살았고 절반 이상이 중앙난방 시설을 갖추지 못하고 살았으며, 고등학교 졸업은 25%, 대학 졸업은 5%였으나 삶의 만족도가 10점 만점에 7.5점이었다. 그러나 최근의 미국인 평균 행복 지수는 6.9점으로(UN 세계행복보고서, 2019), 그때보다 낮다. 물질 소유는 편리함을 보장해 주지만 행복함을 보장해 주지는 않는다는 것을 보여 준 것이다. 돈은 수단적 가치이지 궁극적 가치가 될 수는 없기 때문이다.

(3) 의도적 활동

미국인 가운데 2차 세계 대전과 한국 전쟁에 참전했던 건강한 사람 2,000명을 대상으로 22년간 연구한 결과, 이들의 삶의 만족도는 점진적으로 증가하여 65세에서 정점에 이르고 75세까지도 그다지 감소하지 않았다. 이들은 가만히 앉아 있지 않고 무엇인가를 새롭게 이해하고 성취하려고 애쓰며 자신의 생각과 느낌을 통제하는 삶을 사는 자들이었다(Mroczek & Spiro, 2005).

그러므로 지속적으로 진정한 행복을 만들기 위해서는 의도적인 활동을 해 나가야 한다. 우리의 삶에는 변화시킬 수 있는 것들과 없는 것들이 있다. 변화시킬 수 없는 것을 변화시키려는 어리석음을 경계해야 할 뿐 아니라 바꿀 수 있는 것을 바꾸려 하지 않는 소극적인 태도 또한 경계해야 할 것이다.

2. 행복 이론

행복에 대한 이론적 설명은 과거 그리스 철학자들이 여러 주장을 한 이래로 그다지 큰 진전이 이루어지지 못하였으나, 최근에 주관적 안녕에 대한 심리학적 연구가 진전되면서 행복에 대한 심리적 이해가 증진되고 있다. 행복은 어떤 심리적 과정을 통해서 경험되는 것인지에 대해서 다양한 주장들이 제기되고 있는데 대표적인 이론은 다음과 같다.

1) 욕망 충족 이론(desire sufficiency theory)

인간들이 추구하는 욕망(desire)은 '부족을 느껴 무엇을 가지거나 누리고자 탐하는 것 그리고 그것을 향한 마음'이다. 욕망 충족 이론을 주장하는 학자들은 인간은 식욕, 성욕, 재물욕, 권력욕, 명예욕 등과 같은 다양한 욕망을 지니게 되고 이러한 욕망이 충분히 충족되었을 때 행복감을 느낀다고 말한다.

스피노자(Spinosa, 1632~1677)는 인간의 현실적 본질로 자기 보존의 힘을 욕망이라고 하였고, 프로이트(Freud, 1856~1939)는 성욕을 인간의 가장 기본적인 욕망이라고 하였다. 욕망 충족 이론의 관점은 인간의 행복 정도가 욕망을 충족시킬 수 있는 외부적 또는 상황적 조건(예: 의식주, 재산, 계층, 사회적 지위, 교육 수준 등)에 비례한다고 본다. 하지만 『욕망 이론(*Theory of Desire*)』이란 저서를 남긴 라캉(Lacan, 1901~1981)은 인간은 욕망하는 주체이지만 욕망은 채워지지 않는 대상이라고 설명하였다. 사람은 욕망이 충족되면 곧 그러한 상태에 익숙해져 행복감을 느끼지 못하는 경향이 있다. 그래서 개인적 욕망이 충분히 충족되어도 자신보다 더 풍요로운 상태에 있는 사람을 보게 되면 행복감이 저하된다.

여러 연구 결과에 의하면 삶의 환경을 바꿈으로 행복을 추구함에도 큰 효과가 없는 가장 큰 이유는 '쾌락 적응(hedonic adaptation)' 원리 때문이다. 이것은 기대감이 높아지고 사회적 비교 의식이 생김으로 인해 또 다시 욕망이 생기게 되는 것이다. 타인의 행복을 빼앗아 자신의 행복을 만들어 내는 것과 같아서 이러한 행복은 육체적, 물질적 행복을 얻게 된다 할지라도 정신적 행복은 얻을 수 없다.

2) 목표 이론(goal theory)

사람은 자신이 추구하는 목표를 달성하거나 목표를 향해 진전되고 있다고 믿을 때 행복을 느낀다는 것이 목표 이론이다(Austin & Vancouver, 1996). 이 이론에 의하면, 행복은 개인이 지향하는 목표의 유형과 구조, 목표를 성취할 수 있는 성공 가능성, 목표를 향한 진전 속도에 의해 결정된다는 것이다(Austin & Vancouver, 1996). 목표는 개인이 행동을 통해 성취하고자 하는 구체적인 지향점을 의미하며 미래에 대한 기대와 희망을 가져다 준다. 따라서 목표를 향해 가는 삶은 의욕과 생동감과 함께 일상적 삶의 의미와 체계를 제공한다. 목표와 성취 간의 격차가 적을수록 사람은 행복해지며 목표의 설정과 성취는 주관적 안녕과 긍정 정서를 증가시킨다(Wilson, 1967).

일반적으로 추구하는 목표가 인간의 내재적 동기와 잘 부합할 때 행복이 증가하며 자기수용, 긍정적 대인관계, 다른 사람을 돕는 것과 관련된 목표를 추구하는 사람들이 물질적 성공과 신체적 매력, 사회적 명성을 추구하는 사람들보다 행복 수준이 더 높게 나타났다(Cantor & Sanderson, 1999). 그 이유는 외적 가치(예: 재물, 미모, 지위, 명성)보다는 사람의 근본적 욕구를 충족시키는 목표를 달성하는 것이 더 큰 행복감을 주기 때문이다.

또한 행복감은 추상적인 목표보다 구체적인 목표를 추구할수록 높아진다. 구체적인 목표는 그 성취 여부를 즉각적으로 알 수 있기 때문이다. 그러므로 행복을 증진시키기 위해서는 의미 있는 추상적 장기 목표와 더불어 구체적 목표를 세우는 것이 가장 좋은 방법이다(Sheldon & Kasser, 1995). 그러나 양립되기 어려운 갈등적인 목표들을 추구하는 사람은 부정적 감정을 많이 느낀다. 따라서 행복을 위해서는 서로 조화롭고 밀접한 관계에서 목표를 선택하여 추구하여야 하며, 자신이 처한 상황에서 달성 가능한 목표를 지니는 것이 중요하다.

3) 격차 이론(discrepancy theory)

격차 이론은 자신의 현재 상태를 어떤 기준과 비교하여 그 기준보다 우월한 방향으로 격차가 클수록 행복을 많이 느낀다는 것이다(Michalos, 1985). 사람들은 자기 자신을 다양한 기준, 즉 다른 사람, 과거의 삶, 이상적 기준, 지향하는 목표 등과 비교하여 행복을 추구하는 경향을 가지고 있다. 다시 말해서 개인이 처해 있는 현재의 상태 그 자체보다는 현재의 상태를 평가하기 위한 기준의 속성이 행복을 위해 더 중요하다는 주장이다. 다른 사람과의 비교에는 수평적 비교(lateral comparison), 상향적 비교(upward comparison), 하향적 비교(downward comparison)가 있다. 이 중 어떤 비교 방식을 선택하느냐에 따라 주관적 안녕에 큰 영향을 미치게 된다. 행복한 사람들은 상향적 비교보다 하향적 비교를 더 많이 하는 것으로 보고되고 있다(Lyubomirsky & Ross, 1997).

그리고 실제적 자기(really self)와 이상적 자기(ideal self)의 격차가 클수록 불행감이 증대되고 실제적 자기와 이상적 자기의 격차가 작을수록 주관적 안녕이 증가한다. 이는 이상적 자기상이 너무 높은 사람은 행복감을 느끼기 어렵다는 것이다(Morretti & Higgins, 1990). 그렇지만 경험적 연구에 의하면 격차 이론가들이 주장하는 행복론은 반론의 여지가 있다. 높은 기준과의 상향적 비교를 하는 사람은 불행감을 느끼기 쉬우나, 하향적 비교를 하는 사람은 행복감이 증가한다는 것이다. 또 높은 기대 수준은 현실과의 괴리를 증가시켜 불행의 주요한 요인이 된다. 이는 기대 수준 그 자체보다는 기대 수준이 얼마나 현실적이고 자신의 능력에 일치하느냐가 더 중요함을 말해 준다. 그리고 목표 성취의 최종 상태보다는 목표를 향해 진전되고 있는 과정이 중요하다. 높은 기대 수준과 낮은 성취 상태에 있더라도 목표를 향해 적절한 진전이 있다고 느낀다면 행복감을 느끼게 된다.

4) 적응 이론(daptation theory)

사람은 새로운 변화에 적응하여 곧 익숙해진다. 그래서 지속되는 긍정적 상태에 대해서는 습관화(habituation)가 되어 특별한 행복감을 느끼지 못하게 된다. 적응(adaptation)이란 지속적인 반복적 자극에 대해서 반응이 감소되는 경향을 의미한다. 이러한 적응 과정이 행복을 이해하는 데에 중요하게 여겨지고 있다. 주관적 안녕과 행복감은 최근에 발생한 새로운 사건에 대한 반응으로 경험된다. 따라서 항상 주어지는 자극이나 상황보다는 최근에 일어난 사건이 행복에 커다란 영향을 미치게 된다.

브릭만(Brikman, 1976)은 복권 당첨자들이 일반인보다 더 행복하지 않았으며, 사고로 인해 척수 손상을 입은 환자는 예상한 것보다 그다지 불행하지 않았다. 이는 그러한 긍정적 또는 부정적 변화에 적응하여 익숙해졌기 때문이다. 최근에 신체적 손상을 당한 사람이 오래 전에 동일한 손상을 당한 사람보다 불행감이 높게 나타났다. 이러한 연구 결과는 환경 변화에 어떻게 적응하고 대처하느냐가 행복에 중요한 영향을 미친다는 것을 의미한다. 그러나 이러한 상황에 적응하기까지는 많은 시간이 걸린다. 배우자를 잃은 사람은 시간이 흐름에 따라 우울감이 감소하기는 하나 2년 후에도 여전히 상당한 우울감을 지닌다는 보고가 있다. 인도나 나이지리아와 같은 나라의 국민은 수십 년간 유사한 생활 조건에서 살고 있지만 부유한 나라의 사람보다 주관적 안녕이 현저하게 낮다. 이러한 결과는 빠른 시간 내에 적응이 되는 조건이 있는 반면, 오랜 시간이 걸리는 조건이 있다는 것을 의미한다(권석만, 2011).

3. 행복한 삶을 위한 대인관계와 의사소통

대인관계를 원만하고 성숙하게 영위하는 것은 행복한 삶을 위한 필수조건이라 할 수 있다. 이에 대해 류보머스키(Lyubomirsky, 2008)는 좋은 사회적 관계가 여러 가지 필수 욕구를 충족시켜 주기 때문이라고 하였다. 즉 원만한 대인관계는 스트레스, 고통, 정신적 외상을 겪을 때 사회적 지원을 해 줄 뿐 아니라 사랑할 기회를 주고 쾌락 적응이 덜 일어나게 해 준다(이정희, 2013).

앞서 살펴본 베일런트(Vaillant)는 『행복의 조건(*Aging Well*)』(2011)에서 행복이란 대인관계이며 사랑이라고 하였다. 이는 사람은 사랑하는 사람과의 관계 속에서 삶의 만족과 행복을 느낀다는 것이다. 대부분의 사람은 타인과의 교류 없이 혼자 외톨이로 지내면서 행복감을 느끼지는 않는다. 심지어 사람과 만남 없이 산속에 사는 사람도 자연과의 교감을 하고 또 짐승들과의 교감을 할 때 삶의 만족감 또는 행복을 느낄 수 있는 것이다.

또 심리학자 핑거(Pinker, 2015)의 연구도 이와 같은 맥락을 보인다. 이탈리아 사르디니아 섬의 빌라그란데 스트라자일리 마을을 연구한 결과, 이 섬에는 100세 이상의 인구가 이탈리아 본토의 6배, 미국의 10배가 많았다. 이 마을의 장수 비결을 '사회적 교류'라고 하였는데, 그 이유는 100세 이상의 노인 중 혼자 사는 사람은 한 사람도 없었고 모두 가족이나 친한 친구, 이웃들과 교류를 하고 성당, 광장, 쉼터 등 모일만한 공간들이 많아 마을 사람들이 계속 서로 마주치고 살기 때문이라는 것이다.

이와 같이 대인관계는 행복한 삶에 큰 영향 요인이 된다. 따라서 행복한 삶을 영위하기 위해서는 대인관계가 원만해야 하는 것이다.

미국 카네기재단의 조사에서는 "직무 수행상의 성공에 기술적인 지식은 15%밖에 공헌하지 못하지만 대인관계 기능은 85%의 공헌을 한다."라고 하였다. 즉 직장생활에 실패하는 이유가 기술적인 지식이 아니라 대인관계 문제임을 말해 주는 것이다. 사람은 다른 사람과 상호 작용을 통해서 사람다워진다. 그리고 가치 있는 존재가 되며 자신의 정체성 발달과 함께 원만한 관계 형성을 위한 방법도 알아간다. 따라서 개인의 대인관계 형성 능력은 자아실현과 삶의 질을 높여 주고 행복한 삶을 영위하는데 중요한 요소가 된다(오윤선, 2014). 이렇게 중요한 대인관계는 결국 의사소통하는 방법과 모습을 통해 표현된다고 할 수 있다. 그러므로 앞에서 지속적으로 말했듯이 대인관계와 의사소통을 위해서는 의사소통 방법을 잘 알고 효과적으로 소통하는 것과 더불어, 자신과 타인을 이해하며 수용하는 심리적 건강이 중요하다. 여기에 원만한 대인관계뿐 아니라 행복한 삶을 원한다면, 우리의 프레임이 과거보다 한 단계 위로 올라설 것이다. 따라서 원만한 대인관계 형성을 위한 방법에 대해 살펴보겠다.

1) 관계 지수 높이기

우리는 상황과 대상에 따라 교우관계, 부부관계, 이성관계, 직장 내 대인관계 등 다양한 관계 속에서 살게 된다. 사회적 관계는 당사자들의 정서적 욕구 및 심리적 욕구를 충족시켜 주는 정의적 상호 작용과 어떤 목적 달성을 위한 수단적 상호 작용이 있다. 또 사회적 지위와 위치에 따라 종적 상호 작용과 횡적 상호 작용이 있으며, 관계의 깊이에 따라 스침의 관계와 참만남의 관계가 있다. 한편, 동서양의 관점으로 보면 동양은 유교적 관점으로 사람 사이의 윤리를 강조하는 사회적 대인관계를 근본으로 하며, 서양은 기독교적 관점으로 하나님과의 관계와 이웃과의 관계에서 사랑을 강조한다. 이러한 다양한 관계에서 행복한 삶을 위한 관계 지수를 높이는 방법들에 대해 살펴보겠다.

(1) 자존감 높이기

건강하고 행복한 대인관계를 위해서는 무엇보다 자기이해(self-understanding), 자기수용(self-acceptance) 능력, 자기개방(self-disclosure) 태도 등에 대한 자신의 정체를 이해하는 것이 먼저이다. 앞의 2장에서 자기이해에 대해 살펴보았듯이 자신의 참 모습을 이해할 때 남을 이해하고 세상을 바로 지각할 수 있기 때문이다. 그중에서도 건강한 대인관계를 위해서는 자아개념(self-concept)과 자존감(self-esteem)이 중요하다. 자신의 자아가 건강하지 못하면 다른 사람과 좋은 관계를 형성하는데 어려움을 겪을 수밖에 없다.

만약 스스로를 부정적으로 평가하는 사람이라면 타인도 믿지 못하게 될 것이다. 그러나 스스로를 존중하고 긍정적으로 받아들이는 사람은 타인에게 불편을 느꼈을 때 적절한 방식으로 자신의 생각을 전달할 수 있다. 스스로를 신뢰하듯 상대방도 신뢰하고 자신을 긍정적으로 바라보는 만큼 타인도 긍정적으로 바라봄으로 행복한 관계를 유지할 수 있다. 그래서 높은 자존감은 행복한 인간관계의 필수 요소라고 할 수 있다. 자존감을 높이기 위해서는 현실에 근거한 긍정적 자기대화(self-talk)를 하며, 무엇보다 타인과의 비교가 아닌 자신의 장점을 찾을 필요가 있다. 결국 행복한 삶을 살려면 행복한 관계가 필요하고 행복한 관계를 맺으려면 건강한 자존감이 필요한 것이다.

(2) 타인을 배려하는 태도

어떤 사람은 다른 사람과 좋은 관계를 맺는가 하면, 어떤 사람은 타인과 사귀고 싶어도 미숙한 행동 때문에 어려움을 겪기도 한다. 따라서 행복한 대인관계를 위해서는 대인지각, 대인사고, 대인감정 그리고 대인행동 등이 긍정적이어야 한다. 타인을 배려하고 공감하며 수용하는 태도야말로 행복한 대인관계 형성을 위한 중요한 요소이다.

행복한 대인관계, 즉 바람직한 대인관계란 인격적인 관계여야 하며 나보다 남을 먼저 생각할 때 이루어지는 것이다. 선인장처럼 자기를 보호하기 위해 가시를 곤두세우고 타인의 삶을 지켜보기만 하는 사람이라면 사회 속에서 언제까지나 이방인으로 머물게 될 뿐 아니라 서로를 감싸 안는 따뜻한 관계를 유지할 수가 없게 된다. 원만한 대인관계와 바람직한 대인관계는 마음에서 우러나오는 상호 존중에 그 바탕을 두기 때문이다.

(3) 타인에 대한 관대함

자신을 행복하게 만드는 최고의 방법은 다른 사람을 행복하게 만드는 것이다. 사람들은 도움을 받을 때보다 누군가를 도울 때 더 큰 행복을 느낀다. 그래서 남에 대해 따뜻한 마음을 가지고 상대방의 말이 귀에 거슬리더라도 끝까지 들어주는 관대함이 필요하다.

(4) 새로운 친구 만들기 노력

사람은 자주 보게 될수록 그 사람이 더 매력적이라고 느끼게 될 가능성이 커진다고 한다. 그리고 오래된 친구의 익숙한 관계도 좋지만 새로운 친구의 신선함도 자아를 확장시켜 주기에 새로운 친구도 적극적으로 만들어 가는 것이 좋다. 이뿐만 아니라 시공간을 초월한 온라인 친구를 만들어 감으로 일반적 삶의 단상을 공유하고 새로운 삶의 지평을 열어갈 수 있는 기회를 가지게 된다.

2) 낙관주의 실천하기

우리가 인생을 살아가는 데는 힘들고 어려운 일들이 늘 따라오기 마련이다. 이 상황에 대해 부정적인 시각을 갖는 대신 긍정적으로 보는 낙관주의를 훈련한다면 같은 상황이라도 다르게 볼 수 있을 것이다. 또한 행복은 소유에 비례하는 것이 아니라 감사에 정비례한다. 삶의 모든 일들을 감사로 여기는 만큼 행복도 커진다. 결국 감사의 수준에 따라 행복 지수도 높아지게 되는 것이다(오윤선, 2014).

만델라(Mandela, 1918~2013) 대통령은 27년간 감옥 생활을 했음에도 불구하고 어떻게 건강을 유지할 수 있느냐는 기자의 질문에 "나는 감옥에서 하나님께 늘 감사했습니다. 하늘을 보고 감사하고, 땅을 보고 감사하고, 물을 마시며 감사하고, 음식을 먹으며 감사하고, 강제 노동을 할 때도 감사하고, 늘 감사했기 때문에 건강을 지킬 수 있었습니다."라고 하였다. 인도의 시성 타고르(Tagore, 1861~1941)도

"감사의 분량이 곧 행복의 분량이다."라고 말하였다. 단순히 행복해서 감사하기보다는, 감사가 넘치니까 더욱 행복한 것이다. 그렇다면 이러한 낙관주의는 어떻게 실천할 수 있을지 살펴보겠다.

(1) 낙관적인 글쓰기

자신의 최고 목표에 대해 글쓰기 훈련을 통해서 낙관적인 근육을 키울 수 있다. 미래와 목표에 대해서 글을 쓰는 동안 자신에 대해 새로운 통찰을 얻게 되고 더 밝은 미래를 생각할 수 있을 것이다.

(2) 감사 노트(일기) 쓰기

토크쇼의 여왕 윈프리(Winfrey)는 한 언론과의 인터뷰에서 불행했던 과거를 딛고 성공할 수 있었던 이유를 묻자 주저하지 않고, "감사 노트를 쓴 것이다."라고 말하였다. 윈프리에게는 매일 하루에 5개씩 그날 감사했던 것들을 기록하는 감사 노트가 있었다.

불평과 불만, 원망과 저주는 모든 질병의 원인이 되지만 감사는 우리의 질병을 치료하는 특효약이다. 또한 감사는 마중물과 같아서 작은 감사는 큰 감사를 불러일으킨다. 그리고 작은 감사의 횟수를 증가시키면 큰 감사의 열매가 맺히게 된다.

(3) 낙관주의 습관화하기

낙관적인 사고를 많이 하기 위해서는 자동적으로 떠오르는 부정적인 생각들을 파악해서 좀 더 관대하고 호의적인 관점으로 바꾸는 노력이 필요하다. 그리고 긍정적이고 너그러운 관점으로 세상을 해석하는 훈련을 한다. 낙관적인 생각을 더 많이 할수록 그것이 자연스럽게 몸에 밸 것이고 시간이 흐르면서 낙관적인 사고가 자신의 일부로 자리 잡게 되는 것이다.

(4) 반박 기법으로 낙관주의 기르기

내면에 비롯된 비관적인 생각을 반박하는 비결은 먼저 비관적인 실체를 파악하고 ABCDE 기법을 통해서 반박하는 것이다. 여기서 A는 자신에게 생기는 불행한 사건(Adversity), B는 그 불행한 사건을 당연하게 여기는 왜곡된 믿음(Belief), C는 그 왜곡된 믿음을 바탕으로 내린 잘못된 결론(Consequence), D는 자신의 왜곡된 믿음에 대한 반박(Disputation), E는 자신의 왜곡된 믿음을 정확하게 반박한 뒤에 얻은 활력(Energization)을 뜻한다. 불행한 일을 겪게 되면 왜곡된 믿음이 생기고 잘못된 결론에 이를 수 있으나 효과적인 반복을 통해서 활력을 얻을 수 있게 된다는 것이다.

(5) 낙관적인 자기만의 환기법 기르기

행복한 사람이 되기 위해서는 부정적인 생각이나 언어 표현이 아닌 긍정적이고 낙관적인 생각과 언어를 사용해야 한다.

미국의 심리학자인 헴스테더(Heimstetter)는 “사람은 하루에 약 5~6만 가지 생각을 하며, 이 생각 중에서 75%인 3~4만 가지는 저절로 부정적으로 흐른다.”라고 하였다. 부정적인 생각을 많이 할수록 낙심, 절망, 우울, 극단적 선택을 많이 하게 된다. 환경과 여건이 어떠하더라도 자기긍정과 낙관주의적 태도를 가지는 사람은 행복의 주인공이 될 수 있다. 긍정적이고 낙관주의적인 생각을 품으면 그 사람의 인생은 긍정적이고 낙관적인 방향으로 흘러가나 부정적인 생각과 패배, 실패에 사로잡혀 있으면 잠재의식도 우리를 그쪽으로 몰고 간다. 그러므로 행복한 삶을 살아가려면 가장 먼저 해야 할 것이 ‘부정보다는 긍정에 바탕을 두는 생각의 변화’이다.

어떤 문제가 생기면 부정적인 생각이 먼저 올라온다. 그때 적절하게 중단 즉, STOP 버턴을 눌러 ‘그만!’하고 정지 신호를 보내는 것이다. 그리고 자기만의 부정 감정을 처리하기 위한 환기법을 가져야 하는데, 의미 있는 사람과 이야기를 나누거나 좋아하는 운동을 하는 것도 좋은 환기법이 될 수 있다. 또한 심호흡법, 심상법,

명상법을 이용할 수도 있다. 파괴적인 방법으로 부정 감정을 처리하게 되면 문제는 더 크게 야기되므로 긍정적이고 낙관주의적인 감정을 갖기 위한 훈련과 노력이 필요하다.

3) 유머 사용하기

사람의 정신 건강과 정신장애를 치료하는 방법으로 많은 심리학자들이 유머(humor)를 강조하였다. 유머를 사용하면 정신장애로 고통받을 확률이 적고, 정신장애로 고통을 받더라도 그로 인한 충격과 괴로움을 경감시킬 수 있기 때문이다. 유머는 단순한 농담(joke)과는 달라서 둘 다 웃음을 유발하기는 하나 목적과 결과는 전혀 다르다. 유머가 빛을 발할 때는 자신이 위기에 처한 상황을 웃음으로 넘기려는 목적이 있다. 따라서 유머를 잘 사용하면 위기 상황에 빠진 자신뿐 아니라 자신을 위기에 빠뜨렸던 타인도 살리는 결과를 가져온다. 반면 농담은 보통 상대방을 제압하기 위해서 난처한 상황에 빠뜨리려는 목적을 가지고 있어서 타인을 죽이고 결국 자신도 죽게 된다.

그러므로 대인관계를 원만하게 하고 행복한 의사소통을 위해서는 유머를 잘 하는 것과 함께 이를 위한 노력이 필요하다. 웃음은 별 노력 없이 자연스럽게 외부에 반응할 수 있으나 유머는 개발을 해야 하는데 그 방법을 유머(humor)의 이니셜을 풀이해서 살펴보겠다.

(1) 유머적인 습관(Habit)을 길러야 한다.

유머를 존중하고 유머를 사랑하며 유머를 익히는 습관은 유머 리더가 되는 지름길이다. 여기에는 웃는 습관과 인생을 즐기는 습관이 포함된다. 웃음은 능력이 아니라 습관이므로 모든 일을 긍정적으로 바라보는 습관, 즐겁게 일을 받아들이는 습관, 다른 사람과 원만한 대인관계를 유지하는 습관, 일을 재미있게 하기 위한 노력 등은 유머적인 리더로 가는 길을 열어 준다.

(2) 언제 어디서든지 사용할 수 있는(Ubiquitous) 유머 실력을 갖춰야 한다.

유머 리더는 언제 어디에서든지 시공을 초월하여 유머의 힘을 이용할 수 있는 유비쿼터스(Ubiquitous) 유머 감각을 익혀야 한다. 유머 감각만 제대로 갖춘다면 어떤 위기도 난관도 지혜롭게 극복하고 자신의 존재를 귀하게 들어낼 수 있다. 그러기 위해서 꾸밈이 없고 솔직한 요소를 찾아내어 유머로 각색하고 내 것으로 만들 수 있는 아이디어가 필요하다.

(3) 유머는 도덕적인 내용(Moral)을 담아야 한다.

도덕적이지 못한 유머는 오히려 민망함과 어색함을 연출하고 유머를 꺼낸 사람이 오히려 궁지에 몰리는 경우를 보게 된다. 유머의 소재는 인간적이고 만인이 공감할 수 있는 정서를 담아야 한다. 그것이 유머의 생명이다. 유머는 도덕적이고 인간적인 정서를 벗어나서는 훌륭한 유머라 할 수 없다.

(4) 마음을 열어야(Open) 한다.

마음을 열지 못하면 그 무엇도 들어가기 어렵고 행복 지수를 높이기도 어렵다. 마음은 나와 세상을 연결하는 통로가 되고, 유머는 그 열린 마음에서 나온다. 마음을 연다는 것은 자신을 잘 다스리는 것을 말한다. 탈무드(Talmud)는 "사람의 모든 기관은 마음에 의해서 좌우된다. 그러므로 세상에서 가장 강한 사람은 자신의 마음을 다스릴 수 있는 사람이다."라고 하였다.

(5) 책을 많이 읽어야(Reading) 한다.

다른 사람의 마음속에 잠들어 있는 잠재 능력을 자극하고 무뚝뚝한 사람들의 심금을 울려 웃음을 이끌어 내는 데는 그만한 노하우와 아이디어가 필요하다. 유머 있는 사람이 되기 위해서는 다양한 분야의 책 읽기, 신문, 뉴스 등 정보에 대해 항상 주의 깊게 보고, 듣고, 생각하는 것이 필수 요건이다. 유머 감각을 길러 나가는 길은 다양한 읽을거리를 통하여 정보를 얻고 아이디어를 짜내는 일이다(오윤선, 2014).

참고 문헌

강경희(2015). 상처를 주지 않고 분노를 표현하는 대화의 기술. 서울: 한스미디어.

고경봉(2002). 스트레스와 정신신체의학. 서울: 일조각.

고선미, 김정아, 류병진(2017). NCS 의사소통 액션북-경청과 의사 표현. 고양: 공동체.

곽윤경, 김윤경, 노지영, 배영주, 안미향, 우희철, 이광숙, 이수정, 이철인(2017). 인간관계와 의사소통. 서울: 도서출판 의학서원.

구현정, 전영옥(2007). 의사소통의 기법. 서울: 박이정.

권경득, 임동진, 남부현, 박진경, 허준영, 강혜정, 이광원, 변혜옥(2017). 다문화 국가의 사회융합을 위한 정책수단 비교 연구. 서울: 한국연구재단.

권석만(1996). 자기개념의 인지적 구조와 측정도구의 개발. 서울대학생 표집의 자기 개념 특성. 학생연구, 31, 11-38.

권석만(2004). 젊은이를 위한 인간관계의 심리학. 서울: 학지사.

권석만(2008). 긍정심리학-행복의 과학적 탐구. 서울: 학지사.

권석만(2011). 자기애성 성격장애-지나친 자기사랑의 함정. 서울: 학지사.

권순일(2016). 건강을 위한 정직한 지식. 코메디닷컴(http://kormedi.com).

김경아(2012). 이주여성의 경제활동의지 결정 요인분석. 지방정부연구, 16(1), 381-409.

김광수(1997). 용서모델과 청소년 상담. 청소년 상담연구, 5(1), 145-163.

김광수(1999). 용서교육 프로그램. 서울대학교 박사학위논문.

김광호(2015). 사이버커뮤니케이션. 서울: 서울과학기술대학교.

김기덕(2006). 하버마스 비판이론의 사회복지 실천에의 적용가능성에 관한 탐색적 연구. 한국사회복지학, 58(4), 119-139.

김범수, 김현희, 정명희(2010). 다문화교육. 파주: 양서원.

김봉환, 정철영, 김병석(2006). 학교진로상담. 서울: 학지사.

김선희(2004). 사이버 시대의 인격과 몸 사이버자아의 인격성 논의를 중심으로. 대우 학술 총서 563. 서울: 아카넷.

김세루, 홍지명, 홍혜경(2010). 어머니의 양육행동 및 양육스트레스와 유아의 자존감 간의 관계. 어린이미디어연구, 9(2), 113-132.

김순옥(1993). 부모의 의사소통행위가 10대 자녀의 의사소통 개방성에 미치는 영향. 인문과학, 23, 215-234.

김시업(2001). 결혼에 대한 태도. 서울: 경기대학교 학생생활연구소. 11.

김연희, 유미숙(2010). 청소년의 학업스트레스와 정신 건강의 관계에서 사회적 관계의 조절 효과. 한국가정관리학회지, 28(5), 225-234.

김영애(2000). 의사소통기술 훈련 프로그램. 서울: 김영애 가족치료연구소.

김영애(2004). 사티어 의사소통 훈련 프로그램. 서울: 김영애 가족치료연구소.

김영필(2013). 하버마스 의사소통 행위 이론의 상호문화주의적 함의. 철학논총, 71, 3-27.

김유경, 최현미, 김가희, 성수미(2012). 다문화 가족의 변화와 사회적 대응방안 연구. 서울: 한국보건사회연구원.

김은영(2016). 인간관계의 이해와 적응. 서울: 동문사.

김재경(2013). 고부 갈등과 이에 대한 남편의 대처 방식이 아내의 결혼 만족도에 미치는 영향. 단국대학교 교육대학원 석사학위논문.

김재현, 김창호, 박영도, 선우현, 양운덕, 이삼열, 이상돈, 이상호, 이상화, 장춘익, 정호근, 김태오(2011). 소통의 교육철학: 하버마스와 혜강의 소통론. 교육철학, 45, 31-63.

김정옥, 박귀영, 유가효, 전귀연, 홍계옥, 홍상욱(2015). 가족관계. 파주: 양서원.

김정욱, 한수정(2011). 연극성 성격장애-관심과 애정을 끌기 위한 몸부림. 서울: 학지사.

김정탁(2004). 禮 & 藝: 한국인의 의사소통사상을 찾아서. 서울: 한울.

김정탁(2006). 의사소통 구조를 넘어 텍스트로, 그리고 의식으로. 한국언론학회 학술대회 발표논문집, 9-36.

김정훈, 문희강, 이다인, 박인옥, 공명숙, 양성희, 장일상(2018). 분노 다스리기 내안의 화를 긍정적으로 다루는 법. 서울: 도서출판 책과 나무.

김종운(2017). 만남 그리고 성장을 위한 인간관계 심리학. 서울: 학지사.

김종현(2008). 힐러리의 슈퍼 리더십. 서울: 일송포켓북.

김진규(2009). 교사 학습공동체 활용 평가연수의 실천 전략. 교육평가연구, 22, 939-959.

김진숙, 김지은, 연미희, 이인수(2017). 인간관계와 의사소통. 서울: 창지사.

김천기, 노상우, 박휴용(2013). 다문화교육의 이해와 실천. 파주: 교육문화사.

김충기, 장선철(2006). 진로상담. 서울: 태영출판사.

김태연(2015). 종교와 과학 담론으로 바라본 융의 분석심리학. 신학사상, 169, 239-268.

김현택, 김교헌, 김미리혜, 김아영, 박동건(2003). 현대 심리학 이해. 서울: 학지사.

김혜숙, 박선환, 박숙희, 이주희, 정미경(2016). 인간관계론. 파주: 양서원.

김효정(2018). 초등교사의 직무 스트레스가 소진에 미치는 영향-사회적 지지, 직업 정체성, 회복탄력성의 조절효과와 매개효과를 중심으로. 경기대학교 박사학위논문.

김효창(2018). 인간관계론. 서울: 휴먼북스.

김희진(2004). 한국 부부의 결혼만족에 영향을 미치는 요인에 관한 연구. 상담학연구, 5(3), 839-853.

나동석, 서혜석, 이대식, 강희양, 곽의향, 김미혜, 신경애(2015). 최신 정신 건강론. 파주: 양서원.

노향규(2009). 용서 변화 현상 모델의 목회상담적 적용. 장로회신학대학교 박사학위논문.

문미란, 정진선(2005). 중학교 청소년들의 직업성숙도에 영향을 미치는 변인: 개인, 가정, 학교변인을 중심으로. 제2회 한국청소년패널 학술대회 자료집, 171-193.

문은식, 박선환, 정미경, 최순영(2018). 대인관계 심리학. 고양: 공동체.

민병배, 남기숙(2006). 의존성 성격장애와 회피성 성격장애-기대고 싶을 수록 두려움도 커진다. 서울: 학지사.

민혜경(1997). 심리적 계약의 내용과 위반이 조직구성원의 조직 몰입과 공정성 지각에 미치는 영향. 서울대학교 박사학위논문.

박권생, 박태진, 성현란, 이종한, 이승연, 채정민 역(2006). 심리학과 삶. 서울: 시그마프레스.

박병선, 배성우(2011). 부부관계 만족도의 종단적 변화양상과 예측요인-성별 간 차이를 중심으로. 한국가족복지학, 34, 41-76.

박성배(2004). 중학생의 대인관계 향상 집단상담 프로그램의 효과성 연구. 경희대학교 석사학위논문.

변수정, 박종서, 오신휘, 김혜영(2017). 다양한 가족의 제도적 수용성 제고방안. 서울: 한국보건사회연구원.

박양근, 민경호, 조국행(2016). 인간관계론. 파주: 양서원.

박영례(2006). 자녀 양육에서 어머니 플로우 경험의 탐색. 숙명여자대학교 석사학위논문.

변영인(2006). Satir의 가족신념, 가치체계 및 치료적 접근이론의 기독교적 분석과 비교. 복음과 상담, 7, 45-77.

박영화, 고재홍(2005). 부부의 자존감, 의사소통 방식 및 갈등 대처행동과 결혼 만족도 간의 관계. 한국심리학회지: 사회 및 성격, 19(1), 65–83.

박완경, 윤명숙(2015). 대학생의 사이버 폭력경험과 대인관계능력의 관계에 미치는 성인애착의 매개효과. 정신보건과 사회사업, 43(4), 5–30.

박종대(2001). 하버마스의 의사소통적 행위 이론에 관한 연구. 사회와 철학, 1, 169–205.

박주현, 최덕경(2012). 다문화 사회의 이해와 실천. 서울: 창지사.

박태영(1998). 결혼만족도에 영향을 미치는 변인들에 관한 연구. 정신보건과 사회사업, 5, 27–50.

박한우(2013). 사이버커뮤니케이션과 네트워크 분석. 대구: 영남대학교.

배선희, 김순옥(2001). 기혼남성의 고부관계 인식–장남역할을 중심으로. 한국가정관리학회지, 19(6), 51–66.

사이버 윤리와 사이버 폭력(2018. 05. 04.). blog.naver.com/onewlego/221268284587 onewlego.

서혜석, 김영혜, 강희양, 이난(2017). 의사소통과 대인관계. 경기: 정민사.

설기문(1997). 인간관계와 정신 건강. 서울: 학지사.

손화희, 윤종희(1990). 어머니의 자존감 및 양육 태도와 학동기 자녀의 자존감과의 관계연구. 아동학회지, 11(1), 58–71.

송인섭(2013). 자아개념. 서울: 학지사.

송현영(2001). 중학생의 우울과 부모의 양육 태도와의 관계. 전남대학교 석사학위논문.

신혜자(2000). 관계패턴 이해를 통한 대학생의 대인관계 증진 집단상담 프로그램의 효과. 계명대학교 석사학위논문.

신희천, 신은향(2006). 반사회성 성격장애–공격적이고 폭력적인 그들. 서울: 학지사.

엄태완(2008). 청소년의 무망감 관련요인과 자살 생각의 관계: 사회적 지지의 효과 중심으로. 청소년학연구, 15(5), 211–237.

오수미(2015). 하버마스의 의사소통 행위 이론에 기반한 원자력 갈등 분석: 삼척시와 고흥군 사례를 중심으로. 경북대학교 대학원 석사학위논문.

오수미, 진상현(2015). 하버마스의 의사소통 행위 이론에 기반한 원자력 갈등 분석. 한국정부학회 학술발표논문집, 179–203.

오오현(2002). 기독교인 용서프로그램: 개발 및 적용. 계명대학교 박사학위논문.

오윤선(2011). 말씀묵상기도를 통한 청소년 분노조절하기. 서울: 예영B&P.

오윤선(2014). 힐링과 행복 코칭. 서울: 예영B&P.

오윤선(2017). 교육심리. 서울: 창지사.

오윤선, 김미숙(2017). 청소년 심리 및 상담 이론과 실제. 경기: 양성원.

오윤선, 황인숙(2016). 청소년 문화론. 파주: 양서원.

옥봉녀(2010). 담임교사의 의사소통과 태도에 대한 학생의 지각이 학교부적응에 미치는 영향-자아탄력성의 매개효과를 중심으로-. 인제대학교 박사학위논문.

원호택, 박현순(1999). 인간관계와 적응: 삶을 위한 심리학. 서울: 서울대학교출판부.

유영달, 이희영, 김용수, 이동훈, 하도겸, 유채은, 박현주, 천성문, 이정희, 박성미, 윤가현, 오미성, 권혜란(2007). 죽음의 불안과 노화과정. 한국노년학연구, 16, 157-171.

유영주, 이인수, 김순기, 홍성례, 최희진(2009). 건강가족의 이해. 서울: 교문사.

유영주, 김순옥, 김경신(1996). 가족관계학. 서울: 교문사.

유옥, 조숙(2014). 의사소통과 상담. 서울: 동문사.

유현실(1998). 재능의 발달과정에 관한 연구: 체육 재능을 중심으로. 서울대학교 석사학위논문.

윤선영, 정혜숙(2010). 유아의 자존감에 영향을 미치는 부모의 양육행동 탐색. 유아교육학논집, 14(5), 27-54.

윤홍근(2016). 자존감 수업. 서울: 심플라이프.

이경숙(2008). 사이버 강의 인터넷과 사이버커뮤니케이션. 서울: 고려사이버대학교.

이관직(2017). 관계의 걸림돌 극복하기. 서울: 두란노.

이광자, 고성희, 이숙, 김경희, 민소영, 최윤정, 이경희(2017). 인간관계와 의사소통의 실제. 서울: 신광출판사.

이근영, 최수찬, 공정석(2011). 부모-자녀 간 역기능적 의사소통과 학업스트레스가 청소년의 자살생각에 미치는 영향. 청소년학연구, 18(5), 83-107.

이돈희(2018). 의료서비스 프로세스 혁신을 위한 환자경험과 호오손 효과. J Korean Soc Qual Manag, 46(3), 593-606.

이동훈(2009). 숙의적 공론장으로서 블로그 공간의 의사소통적 관용에 대한 연구. 한국언론학보, 53(4), 27-49.

이명녀(2016). 친구관계별 일반계 고등학교 여학생의 스트레스 토착심리분석. 인하대학교 석사학위논문.

이상화(1992). 대화에 대한 실천 철학적 고찰: 하버마스의 의사소통 능력이론을 중심으로. 대화의 철학. 서울: 서광사.

이석우(2017). 사이버 불링 피해 청소년에 대한 해결 중심 단기상담 사례연구: 자존감 및 대인관계에 미치는 영향으로. 인하대학교 석사학위논문.

이선미(2017). 부부의 원가족 분화, 가족레질리언스와 고부·장서 갈등. 대전: 한국연구재단.

이성태(2006). 인간관계론. 파주: 양서원.

이수용(2002). 인간관계의 심리. 서울: 학지사.

이승재(2017). 다문화 마을공동체 형성 및 성장 과정 연구-서울시 다문화 마을공동체 부모 커뮤니티 사례를 중심으로-. 동국대학교 박사학위논문.

이위환, 김용주(2015). 현대 사회와 인간관계론. 고양: 공동체.

이윤진(2015). 의사소통행위 관점에서 본 마을공동체 공유 공간 주민 공동체학습의 특성에 관한 연구. 숭실대학교 박사학위논문.

이윤진, 김남숙(2017). 의사소통행위 관점에서 본 마을공동체 학습 특성에 관한 연구. 교육문제연구, 357-387.

이재열(2009). 생활 속의 인간관계론. 서울: 북코리아.

이재창, 임용자(2002). 인간관계론. 서울: 문음사.

이재희, 임영수, 이채은, 이지현, 김경진(2016). 대인관계능력. 파주: 양성원.

이정은(2015). 다문화 가정 어머니와 유아교사 간의 의사소통 경험에 관한 연구. 광주교육대학교 교육대학원 석사학위논문.

이종목, 이계윤, 김광운(2003). 스트레스를 넘어 건강한 삶 가꾸기. 서울: 학지사.

이종복, 이성순, 김재열, 김현희, 정명희, 홍은미, 이형진, 조윤희(2014). 다문화 사회의 이해와 복지. 글로벌복지문화연구회편. 파주: 양서원.

이주희, 최은정, 최명선, 박희현, 진혜경(2013). 인간관계론. 고양: 공동체.

이창수(2008). 사이버 공간 속의 아바타. 서울: 고려사이버대학교.

이현수(1999). 낙관주의자가 건강한가 건강한 사람이 낙관주의자인가. 서울: 학지사.

이호연(2015). 고등학생의 대인관계스트레스와 동적학교생활화(KSD)의 상관관계 연구. 한양대학교 석사학위논문.

이훈진, 이명원(2011). 편집성 성격장애-열등감과 불신의 그림자. 서울: 학지사.

이희백(2013). 인간관계의 심리-행복의 열쇠-. 서울: 학지사.

임윤선(2016). 휴먼이미지 & 커뮤니케이션. 서울: 창지사.

임철일, 최정임(2004). 효과적인 의사소통을 위한 기술. 서울: 커뮤니케이션북스.

임혜경, 김송이, 이금진, 이현(2016). 인간관계론. 파주: 양서원.

장성화(2014). 쉽게 풀어쓴 인간관계론. 서울: 동문사.

장휘숙(1997). 아동기 이후의 애착에 관한 최근 연구의 개관. 한국 심리학회 '97년도 연차 학술발표논문집, 43-454.

전민영(2009). 아동이 지각한 부모의 양육 태도, 내외 통제성과 학교생활만족도와의 관계. 고려대학교 석사학위논문.

전병재(1997). 인간과 사회-비판사회심리학적 이해. 서울: 경문사.

전신현(2008). 사이버 공간과 청소년. 서울: 고려사이버대학교.

전연진(2002). 삼세대 가족관계, 부부갈등, 의사소통, 스트레스 대처행동, 행동문제. 연세대학교 박사학위논문.

전진선, 문미란(2008). 인간관계의 심리 이론과 실제. 서울: 시그마프레스.

정미선(2010). 청소년이 지각한 부모의 양육 태도와 또래관계가 자존감에 미치는 영향. 청소년문화포럼, 25(1), 140-170.

정예준(2017). 하버마스 의사소통 행위 이론에 관한 연구-막스 베버의 합리성에 대한 비판을 중심으로. 전북대학교 석사학위논문.

정윤진(2003). 정서지능과 자기효능감 및 학교적응간의 관계. 홍익대학교 석사학위논문.

정철(2012. 05. 24.). 청소년 사이버불링에 대한 사회적 관심과 교육이 필요하다-국회 입법조사처, 청소년 사이버불링의 현황과 대책. 서울: 한국법률일보.

정현숙(2001). 언어와 문화 간 커뮤니케이션. 한국인과 문화 간 커뮤니케이션. 175-204.

정현숙(2001). 우리는 왜 문화 간 커뮤니케이션을 알아야 하나. 한국인과 문화 간 커뮤니케이션. 31-43

정현숙, 유계숙, 어주경, 전혜정, 박주희(2002). 부모학. 서울: 신정.

조경덕, 장성화(2015). 대인관계와 커뮤니케이션. 서울: 동문사.

조남두, 윤경원(2010). 인간관계론. 서울: 동문사.

조남두(2013). 창의적 글로벌 인재 양성을 위한 다문화 교육. 서울: 동문사.

조선화, 김혜진, 김현주, 이영나, 이지향, 정유진, 조유진, 허미선(2007). 인간관계론. 파주: 교문사.

조성호(2012). 분열성 성격장애와 분열형 성격장애-사회속의 외딴섬. 서울: 학지사.

주간동아(2007. 03. 13.). 21세기형 아부 실천 내게 성공 발판이었네. 576호, 10-14.

중부매일(2018. 09. 20.). 소리 없는 따돌림, 관심과 보살핌이 필요하다.

중앙일보(2018. 12. 18.). 욕설·따돌림·폭행… 18세 다문화 소녀 "학교가 지옥 같았다".

최경희(2015). 교류분석(TA) 자아 상태 이론에 근거한 직업 유형 프로파일 분석.

인제대학교 박사학위논문.
최규련(1994). 가족학. 한국가족학 연구회편.
최세영, 한주빈, 오봉욱(2017). 대인관계기술 향상을 위한 인간관계론. 서울: 정민사.
최윤미, 지승희(2013). 스트레스 관리. 서울: 학지사.
최충옥(2007). "다문화 시대의 교육정책 현황과 과제". 경기 다문화교육센터. 제4회 경기도 다문화 교육 포럼. 11-24.
최해림(1986). 한국 대학생의 스트레스 현황. 인간이해, 8, 1-14.
최혜경(2015). 우울 성향 청소년 자살생각 보호요인의 구조적 관계 분석. 상담학연구, 16(6), 315-335.
최홍규(2000). 아버지와 자녀의 촉진적 의사소통과 자녀의 인성특성과의 관계. 한남대학교 석사학위논문.
한광일(2014). 스트레스 치료법. 서울: 삼호미디어.
한상철(2008). 청소년학. 서울: 학지사.
함승애(2017). 대인관계 심리학-기독교 세계관을 바탕으로-. 파주: 양서원.
함인희(1995). 가족과 한국 사회. 서울: 경문사.
한준상(2002). 집단따돌림과 교육해체. 서울: 집문당.
홍윤기(1996). 하버마스의 사상: 주요 주제와 쟁점들. 서울: 나남출판사.

Adams, G. R., & Shea, J. A. (1979). The relationship between identity status, locus of control, and ego development. *Journal of Youth and Adolescence, 8*(1), 81-89.
Allport, G. W. (1961). *Pattern and growth in personality.* Oxford: Holt, Reinhart & Winston.
Argyle, M., & Henderson, M. (1984). The rules of friendship. *Journal of social and personal relationships, 1*(2), 211-237.
Bard, P. (1934). On emotional expression after decortication with some remarks on certain theoretical views: Part I. *Psychological Review, 41*(4), 309.
Baumgardner S, R., & Crothers M, K. (2009). *Positive Psychology.* Harlow. Essex Pearson.
Becker, K. (2010). S39-03-Risk behavior in adolescents: what we need to know. *European Psychiatry, 25,* 85.
Belkin, G. S., & Goodman, N. (1980). *Marriage, family, and intimate relationships.* Rand McNally College Publishing Company.
Benhabib, S. (1986). *Critique, Norm, and Utopia: A Study of Foundation of Critical Theory.* Columbia University Press.

Berne, E. (1968). *Games people play: The psychology of human relationships (Vol. 2768).* Penguin Uk.

Berscheid, E. (1985). Interpersonal attraction. In G. Lindzey & E. Aronson (Eds.), *Handbook of social psychology* (3rd ed., Vol. 2, pp. 413–484). New York: Random House.

Berscheid, E., Snyder, M., & Omoto, A. M. (1989). The relationship closeness inventory: Assessing the closeness of interpersonal relationships. *Journal of personality and Social Psychology, 57*(5), 792.

Bjornson, R., Carriero, N., Gelernter, D., & Leichter, J. (1987). *Linda, the portable parallel.* RR-520, Yale University, New Haven, CT (Feb. 1987 revised Jan. 1988).

Bienvenu, M. J., & McClain, S. (1970). Parent-adolescent communication and self-esteem. *Journal of Home Economics, 62*(5), 344-345.

Bienvenu, M. J. (1970). Measurement of marital communication. *Family Coordinator, 19*(1), 26-31.

Bower, G. H. (1991). Mood congruity of social judgments. In J. P. Forgas (Ed.), *Emotion and social judgments* (pp. 31-53). Elmsford, NY: Pergamon Press.

Brehm, S. S. (1992). *Intimate relationships.* Mcgraw-Hill Book Company.

Bryant, C., Conger, R. D., & Meehan, J. (2001) The influence of in-laws on change in marital success. *Journal of Marriage and Family, 63*(3), 614-626.

Buss, D. M. (1985). Human mate selection: Opposites are sometimes said to attract, but in fact we are likely to marry someone who is similar to us in almost every variable. *American scientist, 73*(1), 47-51.

Buber, M. (1977). 나와 너(표재명 역. Ich und Du). 서울: 문예출판사. (원저 1954년 출판).

Carey, G. (1992). Twin imitation for antisocial behavior: Implications for genetic and family environment research. *Journal of Abnormal Psychology, 101*(1), 18.

Carlson, M., Charlin, V., & Miller, N. (1988). Positive mood and helping behavior: A test of six hypotheses. *Journal of personality and social psychology, 55*(2), 211.

Carver, C. S., & Scheier, M. F. (2012) 성격심리학: 성격에 대한 관점(김교헌 역. perspective on personality). 서울: 학지사. (원저 2011년 출판).

Chapman, G. (2010). *The 5 Love Languages/Things I Wish I'd Known Before We Got Married Set.* Moody Publishers.

Clark, A. J. (1989). Communication confidence and listening competence: An investigation of the relationships of willingness to communicate, communication apprehension, and receiver apprehension to comprehension of content and emotional meaning in spoken messages. *Communication Education, 38*(3), 237-248.

Cooley, C. H. (1956). *Social Organization: Human Nature and the Social Order.* Free Press.

Coopersmith, S. (1967). *Coopersmith self-esteem inventory form A.* Self-Esteem Institute.

Csikszentmihalyi, M., & Csikszentmihalyi, I. S. (Eds.). (1992). *Optimal experience: Psychological studies of flow in consciousness* (327-341). NY : Cambridge University Press.

Davis, K. (1959). The myth of functional analysis as a special method in sociology and anthropology. *American sociological review,* 757-772.

Diener, E., Suh, E. M., Lucas, R. E., & Smith, H. L. (1999). Subjective well-being: Three decades of progress. *Psychological bulletin, 125*(2), 276.

Donovan, J. M. (1975). Identity status and interpersonal style. *Journal of Youth and Adolescence, 4*(1), 37-55.

Dror, O. E. (2014). The Cannon–Bard thalamic theory of emotions: A brief genealogy and reappraisal. *Emotion Review, 6*(1), 13-20.

Dusay, J. M. (1989). *Transactional analysis.* In: R. J. Corsini &contributors. Current psychotherapies (4th ed.). Itasca, Ill.: F. E. Peacock Publishers, Inc.

Duncan Jr, S. (1969). Nonverbal communication. *Psychological Bulletin, 72*(2), 118.

Dweck, C. S. (1975). The role of expectations and attributions in the alleviation of learned helplessness. *Journal of Personality and Social Psychology, 36,* 674-685.

Egan, G. (1990). *The skilled helper: A systematic approach to effective helping.* Thomson Brooks/Cole Publishing Co.

Egan, J., & Pring, L. (2004). The processing of inflectional morphology: A comparison of children with and without dyslexia. *Reading and Writing, 17*(6), 567-591.

Ellenson, A. (1982). *Human relations.* New Jersey: Prentice-Hall.

Ellis, A. (1995). Changing rational-emotive therapy (RET) to rational emotive behavior therapy (REBT). *Journal of Rational-Emotive & Cognitive-Behavior Therapy, 13*(2), 85-89.

Erikson, E. H. (1963). *Childhood and society* (2nd Ed.). NY: Norton.

Erikson, E. H. (1977). *Life history and the historical moment: Diverse presentations.* WW Norton & Company.

Feingold, A. (1992). Good-looking people are not what we think. *Psychological bulletin,*

111(2), 304-341.

Fleming, R., Baum, A., & Singer, J. E. (1984). Toward an integrative approach to the study of stress. *Journal of personality and social psychology, 46*(4), 939-949.

Forbes, J., Krumholz, M., & Burkert, A. (2012). Evolving gravitationally unstable disks over cosmic time: Implications for thick disk formation. *The Astrophysical Journal, 754*(1), 48.

Furnham, A., & Petrides, K. V. (2003). Trait emotional intelligence and happiness. *Social Behavior and Personality: an international journal, 31*(8), 815-823.

Galvin, K. M., & Brommel, B. J. (1982). *Family communication: Cohesion and change.* Glenview, IL: Scott, Foresman. Google Scholar.

Gardner, H. E. (2000). *Intelligence reframed: Multiple intelligences for the 21st century.* Hachette UK.

Gibson, J. J., Reed, E. S., & Jones, R. (1982). *Reasons for realism: Selected essays of James J. Gibson.* Lawrence Erlbaum Assoc Incorporated.

Goleman, D. P. (1995). *Emotional intelligence: Why it can matter more than IQ for character,* health and lifelong achievement.

Gordon, T. (1975). *Parent effectiveness training.* NY: New American Library.

Gordon, T. (1980). *Parent effectiveness training: A preventive program and its effects on families.* In M. Fine (Ed.), Handbook on parent education (pp. 101-121). NY: Academic Press.

Gottman, J. M. (1993). The roles of conflict engagement, escalation, and avoidance inmarital interaction: a longitudinal view of five types of couples. *Journal of consulting and clinical psychology, 61*(1), 6.

Habermas, J. (1971). *Knowledge and Human Interests: a general perspective* (pp.301-370) in Knowlegde and Human Interests trans. by Jeremy J. Shapiro. McCarthy. Boston : Beacon Press.

Habermas, J. (1979). *Communication and the Evolution of Society.* trans. by T. McCarthy. Boston : Beacon Press.

Habermas, J. (1984). *The Theory of Communicative Action* Ⅰ *- Reason and the Rationalization of Society.* trans. by T. McCarthy. Boston : Beacon Press.

Habermas, J. (1992). *Truth And Justification.* MA: Cambridge, The MIT Press.

Habermas J. (1997). 담론윤리의 해명(이진우 역. Erlauterungen zur diskursethik, Suhrkamp). 서울: 문예출판사. (원저 1991년 출판).

Habermas, J. (2006). *의사소통행위이론 1 : 행위합리성과 사회합리화*(장춘익 역. Theorie des kommunikativen Handelns. Band 1: Handlungsrationalität und gesellschaftliche Rationalisierung). 파주: 나남출판. (원저 1981년 출판).

Habermas J. (2006). *의사소통 행위 이론 2: 기능주의적 이성비판을 위하여*(장춘익 역. Theorie des kommunikativen Handelns. Band 2: Handlungsrationalität und gesellschaftliche Rationalisierung). 파주: 나남출판. (원저 1987년 출판).

Hartup, W. W., & Laursen, B. (1991). *Relationships as developmental contexts.* In R. Cohen & A. W. Siegel (Eds.), Context and development (pp. 253-279). Hillsdale, NJ: Lawrence Erlbaum Associates, Inc.

Hills, P., & Argyle, M. (2001). Emotional stability as a major dimension of happiness. *Personality and individual differences, 31*(8), 1357-1364.

Hocker, J. L., & Wilmot, W. W. (1991). *International conflict.* (3rd ed.). Dubuque, IA:Brown.

Holland, J. L. (1985). *The self-directed search.* Odessa, FL: Psychological Assessment Resources Inc.

Holland, J. L. (1985). *Vocational preference inventory.* Consulting Psychologists Press.

Holmes, T. H., & Rahe, R. H. (1967). The social readjustment rating scale. *Journal of psychosomatic research, 11*(2), 213-218.

Ivancevich, J. M., & Matteson, M. T. (1980). *Stress and work: A managerial perspective.* Glenview, IL: Scott Foresman.

Ivancevich, J. M., Matteson, M. T., Freedman, S. M., & Phillips, J. S. (1990). Worksite stress management interventions. *American Psychologist, 45*(2), 252.

Johnson, D. W. (2000). *Reaching out: Interpersonal effectiveness and self-actualization.* boston: Allyn and Bacon.

Jung, C. G. (1945). The Post War Psychic Problems of the Germans. [Interview with P. Schmid](R.F.C. Hull,Trans.). In W. McGuire & R.F.C. Hull(Eds.). Jung, C. G *Speaking : Interviews and encounters*(pp. 149-155). Princeton, NJ: Princeton University Press.(Original Work Published 1945).

Jung, C. G. (1966). The relations between the ego and the unconscious. *In Two Essays on-Analytical Psychology.* NY: Panthcon Books. Collected Works, Volume VII,123-241.

Kiesler, D. J. (1996). *Contemporary interpersonal theory and research: Personality, psychopathology, and psychotherapy.* John Wiley & Sons.

Kouneski, E. (2000). *Family assessment and the Circumplex Model: New research developments and applications.* University of Minesota.

Lange, C. G., & James, W. (1922). *The emotions* (Vol. 1). Williams & Wilkins.

Lazarus, R. S., & Folkman, S. (1991). 스트레스와 평가 그리고 대처(김정희 역. Stress, Appraisal And Coping). 서울: 대광문화사. (원저 1984년 출판).

Lee, J. A. (1973). *Colours of love: An exploration of the ways of loving.* Toronto: New Press.

Les C., & Frank M. (1997). *The Choosing to Forgive.* NY: Workbook, Thomas Nelson Inc.

Lewis, R. A., & Spanier, G. B. (1979). *Theorizing about the quality and stability of marriage.* Contemporary theories about the family: research-based theories/edited by Wesley R. Burr... [et al.]. of loving. New Press.

Litterer, J. A. (1965). Managing Conflict in Organization. In Proceeding of the 8th annual Mid-west Management Conference, Business Research Bureau, Southern Illinois University (pp. 192-194). and stability of marriage. *Contemporary theories about the family: research-based theories.* edited by Wesley R. Burr... [et al.]. of loving. New Press.

Luft, J. (1970). *Group processes: An introduction to group dynamics.* (2nd ed.). Palo Alto, CA:National Press Books.

Luft, J., & Ingham, H. (1961). The johari window. *Human Relations Training News, 5*(1), 6-7.

Luskin, F. (2005). Forgive for good: A proven Prescription for health and happiness. *san francisco : Harper One,* 23-42.

Lyubomirsky, S. (2001). Why are some people happier than others? The role of cognitive and motivational processes in well-being. *American Psychologist, 56,* 239- 259.

Lyubomirsky, S. (2007). 행복도 연습이 필요하다(오혜경 역. The how of happiness: A scientific approach to getting the life you want). 서울: 지식노마드. (원저 2006년 출판).

Lyubomirsky, S., & Heidi S. L. (1999). A Measure of Subjective Happiness: Preliminary Reliability and Construct Validation. *Social Indicators Research, 46*(2), 137-155.

Lyubomirsky, S., & Ross, L. (1997). Hedonic consequences of social comparison: a contrast of happy and unhappy people. *Journal of Personality and Social Psychology, 73*(6), 1141-1157.

MacLeod, L. (1987). *Battered But Not Beaten: Preventing Wife Battering in Canada.* Ottawa: Canadian Advisory Council on the Status of Women.

Maddi, S. R. (2013). Creating Meaning rough Making Decisions. *In The human quest for meaning* (pp. 103-126). Routledge.

Marcia, J. E. (1988). Common processes underlying ego identity, cognitive/moral development, and individuation. *In Ego, self, and identity: Integrative approaches* (pp. 211-225). NY: Springer.

Matteson, D. S., & Majumdar, D. (1980). alpha.-Chloro boronic esters from homologation of boronic esters. *Journal of the American Chemical Society, 102*(25), 7588-7590.

Mayer, J. D., Salovey, P., Salovey, P., & Sluyter, D. (1997). Emotional development and emotional intelligence: Implications for educators. *What is emotional intelligence,* 3-31.

McCullough, L. (2002). Women in Physics: A Review. *The Physics Teacher 40*(2), 23-42.

McCullough, L. (2006). Science News in the Science Classroom. *Journal of College Science Teaching 36*(3), 30-33.

McCullough, L., & Andrews, S. (2001). Assimilative integration: Short-term dynamic psychotherapy for treating affect phobias. *Clinical Psychology: science and practice, 8*(1), 82-97.

McCullough, M. (2001).Vengefulness: Relationships with forgiveness, rumination, wellbeing, and the big five. *PSPB 27*(5), 601-610.

McCullough, M., Kimeldorf, M., & Cohen, A. (2008). An adaptation for altruism? The social causes, social effects, and social evolution of gratitude. *Current Directions in Psychological Science 17*(4), 281-285.

McCullougy, M. E., & Worthinton E. L. (1994). Encouraging clients to forgive people who have hurt them: Review, critique, and research prospectus. *Journal of Psychology and Theology, 22,* 3-20.

McGrath, J. E., & Beehr, T. A. (1990). Time and the stress process: Some temporal issues in the conceptualization and measurement of stress. *Stress Medicine, 6*(2), 93-104.

Mehrabian, A. (1981). *Silent messages: Implicit communications of emotions and attitudes.* Belmont, CA: Wadsworth.

Mehrabian, A., & Epstein, N. (1972). A measure of emotional empathy 1. *Journal of personality, 40*(4), 525-543.

Mehrabian, A. (1972). *Nonverbal cooounication.* NY: Aldine-Athenon.

Michel F. (2007). 행복의 역사(조재룡 역. Histoire du bonheur). 서울: 열린터. (원저 2006년 출판).

Michelson, L., Sugai, D. P., Wood, R. P., & Kazdin, A. E. (2013). *Social skills assessment and training with children: An empirically based handbook.* Springer Science & Business Media.

Mischel, W. (1972). Direct versus indirect personality assessment: Evidence and implications. *Journal of Consulting and clinical psychology. 38*(3), 319-24.

Mischel, W., Ebbesen, E. B., & Raskoff Zeiss, A. (1972). Cognitive and attentional mechanisms in delay of gratification. *Journal of personality and social psychology, 21*(2), 204.

Moore, B. S., & Isen, A. M. (Eds.). (1990). *Affect and social behavior.* Cambridge University Press.

Muchinsky, P. M. (2006). *Psychology applied to work: An introduction to industrial and organizational psychology.* Cengage Learning.

Myers, C. G., & Diener, E. (1995). Who is happy?. *Psychological Science, 6,* 10-19.

Myers, D. G. (2000). The funds, friends, and faith of happy people. *American psychologist, 55*(1), 56.

Novaco, R. W. (1994). *Anger as a risk factor for violence among the mentally disordered.* In J. Monahan & H. J. Steadman (Ed.). Violence and Mental Disorder. Chicago: The University of Chicago Press.

Novaco, R. W. (1986). *Anger as a clinical and social problem.* NY: Academic Press.

Padovani, M. H. (1988). *Healing wounded emotions: Overcoming life's hurts.* Mystic: Twenty-Third Publication, 34-41.

Parsons, F. (1909). *Choosing a vocation.* Boston. MA, US: Houghton, Mifflin and Company.

Patton, J. (1985). *Is Human Forgiveness Possible? A pastoral Care Perspective.* Nashville, TN: Abingdon Press, 42.

Paul D. T. (2007). 치유와 회복의 동반자(황규명 역. Instruments in the Redeemer's Hands: People in Need of Change Helping People in Need of Change). 서울: 디모데. (원저 2002년 출판).

Peterson, C., & Vaidya, R. S. (2001). Explanatory style, expectations, and depressive symptoms. *Personality and Individual Differences, 31,* 1217- 1223.

Peterson, C. (2006). *A primer in positive psychology.* Oxford University Press.

Pinker, S. (2015). *The village effect: How face-to-face contact can make us healthier and happier.* Vintage Books Canada.

Plutchik, R. (1980). Language for the emotions. *Psychology Today, 13*(9), 68.

Plutchik, R. (1990). Emotions and psychotherapy: A psychoevolutionary perspective. In R. Plutchik & H. Kellerman (Eds.), *Emotion: Theory, research, and experience, Vol. 5. Emotion, psychopathology, and psychotherapy* (pp. 3-41). San Diego, CA: Academic Press.

Rathunde, K., Whalen, S., & Csikszentmihalyi, M. (1993). *Talented teenagers: The roots of success and failure.* NY: Cambridge University Press.

Reiss, I. L., & Lee, G. R. (1988). *Family systems in America* (4th ed.). NY: Holt, Rinehart and Winston.

Rice, F, P. (1979). *Marriage and parenthood.* Boston: Allyn and Bacon.

Rice, D. G. (1979). *Dual-career marriage: Conflict and treatment.* NY: Free Press.

Ringer, G. (2007). Healthy Spaces, Healing Places: Sharing Experiences of Wellness Tourism in Oregon, USA. *Journal of Selective Tourism, 1*(1), 29-39.

Rogers, C. R. (1975). Empathic: An unappreciated way of being. *The counseling psychologist, 5*(2), 2-10.

Roth, B., & Creaser, T. (1997). Mindfulness meditation based stress reduction: experience with a bilingual inner city program. *The Nurse Practitioner, 22*(3), 150-75.

Rowe, I., & Marcia, J. E. (1980). Ego identity status, formal operations, and moral development. *Journal of Youth and Adolescence, 9*(2), 87-99.

Rubin, Z. (1970). Measurement of romantic love. *Journal of personality and social psychology, 16*(2), 265.

Rubin, Z. (1973). *Liking and loving: An invitation to social psychology.* Holt, Rinehart & Winston.

Ruth S. (2008). 유태인 천재교육(권혁철 역. The genius education of the Jews). 서울: 나라원. (원저 2000년 출판).

Ryan, R. M., & Deci, E. L. (2000). Intrinsic and extrinsic motivations: Classic definitions and new directions. *Contemporary educational psychology, 25*(1), 54-67.

Sagrestano, L. M., Heavey, C. L., & Christensen, A. (1999). Perceived power and physical violence in marital conflict. *Journal of Social Issues, 55*(1), 65-79.

Salovey, P., & Mayer, J. D. (1990). Emotional intelligence. *Imagination, cognition and personality,* 9(3), 185-211.

Satir, V. (1972). *Peoplemaking.* Palo Alto, CA: Science and Behavior Books.

Satir, V. (1988). *The new peoplemaking.* Science & Behavior Books.

Schachter, S., & Singer, J. (1962). Cognitive, social, and physiological determinants of emotional state. *Psychological review, 69*(5), 379.

Scheier, M. F., & Carver, C. S. (1985). Optimism, coping, and health: Assessment and implications of generalized outcome expectancies. *Health Psychology, 4,* 219-247.

Scheier, M. F., Carver, C. S., & Bridges, M. W. (1994). Distinguishing optimism from neuroticism (and trait anxiety, self-mastery, and self-esteem): A reevaluation of the Life Orientation Test). *Journal of Personality and Social Psychology, 67,* 1063-1078.

Scheier, M. F., Carver, C. S., & Bridges, M. W. (2001). *Optimism, pessimism, and psychological well-being.* In E. C. Chang (Ed.), Optimism and pessimism: Implications for theory, research, and practice (189-216). Washington, DC: American Psychological Association.

Scheier, M. F., & Bridges, M. W. (1994). Person variables and health: Personality predispositions and acute psychological states as shared determinants for disease. *Psychosomatic Medicine, 57,* 255-268.

Scheier, M. F., & Carver, C. S. (1992). Effects of optimism on psychological and physical well-being: Theoretical overview and empirical update. *Cognitive Therapy and Research, 16,* 201-228.

Schneider, B. (1987). The people make the place. *Personnel psychology, 40*(3), 437-453.

Schultz, J. H., & Luthe, W. (1959). *Autogenic training: A psychophysiologic approach to psychotherapy.* Oxford, England: Grune & Stratton.

Schulz, R., Bookwala, J., Knapp, J. E., Scheier, M. F., & Williamson, G. M. (1996). Pessimism, age, and cancer mortality. *Psychology and Aging, 11,* 304-309.

Seligman, M. E. P. (1975). *Helplessness: On depression, development, and death. A series of books in psychology.* NY: WH Freeman/Times Books/Henry Holt & Co.

Seligman, M. E. P. (2006). 긍정심리학(김인자 역. Authentic happiness). 서울: 도서출판 물푸레. (원전 2002년 출판).

Seligman, M. E. P., & Csizentmihaly, M. (2000). Positive psychology: An introduction. *American Psychologist, 55*(1), 5-14.

Seligman, M. E. P., Parks, A. C., & Steen, T. (2005). *A balanced psychology and a full life.* In Huppert, A. Felicia, Baylis, N., Keverne, B. (Eds.), The science of well-being (275 284). Oxford: University Press.

Seligman, M. E. P., Rashid. T., & Parks A. C. (2006). Positive Psychotherapy. *American Psychologist, 61*(8), 774-788.

Selye, H. (1956). *The stress of life.* NY : McGraw-Hill.

Sheldon, K. M., & Kasser, T. (1995). Coherence and congruence:Two aspects of personality integration. *Journal of Personality and Social Psychology, 68,* 531-543.

Simon, H. A. (1957). *Models of Man: Social and Rational: Mathematical Essays on Rational Human Behavior in Society Setting.* NY: Wiley.

Smedes, L.B. (1998) Stations on the journey from forgiveness to hope, in E.L. Worthington (ed.) *Dimensions of Forgiveness.* Radnor, PA: Templeton Foundation.

Snyder, C. R. (2006). Shane J Lopez Positive Psychology: The Scientific and Practical Explorations of Human Strengths. *SAGE Publications, 14,* 624.

Soares-Prabhu, G. (1986). *As we forgive: Interhuman forgiveness in the teaching of Jesus.* Concilium, 184(April), 57-68. Edinburgh: T&T Clark.

Stairs, J. (2000). Listening for the Soul: Pastoral Care and Spiritual Direction. Minneapolis: Fortress.

Stengel, R. (2000). *You're too kind: A brief history of flattery.* NY: Simon & Schuster.

Sternberg, R. J. (1986). A triangular theory of love. *Psychological review, 93*(2), 119.

Stern, L. R. (2004). Executive coaching: A working definition. *Consulting Psychology Journal: Practice and Research, 56,* 154-162.

Sternberg, R. J., & Grajek, S. (1984). The nature of love. *Journal of Personality and Social Psychology, 47*(2), 312.

Sternberg, R. J. (2004). *"A Triangular Theory of Love."* In Reis, H. T.; Rusbult, C. E. Close Relationships. NY: Psychology Press.

Sternberg, R. J. (2007). *"Triangulating Love."* In Oord, T. J. The Altruism Reader: Selections from Writings on Love, Religion, and Science. West Conshohocken, PA: Templeton Foundation.

Stinnett, N., & Beam, J. (1999). *Fantastic families: 6 proven steps to building a strong family.* Grand Prairie, Texas: Simon and Schuster.

Stinnett, N., Walters, J., & Kaye, E. (1984). *Relationships in marriage and the family.* (2nd ed.). NY: Macmillan.

Super, D. E. (1973). The Work Values Inventory. In D. G. Zytowski, *Contemporary approaches to interest measurement.* Oxford, England: Minnesota Press.

Super, D. E. (1973). The career development inventory. *British Journal of Guidance and Counselling, 1*(2), 37-50.

Symonds, P. H. (1949). *The dynamics of parent-child relationships.* NY: Columbia university publication.

Tapscott, D. (1999). Educating the net generation. *Educational leadership, 56*(5), 6-11.

Tibbits, D., Piramelli, C., Ellis, G., Luskin, F., & Lukman, R. (2006). Hypertension reduction through forgiveness training. *Journal of Pastoral Care & Counseling, 60*(1-2), 27-34.

Trainer, M. (1981). Forgiveness: Intrinsic, role-expected, expedient, in the context of divorce. Unpublished doctoral dissertation, University of Boston, 105-118.

Tyson, P., & Tyson, R. L. (1993). 정신분석적 발달이론의 통합(박영숙, 장대식 역. *Psychoanalytic theories of development: An integration*). 부산: 산지니. (원전 1993년 출판).

Vaillant, G. E. (2010). 행복의 조건(이덕남 역. Adaptation to Life). 서울: 프런티어. (원전 1977년 출판).

Waltre C. K. (1993). 구약성경 윤리(홍옥표 역. Toward Old Testament Ethice). 서울: 생명의 말씀사. (원전 1983년 출판).

Warren, N. C. (2016). 위기를 기회로 만드는 분노 관리법(오태균 역. Make anger your ally. Focus on the Family Pub). 서울: 눈 출판그룹. (원전 1993년 출판).

Waters, L. (2012). Predicting job satisfaction: Contributions of individual gratitude and institutionalized gratitude. *Psychology, 3*(12), 1174.

Wells, A. J. (1988a). *Self-esteem and optimal experience.* In M. Csikszentmihalyi & I. S. Csikszentmihalyi (Eds.), Optimal experience: Psychological studies of flow in consciousness(327-341). NY: Cambridge University Press.

Wiggins, J. S. (1995). *Interpersonal Adjective Scales: Professional manual.* Odessa, FL: Psychological Assessment Resources.

Wilson, S. R., & Putnam, L. L. (1990). Interaction goals in negotiation. *Annals of the International Communication Association, 13*(1), 374-406.

Wilson, W. (1967). Correlates of avowed happiness. *Psychological Bulletin, 67*(4), 294- 306.

Worthington, Everett L. (2003). *Forgiving and reconciling: Bridges to wholeness and hope.* Downers Grove, IL: Intervarsity Press, 78-102.

찾아보기

저자 소개

• 오윤선

약력

- 건국대학교 대학원(교육학 석사)
- Washington University of Virginia(교육학 석사)
- 명지대학교 대학원(교육학 박사)
- Minnesota Theology Graduate School(상담학 박사)
- Regent University, School of Psychology & Counseling(임상 수련)
- Regent University 초빙 교수 역임
- 人民大學校 大學院 초빙 교수 역임
- 현) 한국성서대학교 기초교양교육원 상담심리학 교수 및 학생생활상담센터장

대표 저서

청소년 문제와 보호(양서원, 2019), 청소년지도방법론(양서원, 2018), 심리검사의 이해와 활용(양서원, 2017), 교육심리학(창지사, 2017), 진로상담학(창지사, 2017), 청소년 심리 및 상담이론과 실제(양성원, 2017), 청소년문화론(양서원, 2016), 크리스천을 위한 진로상담(예영B&P, 2015), 힐링과 행복코칭(예영B&P, 2014), 청소년 분노조절하기(예영B&P, 2011), 청소년 세대진단과 이상행동치료(예영B&P, 2010), 인간의 심리학적 이해(예영B&P, 2009), 청소년 이젠! 이해 할 수 있다(예영B&P, 2007), 상담심리학의 이해(예영B&P, 2007), 청소년 이해와 상담(예영B&P, 2006), 교육의 심리학적 이해(도서출판 다락방, 2000), 상담윤리(두란노출판, 1997)

• 유양숙

약력

- 단국대학교 행정대학원(사회복지학 석사)
- 백석대학교 상담대학원(상담학 석사)
- 한국성서대학교 일반대학원(상담심리 전공, 철학 박사)
- 국립병원 간호사로 33년 근무
- 상담심리사
- 현) 중국연변과학기술대학 겸임 교수
- 현) 한국생애설계협회 건강, 관계설계 전문 강사

대인관계와 의사소통

초판 1쇄 발행 2019년 7월 5일
초판 2쇄 발행 2021년 8월 20일

지 은 이 | 오윤선 · 유양숙
펴 낸 이 | 김기섭
편 집 인 | 이윤희
펴 낸 곳 | 창지사 www.changjisa.com
08589 서울시 금천구 가산디지털 1로 83 파트너스타워 1차 9층
전화 (02)719-2211~3
팩스 (02)701-9386
등　　록 | 1977년 4월 28일·제1-421호

ISBN 978-89-426-1233-8 (93330)

값 22,000원

이 도서의 국립중앙도서관 출판예정도서목록(CIP)은 서지정보유통지원시스템 홈페이지(http://seoji.nl.go.kr)와 국가자료공동목록시스템(http://www.nl.go.kr/kolisnet)에서 이용하실 수 있습니다(CIP제어번호: CIP2019025037).